최소한의 경제적 자유를 위한
노후대비 300 프로젝트

여유로운 퇴직을 위한
생애설계

여유로운 퇴직을 위한
생애설계

양재우, 정도영 지음

최소한의 경제적 자유를 위한

노후대비 300프로젝트

내가 원하는 진짜 삶을
살고자 한다면

2017년 말 무려 24년 동안 다니던 회사를 나와야만 했다. 권고 사직이었다. 이제 선택을 해야만 했다. 뭘 할 것인지, 또 어떻게 경제적 문제를 해결할 것인지. 다행스럽게도 직장을 다니는 동안 치열하게 고민했고 방향을 이미 정해 두었는데, 그것이 바로 지금 하는 강의와 개인 프로그램, 컨설팅, 책 쓰기 등이었다.

하지만 여전히 문제는 있었다. 새로운 일을 통해 과연 경제적 문제를 해결할 수 있을지에 대한 자신이 없었기 때문이다. 더군 다나 현재뿐 아니라 노후의 경제적 상황까지 감안한다면 그저 막 막할 수밖에 없었다.

그러나 '최경자(최소한의 경제적 자유)'를 기본으로 하는 생각을 정 리하고 나니 여전히 해야 할 일들이 많았지만 그럼에도 경제적 문제는 그 전과 같이 큰 고민으로 와 닿지 않게 되었다.

2018년 프리랜서이자 1인 기업가를 시작하면서 어느 정도 안정적 궤도에 오르기까지는 약 3년 여 가까이가 필요했지만 그래도 지금은 어느 정도 자리를 잡아가고 있는 중이다. 연 100회 이상의 강의와 꾸준히 이어지고 있는 개인 프로그램과 재무컨설팅, 그리고 현재까지 총 6권(이번 책은 7번 째)의 책을 출간하며 안정적인 삶을 만들어 가고 있다.

많은 사람들이 인생 2막에 대해 고민하고 있는데, 크게 2가지라 할 수 있다. 하나는 어떤 일을 하며 노후를 맞이할 것인지, 그리고 100세 시대를 맞아 경제적 문제는 어떻게 해결할 것인지.

쉽지 않은 화두다. 사회가 우리에게 뚜렷한 지침을 주고 있지 못 하기 때문이다. 개인 스스로 방향을 잘 잡고 최소 몇 년 이상 착실히 준비해야만 하는데, 말처럼 되지 않는다. 뜬 구름 잡는 것 같기도 하고, 계획을 세운다 할지라도 과연 생각대로 실현이 될 것인지에 대한 의구심이 계속해서 들 수밖에 없다.

지난 2022년 3월초, 커리어 컨설턴트로 활발하게 활동하고 있는 동갑내기 사회 친구 정도영 작가로부터 함께 책을 쓰자는 제안을 받았다. 그는 40~50대, 넓게는 60대까지를 포함한 생애설계 책을 쓰고자 했다. 하지만 돈에 관련된 내용은 자신보다 전문가가 쓰는 것이 옳다 보았고, 고민을 하다 내게 연락한 것이다.

제안을 받은 후 나 또한 며칠간 고민하지 않을 수 없었다. 단독

저서보다 함께 쓰는 것이 분량 면에서 쉬울 것 같지만, 실제로 해 보면 훨씬 더 어려운 부분이 많다. 생각이 다르고, 그런 생각들을 정해진 콘셉트에서 맞추려다 보면 서로 의견이 달라서 부딪치기도 하고, 더 나아가 아예 프로젝트를 포기할 수밖에 없게 되는 경우도 꽤 많이 발생하기 때문이다.

하지만 수락했다. 그 이유는 딱 하나였다. 그와 나는 비슷한 길을 걷고 있다. 강의(정도영 작가는 1년에 무려 200회 이상의 강의를 진행하고 있다.)도 그렇지만 글을 쓰는 작가로서의 활동 또한 꾸준히 이어가고 있기 때문이다. 그런 의미에서 '생애설계'라고 하는 화두는 세상에 꼭 필요한 내용이라 보았고, 그 이야기를 풀어가기 위해 커리어 컨설턴트인 정도영 작가와 재무 컨설턴트인 필자의 협업은 상당히 잘 어울릴 뿐 아니라 많은 사람들에게 보다 현실적으로 도움이 될 수 있는 책을 쓸 수 있겠다 판단했기 때문이었다. 세상에 꼭 필요한 한권의 책을 쓰는 것, 이는 작가로서의 책임이자 소명이라 할 수 있다.

책 한권으로 한 사람의 생애를 제대로 설계하고 구성할 수 있도록 돕는다는 것은 사실 말이 되지 않는다. 그러나 공저자 두 사람은 현장에서 강의하고 있는 수 백 시간의 내용 중 가장 현실적이며 꼭 필요한 내용들을 정리해 이 책에 실었음을 밝혀두고 싶다. 단순히 이론에 그치는 허황된 이야기가 아니라고 '이 연사 강력히 외치고 싶은' 거다. 소위 '엑기스'를 뽑아 이 책을 구성했으니, 필요한 분들에게 영양제와 같은 찐 도움이 되었으면 하는 마음이 크다.

　마지막으로 공저자의 의중을 받아들여 기꺼이 이 책이 세상에 나올 수 있도록 도와주신 청년정신 출판사의 양근모 대표님께도 깊은 감사를 드린다. 부디 이 책이 노후에 대한 불안감으로 고민하는 사람들의 생애설계를 위한 초석이 되어 저자들뿐 아니라 출판사에도 큰 기쁨이 되었으면 한다.

_2023년 1월 혹한의 용인에서,

차칸양(양재우)

차례

PART 1   자산관리와 연금으로 만드는 생애설계 프로젝트

PART 2   '내 일'로 만드는 생애설계 프로젝트

PART 1

자산관리와 연금으로 만드는
생애설계 프로젝트

소득(자산) 빠르게 늘리는 법

'부자'의 정의

재무 강의를 하다 보면 대개 '경제적 목표는 무엇인가?' 라는 주제에 대해 이야기를 나누게 되는데, 거의 예외 없이 동일한 답변이 나오는 경우가 많다. 그것은 바로 '부자'가 된다거나 '부자'로 살고 싶다는 것이다. 그리고는 이어서 '그렇다면 부자의 정의는 무엇일까?' 라는 질문을 던지게 되는데, 이때 재밌는 일이 발생한다. 기업 강의 때와 도서관 강의 때 서로 다른 답변이 나온다는 점이다.

기업에서 강의할 때는 거의 예외 없이 숫자로 된 답이 등장한다. 예를 들어 20억, 30억, 50억 혹은 100억 정도를 가져야 소위 '부자'라 생각한다는 것이다. 하지만 도서관이나 평생학습관 같은 곳에서는 조금 다르다. 뭐랄까, 인문학에 관심이 많은 사람들이 모이기 때문일까? 숫자보다는 인생관이 결합된 경우가 많은 편인데, 즉 돈의 많고 적음보다는 인생이 보다 즐겁고 행복하다면 그것만으로도 '부자'라 생각할 수 있다는 것이다.

사실 정답은 없다. 그럼에도 정답에 가까운 답을 이야기하자면 '부자'에 대한 정의는 바로 '내 안에 있다'는 것이다. 누가 뭐라 말할지라도 지금의 내가 스스로 '부자'라 생각한다면 '진짜 부자'인 거다. 즉 숫자상으로 얼마 이상이 있어야만 '부자'라 정의하는 것은 기성 사회가 주장하는 수치에 불과한데, 여기에는 (돈을 떠나 얼을 수 있는) 행복이라는 관점과 그 기준을 정하는 것은 바로 '나' 자신이라는 가장 중요한 원칙이 빠져 있는 것이라 할 수 있다.

그럼에도 자본주의 시대를 살아감에 있어 돈이 가장 중요한 요소 중 하나라는 것은 부인할 수 없다. 이스털린의 역설 Easterlin Paradox처럼 돈이 아무리 많다고 해서 이에 비례해 행복이 계속 늘어나지는 않지만 그 반대의 경우, 즉 절대적으로 돈이 없으면 행복 또한 신기루처럼 사라지게 된다. 찾아보면 돈이 없어 일상생활을 힘겹게 꾸려가는 사람들이 얼마나 많은가. 돈은 무한한 행복을 가져다주지는 못하지만, 얼마든지 우리의 행복을 앗아갈 수 있는 무서운 도깨비 방망이라 할 수 있다.

1억을 가장 빨리 모으는 방법은?

문제를 하나 풀어보자. 연봉이 5,000만 원인 직장인이 있다. 이 사람이 가장 빨리 1억 원의 자산을 모으는 방법은 다음 중 어느 것일까?

① 종잣돈을 모아 재테크를 한다.
② 열심히 저축만 해도 충분하다.
③ 매주 로또를 산다.

당신의 답은 무엇인가? 실제로 강의 중에 이 문제를 내게 되면 대부분 사람들의 선택은 1번이다. 왜 그럴까? 안전한 저축 이자 만으로는 자산을 빨리 늘릴 수 없으며, 그렇기 때문에 재테크를 통해 높은 수익률을 거둬야만 큰 자산을 모을 수 있다고 생각하기 때문이다. 당신의 생각도 그렇지 않은가? 실제 그런지 한번 계산해 보자.

재테크를 통해 1억까지 도달되는 시간

경과년수	금액(원금+수익)	수익금액	수익금액 산식
1년	20,000,000		
2년	26,000,000	6,000,000	20,000,000 × 30%
3년	33,800,000	7,800,000	26,000,000 × 30%
4년	43,940,000	10,140,000	33,800,000 × 30%
5년	57,122,000	13,182,000	43,940,000 × 30%
6년	74,258,600	17,136,600	57,122,000 × 30%
7년	96,536,180	22,277,580	74,258,600 × 30%
8년	125,497,034	28,960,854	96,536,180 × 30%

첫해에 열심히 저축해 2천만 원이라는 종잣돈을 만들었다고 가정해 보자. 그리고 이 돈을 매년 30%의 수익률로 불린다고 생각해 보자. 그것도 수익에 수익이 붙는 복리로 운영한다고 가정할 때 1억 원까지 도달되는 시간은 위 표에서 보는 것처럼 약 8년(정확히는 7년 2개월) 정도가 걸리게 된다. 어떤가, 생각보다 오랜 시간이 필요하지 않은가? 매년 30%의 수익률도 대단한 수치지만, 50%로 올리게 되면 기간은 얼마나 단축될 수 있을까? 정확히 5년 정도가 소요된다. 상당히 빠른 시간이다.

하지만 딱 4년이면 1억을 만드는 방법이 있다. 수익률을 더 높이면 된다고? 물론 그럴 수 있다. 그러나 결코 쉽지 않지 않은 방법이라는 것을 독자 스스로도 잘 알고 있을 것이다.

정답은 저축만으로도 충분히 가능하다는 것이다. 매년 연봉의 절반인 2,500만 원을 모은다면 딱 4년이면 1억 원이란 돈이 만들어진다. 심지어 저축 이자는 보태지도 않았다. 원금만으로 1억 원을 모을 수 있다.

4년이란 시간도 대단하지만, 6개월을 더 줄여 3년 6개월 만에 1억을 만드는 방법도 있다. 어쩌면 이 방법이 1억을 가장 빨리 만들 수 있는 방법일 수 있는데, 그것은 바로 저축과 투자를 병행하는 것이다. 즉 매년 연봉의 50%를 저축하고, 더불어 그 돈을 약 10% 정도의 수익률로 투자하는 것이다. 물론 수익률을 더 높이게 되면 기간을 조금 더 단축할 수 있겠지만, 어느 정도 도달 가능한 수치인 10%만 올릴 수 있어도 기존 4년 대비 6개월을 더 단축할 수 있다.

소득(자산)을 빠르게 늘리고 싶다면

소득은 대개 수입과 비례한다. 수입이 많으면 많을수록 당연히 소득 또한 커지게 된다. 하지만 한 가지 조건이 붙는다. 아무리 수입이 많더라도 지출이 크면 소득에는 구멍이 뚫리게 된다. 즉 지출 규모에 따라 소득은 영향을 받을 수밖에 없다는 것이다. 예를 들어 억대 연봉을 받을지라도 연간 지출하는 돈이 억대가 된다면 결국 수중에 남는 돈은 하나도 없게 된다. 이를 종합해 보면 소득은 다음과 같은 공식으로 정리할 수 있다.

소득(자산) = 수입 - 지출

위 공식에 의하면 소득은 수입을 늘리거나 혹은 지출을 줄일 때 증가하게 되어 있는데, 안타깝게도 대부분의 사람들은 수입을 늘리는 데만 집중하는 경향이 있다. 즉 일정 종잣돈을 모아 재테크를 통해 수익을 늘리고자 하는 것이다. 물론 중요한 방법이다. 하지만 여기에 반드시 한 가지가 더 추가되어야만 한다. 지출을 통제 및 꾸준히 관리해 줌으로써 낭비 요소를 줄이고, 이를 저축이나 투자에 보태야 한다. 그래야 소득은 더 빠른 속도로 불어날 수 있다. 우리가 앞에서 살펴 보았던 1억을 가장 빨리 모으는 방법과 동일하다.

정리하자면 자산을 빨리 늘리기 위해서는 아래와 같은 방식으로 실행해야 한다.

소득(자산) = 수입 − 지출

↓　　　↓

투자 + 절약

②　　　①

이때 잊어서는 안 되는 것이 매월 지출을 관리해 낭비 요소를 줄이기 위한 절약을 반드시 먼저 실천해야 한다는 것이다. 이를 수입을 통해 만드는 종잣돈과 합침으로써 투자금의 규모를 크게 만들 수 있을 때 우리의 자산은 지속적으로 커지게 된다. 사실 투자 수익률이 그렇게 높지 않아도 되는데, 이러한 방식으로 운영할 경우 원금만으로도 자산은 계속 늘어나기 때문이다.

이때 가장 큰 변수는 딱 한 가지, 시간이다. 절약과 투자, 이 두 가지를 오랜 기간 병행하게 되면 자산은 굴러가며 커지는 눈덩이 효과snowball effect가 적용됨으로써 생각보다 더 큰 규모로 커지게 된다.

자산관리의 핵심은 ○○이다

이 세상 가장 확실한 재테크는 '절약'이다

많은 사람들이 절약節約이란 말을 들으면 우선적으로 '구두쇠', '수전노', '자린고비'와 같은 단어들을 떠올린다. 맞다, 그들이 절약의 대명사임에는 틀림없기 때문이다.

어린이들을 위한 전래동화 중에 '자린고비와 달랑곱재기'가 있는데, 이 둘은 둘째라면 서러워할 정도의 지독한 구두쇠들이다. 아버지와 아들이 천장에 걸린 굴비를 반찬삼아 먹는데, 아들이 굴비를 두 번 쳐다보자 아버지는 '그렇게 자꾸 쳐다보면 짜다'고 말한다. 또한 며느리가 생선장수로부터 생선 뒤적인 손(물론 생선은 사지 않는다)을 씻어 생선국을 끓였다고 자랑하자, 자린고비는 그 손을 우물에 씻었으면 두고두고 생선국을 먹을 수 있었을텐데 하며 아쉬워할 정도다.

이렇듯 상식을 뛰어넘는(?) 행위를 우리는 절약이라 치부하며 다소 부정적인 뉘앙스로 생각하는 경향이 있다. 즉 무조건 쓰지 않고 아끼는 것을 절약이라 생각하는 것이다. 하지만 절약의 사전적 의미를 찾아보면 조금 다른 뜻을 가지고 있음을 알 수 있는데, 바로 이것이다.

절약 : 함부로 쓰지 아니하고 꼭 필요한 데에만 써서 아낌.

절약의 핵심은 쓰기는 쓰되 꼭 필요한 곳에만 쓴다는 것이다. 즉 가장 효율적으로 비용을 지출하는 것이며, 이를 위해서는 무엇보다 먼저 낭비 요소를 제거해야만 한다.

절약의 기본은 낭비 요소를 제거하는 것

그렇다면 우리 일상에는 어떤 낭비 요소가 있을까? 가장 우선적으로 생각해볼 만한 것이 자동이체 항목들이다. 자동이체는 계좌에서 바로 빠져나가기 때문에 우리가 절약에 대해 생각할 틈을 주지 않는다. 그러다보니 낭비 요소가 있음에도 불구하고 관심을 두기 어려우며, 초심(?)으로 돌아가 자동이체 항목들에 대해 다시 한 번 꼼꼼하게 체크해볼 필요가 있다.

우선적으로 들여다봐야 할 자동이체 항목은 핸드폰 요금이나 OTT 서비스(Over The Top, 개방된 인터넷을 통하여 방송 프로그램, 영화 등

미디어 콘텐츠를 제공하는 서비스)와 같은 통신비다. 이 항목들은 대개 2년 혹은 3년 약정을 통해 이루어지는데, 한번 약정을 맺게 되면 장기간 적지 않은 금액이 매월 자동이체를 통해 빠져 나가게 된다. 그렇다면 통신사나 미디어업체들은 왜 장기간 약정을 선호할까? 계약 체결까지는 쉽지 않지만 일단 계약만 성사되면 자동이체를 통해 돈을 거둬들이기가 쉽기 때문이다. 즉 고객의 돈이 계좌에서 빠져나와 기업으로 들어가는 것에 대한 거부감 자체가 마치 아침이슬처럼 사라지기 때문이라 할 수 있다.

이미 장기 약정을 맺었다면 해당 기간 동안 서비스를 사용할 수밖에 없는데, 이는 약정을 깰 경우 부담해야 할 위약금이 크기 때문이다. 하지만 약정기간의 절반 이상이 지났다면 어느 정도의 위약금이 발생되더라도 해지를 검토해 볼 필요는 있다. 당장 약간의 손해를 볼지라도 전체적으로 돈을 아낄 수 있다고 판단된다면 가만히 있는 것보다 과감히 행동하는 것이 오히려 득이 될 수도 있기 때문이다. 그러므로 해지에 따른 위약금과 해지를 할 때 아낄 수 있는 비용을 잘 비교해 판단할 필요가 있겠다.

이외에도 전기, 수도세를 포함한 주택관리비, 각종 모임을 위한 회비, 한번 등록하고 거의 잘 가지 않는 헬스장 비용 등 찾아보면 생각보다 훨씬 더 많은 낭비 요소를 가지고 있음을 알 수 있다.
절약의 적은 낭비다. 낭비를 줄이는 것만으로도 우리는 불필요한 지출을 아낄 수 있으며 이를 저축이나 투자로 전환함으로써 자산을 늘려갈 수 있다. 최근에는 '티끌모아 티끌'이라 하지만 시간이 누적되면 티끌도 눈에 띄는 먼지가 될 수 있으며, 이 먼지에 작은 먼지(이자 또는 수익)까지 붙게 되면 확연히 나의 자산 증가가 눈에 보이게 될 것이다.

자신의 최애까지 절약할 필요는 없다

재무 컨설팅을 진행했던 사람 중에 사회초년생 직장인 A씨가 있었다. 그녀의 취미는 '뮤지컬 관람'이었다. 대학생 때 우연히 뮤지컬을 한번 접한 이후로 푹 빠져 버렸다. 여기까지는 좋다.

하지만 문제는 관람 비용이 너무 비싸다는 것이었다. 1회 관람 비용으로 최소 10만 원은 잡아야 하는데, 한 달에 최소 2~3편 이상을 찾아다니며 관람하다 보니 기본적으로 30~40만 원 이상은 고정적 지출이 될 수밖에 없었다.

더군다나 학자금 대출 상환을 위해서는 지출을 더 줄여야 하는 상황. 어쩔 수 없이 좋아하는 뮤지컬 관람도 손을 댈 수밖에 없었다. 월 최소 20만 원 이상이면 연간 약 300만 원의 대출을 갚을 수 있으니 당연히 대출원금을 줄이기 위해서는 아껴야만 했다.

하지만 무작정 뮤지컬 관람을 끊지는 않기로 했다. 대신 2회 이상이던 것을 1회로 줄이고, 나머지는 TV나 영화, 방송 등을 통해 다소 저렴한 비용으로 뮤지컬을 즐길 수 있는 방법을 찾기로

했다.

이렇게 하는 데는 이유가 있다. 우리가 돈을 모으는 이유는 무엇일까? 결국 그 돈을 사용함으로써 보다 행복하고 즐거운 삶을 추구하기 위해서라고 할 수 있다. 다만 수입에는 한계가 있을 수밖에 없다 보니 있는 한도 내에서 지출을 조절해가며 살아가야만 하는 것이다.

경제학은 효용성을 따진다. 있는 재화의 범위 내에서 가장 큰 이익을 창출해 낼 수 있다면 이는 경제학적으로 훌륭한 성과라 할 수 있다. 하지만 모든 것을 숫자로 대변할 수는 없다. 대출을 갚고 자산을 증식시키는 것도 중요하겠지만 결국 우리는 돈을 활용해 보다 행복해지고자 하는 것이다. 그러므로 자신의 최애 활동은 그대로 유지하는 것이 맞다. 직장인 A씨도 뮤지컬 관람을 절약이란 이유로 끊으면 안 된다. 다만 적절한 균형은 필요하다. 유지는 하되, 그 안에서 보다 효율적인 지출이 가능하도록 조절할 필요는 있는 것이다.

역시나 사회초년생인 직장인 B씨로부터 연락이 왔다. 많지 않은 연봉이지만 열심히 아껴가며 돈을 모으고 있는데, 갑자기 유럽 여행이 가고 싶어졌다는 것이다. 얘기를 듣다 보니 대학생 때 해외여행을 갈 기회를 놓친 것이 계속 마음에 남았고, 또 최근에

친구 중 한 명이 유럽 여행을 간다는 이야기를 들으니 돈도 중요하지만 그동안 여행을 가지 못했던 것에 대한 아쉬운 감정이 크게 일어난 것이었다. 어떻게 해야 할까?

기쁜 마음으로 다녀오라고 했다. 대학생 때부터 가슴에 남은 응어리라면 반드시 언젠가는 풀어줘야만 한다. 그리고 그것이 오랫동안 묵혀지면 묵혀질수록 심리적으로 계속 무거운 응어리가 남을 수밖에 없다. 모든 일에는 적정 타이밍, 즉 골든타임Golden Time이란 것이 있다. 가장 크게 효과를 얻을 수 있는 시간을 놓치게 되면 아무리 큰돈을 쓴다 할지라도 그에 상응하는 효과를 얻기 힘들어진다. 직장인 B씨에게는 지금이 바로 그 타이밍이었다.

자산관리의 핵심은 '절약'이다. 우리는 절약을 통해 지출을 통제해야 하며, 이렇게 줄인 비용을 저축이나 투자로 돌림으로써 보다 빨리 자산을 증식시킬 수 있게 된다. 다만 절약에는 인내가 필수적이다. 지출을 통해서는 다소의 즐거움을 얻을 수 있지만, 절약을 하게 되면 그 기쁨을 누릴 수 없을 뿐 아니라 고통까지 느낄 수도 있다. 그렇기 때문에 많은 사람들이 절약을 회피하고 터부시 하는 경향이 있는 거다.

이 고통을 다소 줄이는 방법이 바로 절약을 통해 지출을 줄이되, 자신의 최애 활동만큼은 유지하는 것이다. 다만 여기에는 적절한 균형이 필요하다. 타이밍과 횟수, 그리고 자신이 가진 재화

한계 내에서 가장 효율성을 높일 수 있는 방법을 찾아내야만 한다. 이럴 경우 즐거움과 행복은 배가된다. 약간의 허들과 제약이 기쁨을 더 크게 만들어 줄 수 있는 것이다.

최경자(최소한의 경제적 자유)가 중요한 이유

경제적 노후가 걱정되는 2가지 이유

우리나라 대부분의 사람들이 노후에 대해 걱정하고 있다. 보유한 자산이 작거나 혹은 일정하게 들어오는 소득이 적은 사람들만의 문제는 아닌 듯싶다. 왜냐하면 필자가 볼 때 자산의 규모가 상당함에도 불구하고 노후를 걱정하는 사람들이 의외로 많기 때문이다. 왜 그럴까? 단순하다. 2가지 이유 때문이라 할 수 있다.

첫째는 노후에 필요한 자산을 예측한다 할지라도 그 규모가 적정한 수준인지 판단하기 어렵기 때문이다.

만약 지금의 내가 40대 중반이라고 가정해 보자. 정년인 60세를 기준으로 생각할 때 약 15년의 노후 준비 기간이 있다고 볼 수 있는데, 우리는 과연 이 기간 동안 얼마의 소득을 창출해 낼 수 있을까? 산술적으로 생각할 때 매월 지출을 제외하고 약 150만 원 정도를 모을 수 있다면, 1년에 1,800만 원 그리고 15년이면 약

2억 7천만 원(원금 기준)을 보유할 수 있다. 어떤가? 만족할 만한 수준인가? 아무리 낙관적으로 생각한다 할지라도 다소 적어 보이긴 할 것이다.

허리띠를 꽉 졸라매고 매월 3백만 원을 모은다면 어떨까? 그렇다면 15년 동안 약 5억 4천만 원 정도를 모을 수 있는데, 이쯤 되면 고민이 될 수 있다. 적지는 않지만 그렇다고 해서 오랜 노후, 예를 들어 90세까지 산다고 가정할 때 60세부터 최소 30년이란 기간을 연금과 자신의 보유자산을 쪼개가며 살아야 하기 때문이다. 그렇게 본다면 5억 4천만 원이란 금액 또한 그렇게 여유 있어 보이진 않는다.

둘째는 대부분의 사람들이 노후만큼은 풍족하게 살고자 하는 욕망이 크기 때문이다. 어쩌면 우리가 열심히 돈을 모으며 살고 있는 이유는 노후에 돈 걱정 없이 풍요롭게 살기 위함이라 할 수 있다. 그렇지 않다면 무엇 때문에 사고 싶은 것, 하고 싶은 것, 가고 싶은 곳에 제대로 가지도 못 하면서 아등바등 살겠는가? 미래에 대한 불안 때문에 우리는 노후를 착실히 준비하며 사는 것이라 할 수 있으리라.

문제는 현재보다 노후에 보다 경제적으로 여유 있게 살았으면 하고 바라는 욕망의 모호함에 있다. 이를 대변하는 단어가 바로 '다다익선多多益善'이다. 즉 많으면 많을수록 좋겠는데, 현실은 이를 충족시켜 줄 수 없기 때문이다. 여기에 고민의 깊이가 클 수밖에 없다. 아무리 계산을 해봐도 매월 수령할 수 있는 연금과 모을 수 있는 자산의 한계로 인해 꿈꾸는 다다익선은 그저 이상적인 목표에 그치고 마는 것이다. 한마디로 이상과 현실의 괴리가 커지는 거다.

노후, 얼마나 필요할까

재무 컨설팅을 통해 원하는 60대 이후의 노후 자금 혹은 소득의 규모에 대해 물어보면 많은 사람들이 제대로 된 답을 내놓지 못 한다. 왜냐하면 현실과 이상 사이에서 갈팡질팡하기 때문이다. 어쩌면 머릿속의 기준선은 아마도 지금 직장이나 사업을 통해 벌고 있는 수준 정도가 아닐까 싶다. 이 정도의 소득을 계속 창출해낼 수 있다면 노후의 경제적 고민을 하지 않아도 될 듯싶은데, 문제는 그 소득을 유지할 수 있는 방법이 거의 없기 때문이라 할 수 있다. 필연적으로 현재와 노후를 비교할 때 소득은 줄어들 수밖에 없는데, 우리는 그것을 인정하기 싫은 것이다.

하지만 어쩌랴. 그것이 우리가 필연적으로 맞닥뜨리게 될 또 다른 현실인 것을.

통계를 한번 들여다 보자. 다른 사람들은 노후에 어느 정도의 소득을 원하고 있는지 말이다.

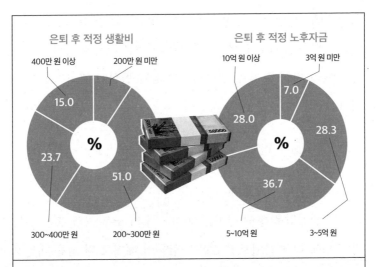

은퇴 후 적정 생활비 | 은퇴 후 적정 노후자금

은퇴 후 적정 생활비
- 400만 원 이상: 15.0
- 200만 원 미만
- 300~400만 원: 23.7
- 200~300만 원: 51.0

은퇴 후 적정 노후자금
- 10억 원 이상: 28.0
- 3억 원 미만: 7.0
- 5~10억 원: 36.7
- 3~5억 원: 28.3

직장인의 절반이 은퇴 후 매달 200만~300만 원의 생활비가 필요할 것으로 예상했다. 은퇴 후 노후 자금은 적어도 5억 원 이상은 있어야 적절하다는 의견이 많았다.

신한은행이 20일 발간한 '신한 미래설계 보고서'에 따르면 30~59세의 퇴직연금 가입 직장인 300명을 대상으로 설문 조사한 결과 응답자의 51%가 은퇴 후 '200만 원 이상~300만 원 미만'의 생활비가 필요하다고 답했다. 이어 '300만 원 이상~400만 원 미만(23.7%)' '400만 원 이상(15.0%)' 순이었다.

적정한 노후 자금은 '5억 원 이상~10억 원 미만'을 꼽은 응답자가 36.7%를 차지했다. '3억 원 이상~5억 원 미만'은 28.3%, 10억 원 이상은 28%였다. 은퇴 후 소득은 연금 의존이 컸다. 특히 응답자의 86%가 국민연금을 은퇴 후 주요 소득 발생처로 꼽았다.

(출처: 서울경제 "5억은 있어야 노후준비⋯ 월 생활비 최소 200만 원" 중에서, 2022.6.20)

기사에서 볼 수 있는 것처럼 평균적으로 사람들이 생각하는 은퇴 후 월 적정 생활비는 약 200~300만 원 수준이다. 여기에 노후 자금으로 약 5~10억 원 정도를 보유해야 한다고 보았다. 어떤가, 이 정도만 있다면 어느 정도 노후의 자금으로 충분하다고 볼 수 있을까? 아마도 고개를 갸웃거릴 가능성이 높다. 왜냐하면 과연 그 정도 수준이면 될지 사실 감이 잘 오지 않기 때문이다.

'최경자'란 용어가 있다. 사람 이름은 아니고, '최소한의 경제적 자유'의 줄임말이다.

경제적 자유를 누릴 수 있는 금액을 뜻하지만 한 가지 조건이 있다. 바로 '최소한'이다. 즉 '최경자'는 경제적 자유를 누리되 최소한의 금액만으로 돈에 대한 걱정 없이 사는 삶을 의미한다. 지출을 최소로 줄임으로써 가벼운 삶을 지향하는 '미니멀리즘' 하고는 조금 다른 개념이다.

위 기사에서 보는 것처럼 15%의 사람들은 은퇴 후 적정 생활비로 400만 원 이상이 필요하다고 보았다. 물론 많으면 많을수록 좋을 것이다. 하지만 문제는 현실성이다. 과연 지금의 내가 400만 원 이상을 은퇴 이후에도 꾸준히 벌 수 있을까?

최경자가 중요한 이유

최경자는 경제적으로 스스로를 돌아보는 가이드라인이자, 노후에 내가 돈 걱정 없이 살기 위한 기준이라 할 수 있다. 예를 들어 은퇴한 65세 이후 나는 어느 정도의 소득이 있다면 경제적 불안 없이 삶을 자유로이 살아갈 수 있을까? 그 기준을 정하는 것이 바로 최경자를 세우는 것이라 하겠다. 단, 최경자는 '최소한'에 방점을 찍고 있음에 유의해야만 한다. 월 400만 원이든 500만 원이든 많으면 많을수록 좋겠지만, 이는 희망에 가깝다. 그렇다면 우리는 최대한 현실성을 반영하여 노후를 준비할 필요가 있다.

최경자의 기준은 낮으면 낮을수록 좋다. 필자의 부부 합산 최경자는 200만 원(현재가치 기준)이다. 즉 매월 200만 원의 소득만 있으면 돈 걱정 없이 살아갈 수 있다. 물론 펑펑 쓰면서 살 수는 없다. 하지만 일상을 유지하는 것이 가능하며, 그 때문에 돈의 구속으로부터 자유로울 수 있다. 경제적 풍요를 맘껏 누리며 살기는 힘들겠지만, 돈으로부터의 자유는 구가하며 살아갈 수 있다.

최경자의 기준이 낮다면 노후를 준비하는 입장에서 훨씬 더 대비가 쉬워질 수 있다. 반대로 기준이 높아질수록 현실성은 떨어질 수밖에 없다. 월 200만 원과 500만 원, 과연 어느 것이 더 달성하기 쉬울까?

노후는 현실이다. 우리는 그 현실을 미리 준비해야만 하고, 쉽지 않은 목표를 설정하는 것보다 현실적인 목표를 세우는 것이 더 유리할 것이다. 달성하기 힘든 소득 규모에 기대뿐인 희망을 걸지 말라. 현실을 인지하고 그것을 차분하게 준비하는 것이 우리가 선택할 수 있는 보다 쉬운 길이며, 그 길이 바로 최경자다.

최경자의 궁극적 목적은 부자가 되는 것이 아니다. 이 각박하고 힘든 자본주의 세상에서 노후까지 돈 걱정 없는 평안하고 풍요로운 삶을 추구하는 것이다. 죽을 때까지 50억, 100억 대의 부자가 될 수는 없겠지만 내가 가진 것만으로도 충분히 경제적 어려움 없이 잘 살다 가는 것이 최경자의 최종 목표이자 목적이라 할 수 있겠다. 그런 의미에서 아래 그림은 최경자를 가장 잘 대변하는 그래프라 할 수 있다.

일반인의 최경자 그래프

(이 그래프에 대한 보다 자세한 내용을 알고 싶다면 『돈 걱정 없이 잘 살고 싶다면(2019년)』을 참고)

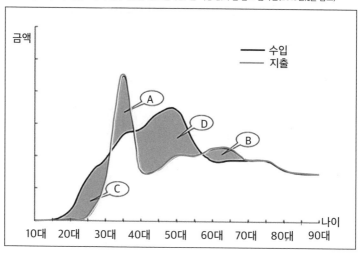

최경자가 달성되면 그다음부터 돈은 자신의 일상에서 필수가 아닌 옵션이 된다. 최소한이지만 경제적 자유를 이루었기 때문에 돈을 더 벌어도 되지만, 반대로 더 이상 벌지 않아도 되는 것이다. 즉 돈으로부터 진정한 자유가 생기는 것이며, 더 이상 '돈돈돈!'

하며 살지 않아도 된다. 어떤가, 생각만으로도 홀가분해지지 않는가?

대신 한 가지 할 일이 있다. 바로 인문에 대한 공부다. 남는 시간을 활용해 인생을 어떻게 하면 더 재밌고 짜릿하게 즐기며 살수 있을지 고민하고 공부해야 한다. 젊음의 시간을 돈 버느라 대부분 썼다고 한다면, 노년에는 돈 걱정 없이 오롯이 인생을 신나게 즐기며 살아가는 데 집중해야만 한다. 그래서 인생 마지막 날을 맞이하게 되었을 때 "잘 놀고 간다"라고 말할 수 있는 정도가되어야 한다. 이것이 바로 인생에 대한 예의이자 도리, 감사라 할수 있으리라.

최경자 3단계 구축법

1단계 : 기준 정하기

자, 이번에는 최경자를 어떤 식으로 구축해야 할지 그 방법에 대해 3단계로 이야기해 보자.

최경자 구축을 위한 1단계는 무엇보다 먼저 최경자의 기준을 정하는 것이다. 예를 들어 65세(이 나이는 정년퇴직 이후 생애 첫 국민연금[1969년생부터]이 개시되는 시기이다)부터 월 250만 원(연 3,000만 원)의 소득을 최경자 기준으로 생각한다면 이를 최소 세 부분으로 나누어서 다음과 같이 정리해 볼 필요가 있다.

최경자 기준표 (예시)

NO	항목명	금액		비고
		월	연	
1	연금 소득	1,000,000 원	12,000,000 원	국민연금+개인연금+퇴직연금
2	자본(투자) 소득	1,000,000 원	12,000,000 원	금융 또는 부동산 수익
3	생산(일) 소득	500,000 원	6,000,000 원	
	합계	2,500,000 원	30,000,000원	

위와 같이 나누는 것을 소득 포트폴리오라고 한다. 즉 소득의 파이프라인을 여러 개 만들어 놓는 것이다. 이렇게 하는 이유는 불가피한 사정으로 하나의 파이프라인이 막히더라도 다른 곳으로부터의 소득은 꾸준히 유입될 수 있도록 소득원 자체를 분리해 놓는 것이라 할 수 있다. 그러므로 소득 포트폴리오는 세분화해 놓는 것이 중요한데, 그렇다고 해서 너무 많은 항목을 만들어 놓음으로써 관리조차 어렵다면 실행에서 문제가 생길 수도 있으니 유의해야 한다.

최경자 기준을 세울 때는 먼저 노후에 쓸 비용을 추정해야 한다. 즉 고정비 외에 상황에 따라 발생할 수 있는 변동비까지 포함해 월 금액을 산출할 필요가 있다. 예를 들어 전기세, 통신비, 관리비와 같이 매월 고정적으로 들어가는 비용 외에 추가적으로 1년에 한 번은 해외여행 혹은 국내여행을 가겠다고 생각한다면 이 금액 또한 계획에 넣어놓아야 한다. 또한 문화나 취미 생활을 위해 반드시 해야 한다고 생각하는 것 또한 누락시키면 안 된다.

고정비 중에서 많은 사람들이 놓치는 것이 한 가지 있다. 바로 건강보험료(건보료)인데, 직장을 다니는 동안에는 직장 가입자로서 월 급여의 약 7.09%(2023년 기준)만 내면 된다. 게다가 회사에서 절반인 50%를 지원해 주기 때문에 실질적으로 개인이 부담해야 하는 금액은 3.545% 밖에 되지 않는다. 예를 들어 300만 원의 급여를 수령(세전)할 경우 내야 하는 건강보험료는 약 21만 3천 원 정도지만, 회사에서 50%를 부담해 주기 때문에 실제 지출액은 그 절반인 10만 6천 원 정도이다.

하지만 직장을 그만두게 되면 지역 가입자로 자동 전환되는데 이때는 자신이 보유한 주택뿐 아니라 연금 및 기타 소득에도 건 강보험료가 부과되기 때문에 보통 월 20~30만 원 정도의 건보료 를 내야 하는 경우가 많다. 생각해 보라. 노년에 크지 않은 소득으 로 생활해야 하는데 고정적으로 꽤 큰 금액을 지출해야만 한다면 경제적, 심리적으로도 상당히 쪼들릴 수밖에 없을 것이다. 그렇 기 때문에 건보료는 노후 지출 계획을 세울 때 반드시 염두에 두 어야만 한다.

월 지출 금액이 산출되었다면 이 금액이 바로 최경자의 기준이 되는 금액이라 할 수 있다. 하지만 완전치는 않다. 최경자의 '최소 한'을 추구하기 위해서는 다소 여유 있게 잡아 놓은 항목에 대해 기름기를 '쪽' 빼내어 담백하게 만들 필요가 있다. 최경자의 기준 이 낮을수록, 최경자 구축을 보다 쉽고 원활하게 준비할 수 있기 때문이다. 거듭 강조하지만 노후는 현실이다. '잘 될 거야~' 하는 식의 낙관에 의한 기대는 냉혹한 현실에 의해 산산조각 날 수 있 다. 지금이 조금 여유 있다고 미래 또한 풍요로울 것이라 낙관하 면 안 된다. 머리를 차갑게 할수록 미래를 조금 더 따뜻하게 준비 할 수 있음을 명심할 필요가 있다.

2단계 - 소득 항목 및 항목별 금액 나누기

최경자 구축 2단계는 소득 포트폴리오를 구성할 항목을 결정하는 것이다. 필자는 앞에서 예시(표 참조)를 통해 〈연금 소득 + 자본(투자) 소득 + 생산(일) 소득〉의 3가지 소득을 제시했는데, 우리가 노후에 벌어들일 수 있는 대부분의 소득들은 이 항목에 포함된다.

예를 들어 자본(투자) 소득의 경우는 원룸이나 빌라 등 대여형 부동산 임대를 통한 임대소득 혹은 주식이나 채권 혹은 펀드 투자를 통한 자본소득, 그리고 배당주 투자를 통한 배당소득, 정기 예적금에 의한 이자소득 등이 여기에 해당된다. 또한 일을 통해 벌어들일 수 있는 생산소득(근로소득)은 재취업이나 1인 기업, 프리랜서 활동, 더 나아가 공공 일자리나 아르바이트와 같은 단기 소득으로 보완할 수 있을 것이다.

여러 다양한 소득 중에서 자신에게 맞는 항목을 정했다면 항목에 따른 금액을 배분해야 한다. 표에서처럼 연금 100만 원, 자본소득 100만 원, 생산소득 50만 원 하는 식으로 말이다. 이때 한 가지 조심해야 할 부분이 있는데, 금액 배정을 할 때 절대 낙관적으로 수치를 잡아서는 안 된다는 것이다.

재무 플랜을 세울 때는 항상 너무 심하다 싶을 정도로 타이트하게 예상치를 잡아 놓는 것이 유리하다. 예상한 금액보다 더 많은 금액을 벌어들일 수 있다면 그 금액으로 조금 더 여유 있게 생활하면 되지만, 모자랄 경우는 사실 답이 없기 때문이다. 그렇기 때문에 재무 플랜의 수치는 가능한 한 보수적으로 잡을 필요가 있다.

예를 들어 연금소득 특히, 국민연금을 비롯해 개인연금, 퇴직연금까지 보유했다면 대부분의 경우 100만 원을 초과한 연금액을 수령할 가능성이 높다.

하지만 그럼에도 불구하고 표에서처럼 100만 원만 설정한 이유는 국민연금의 경우 현재의 불입금액을 만 60세까지 유지했을 때를 추정하여 연금액을 산정하기 때문에 중간에 회사를 퇴직하거나 급여가 작은 회사로 옮길 경우에는 국민연금 수령액이 작아질 가능성이 있기 때문이다. 이런 경우를 대비해 상당히 보수적으로 예상치 금액을 잡는 것이다.

또한 생산소득을 통해 50만 원 이상을 벌 가능성도 높다. 사실 웬만한 아르바이트만 하더라도 월 70~80만 원 정도는 기본으로 벌 수 있다. 하지만 이 금액을 낮춰 놓은 데는 2가지 이유가 있다.

첫 번째는 인생 2막의 일은 자신이 좋아하고 관심 있어 하는 일이 되어야 하기 때문이다. 즉 누군가가 시켜서 하는 일이 아닌 나 스스로 선택하고 좋아서 하는 일이 되어야 하며, 그래야 오랫동안 즐겁게 일할 수 있기 때문이다.

하지만 그런 일은 많지 않으며, 또 나의 적성에도 맞아야 하기 때문에 사실 이런 일을 통해 큰돈을 벌기란 매우 어렵다. 돈과 하고 싶은 일, 인생 2막에는 이 2가지를 잘 균형 잡을 수 있어야 하며 이를 가능하게 만들기 위해서는 결국 벌어야 하는 금액을 낮추면 낮출수록 그 일에 과감히 뛰어들 수 있을 뿐 아니라 오랫동안 매진할 수 있다. 이것이 바로 두 번째 이유라 하겠다.

필자는 무려(?) 24년 간 기업에서 시키는 일을 하고 월급을 받아 생활하는 직장인이었다. 그리고 현재는 인생 2막으로 선택한 직업이라 할 수 있는 작가이자 강사, 컨설턴트로 활동하고 있다. 그러나 기업에서 부장이라는 직책을 가지고 일하던 시절에 비해 벌어들이는 수입은 채 절반도 되지 않는다.

하지만 내가 선택한 일이기 때문에 상당한 만족감을 가지고 일하고 있으며, 또한 나이에 따른 정년퇴직 자체가 없기 때문에 이 일은 내가 원한다면 언제까지든 계속할 수 있다는 장점도 있다.

물론 현재의 소득도 처음에는 현저하게 작을 수밖에 없었다. 생각해 보라. 인지도나 브랜드도 제대로 없는 사람에게 누가 강의나 컨설팅을 요청하겠는가. 그럼에도 이 일에 도전할 수 있었던 힘은 바로 월 50만 원이란 적은 금액이었다. '열심히 하면 최소 이 정도는 벌 수 있지 않을까?' 하는 마음이 나를 도전으로 이끌었고, 지금의 나를 만들어 가고 있다고 해도 과언이 아니다. 만약 처음부터 이 일을 통해 최소 300만 원 이상을 벌어야겠다는 목표를 가지고 시작했다면 벌써 포기하지 않았을까?

3단계 : 소득 항목별 실행 계획 세우기

항목과 목표 금액을 정했다면 이번에는 실행 계획을 세워야
한다.

먼저 연금소득은 굳이 실행 계획까지 세울 필요는 없다. 수령
시기에 맞춰 받을 수 있는 금액을 지급받으면 되기 때문이다. 다
만 국민연금 외에 사적 연금인 개인연금과 퇴직연금을 보유하고
있다면 지급 시기는 조정할 필요가 있다. 연금을 신청할 수 있는
가장 최소 기간인 5년으로 할 것인지 아니면 10년 혹은 20년으로
할 것인지 정해야 한다.

여기에 추가적으로 개시 연령을 미리 계획해 놓아야 하는데,
이를 위해서는 단기간에 많은 연금을 수령하기보다는 고르게 배
분하여 연령대에 따른 부족함이 발생되지 않도록 잘 조정할 필요
가 있다.

연금 배분을 위해 활용할 수 있는 좋은 방법이 있다. 바로 국민
연금공단 홈페이지(https://www.nps.or.kr/jsppage/main.jsp)를 이용하면
되는데, 로그인을 한 후 홈페이지 상단에 있는 〈NPS중앙노후지
원센터 - 재무진단 - 내 연금 알아보기 - 조회〉를 연속으로 클
릭하면 국민연금뿐 아니라 개인연금, 퇴직연금, 주택연금까지 모
두 한 번에 확인이 가능하다. 또한 이 데이터를 그래프로도 변환
할 수 있는데, 한눈에 노후의 모든 연금을 체크해 볼 수 있다.

이를 참고하여 부족한 연령대의 재무계획을 세우거나 조정, 보

완하면 된다.

국민연금공단의 내 연금 알아보기를 활용한 예상 연금액 그래프(만 54세 남성 예시)

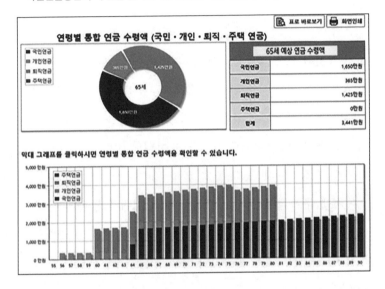

두 번째로 실행 계획을 세울 항목은 자본소득으로, 수익을 창출하기 위해서는 당연히 자본이 있어야만 한다. 이 자본의 규모는 아무래도 다다익선이라 할 수 있는데, 문제는 큰돈을 모으기가 쉽지 않다는 것이다. 그렇다면 어느 정도의 금액을 목표로 하는 것이 좋을까? 필자가 계산해 본 결과 노후 자본소득을 위한 최소의 자본은 약 2억 원 정도로 추정된다.

왜 2억이냐 하면 이는 투자 수익률과 관련이 있기 때문이다. 투자 수익률이 높으면 높을수록 얻을 수 있는 수익금은 많아진다. 하지만 문제는 투자에 따른 리스크, 즉 원금 손실의 가능성이 커진다는 것이다.

〈Part 3. '투자'로 만드는 생애설계 프로젝트〉에서 자세히 언급하겠지만, 우리가 투자를 할 수밖에 없는 가장 큰 이유는 물가 때문이다. 즉 매년 물가가 오르는 만큼 내가 보유한 자산의 가치가 줄어들 수밖에 없는데, 이 가치를 보전하기 위해 우리가 가장 많이 하고 있는 것이 바로 정기예금이다. 하지만 물가상승률이 정기예금의 금리를 초과할 경우 내 자산의 가치는 하락할 수밖에 없다. 우리는 이것을 실질금리(정기예금 금리 - 물가상승률)의 마이너스 상태라고 표현한다.

이런 상황을 극복하기 위해 우리는 (하기 싫더라도) 투자를 할 수밖에 없으며, 그렇기 때문에 가장 기본적인 투자 수익률은 바로 '물가상승률 + α'라 할 수 있다. 최소 이 정도의 수익률을 거둬야만 내 돈의 현재 가치를 미래에도 지속적으로 계속 보존할 수 있기 때문이다.

필자가 생각하는 '물가상승률 + α'는 약 5~6% 정도이다. 평상시 물가상승률을 최대 3~4% 정도로 잡고 추가로 α를 보탠다면 최대 5~6% 정도를 예상할 수 있다. 즉 이 정도의 수익률을 지속적으로 거둘 수 있다면 우리는 내 자산의 현재 가치를 미래에도 계속해 유지할 수 있다.

2억의 자본은 물가상승률을 감안했을 때 꼭 필요한 금액이라 할 수 있다. 즉 연간 자본소득으로 1,200만 원(월 100만 원)을 예상

했을 때 5~6%의 수익률을 거둘 수 있다면 내게 필요한 자본은 최소 2억(1,200만 원 ÷ 6%)이 되는 것이다. 만약 1억의 여유밖에 없다면 같은 수익 금액을 얻기 위해 2배에 해당되는 12% 수익을 올려야만 한다. 높은 수익률에는 당연히 그에 상응하는 리스크가 따라오게 된다.

우리가 원하는 것은 매년 꾸준한 수익을 올리는 것이다. 그렇기 때문에 가능한 한 리스크를 줄이는 것이 관건이라 할 수 있다. 그런 의미에서 2억보다 많은 3억이 있다면 4%의 수익률만 올리면 되므로 보다 안정적인 투자가 가능하다 할 수 있다.

금융투자만 이야기했는데 부동산 임대를 통한 수익도 괜찮은 방법이다. 월세 수익률이 대개 7~8% 정도는 하므로 2억 정도만 가지고 있다면 1,200만 원 + α의 수익도 충분히 가능하다. 다만 부동산의 리스크는 공실이라 할 수 있는데, 이를 피하기 위해서는 교통이 좋거나 교육, 주거환경이 좋은 곳을 고를 수 있는 안목도 필요하겠다.

마지막은 일을 통해 얻을 수 있는 생산소득이다. 사실 월 50만 원은 그렇게 크지 않은 금액이다. 하지만 그렇다고 해서 절대 만만히 볼 수 있는 금액이 아니다. 왜냐하면 타인의 주머니 깊은 곳에 감춰진 돈을 끌어낼 수 있는 기술이나 실력을 갖춰야 하기 때문이다. 즉 아마추어가 아닌 프로로서의 실력자가 되어야 한다는 의미다. 그렇기 때문에 오랜 준비기간이 필요할 수밖에 없다.

직장에 있는 동안 노후의 할 일을 정했다면 그에 필요한 실력을 연마해야만 한다. 필자가 볼 때 최소 준비기간은 아무리 못해도 3년 이상은 필요하다. 2년 정도 기본기를 갖춘 후 무료 재능기부 등을 통해 최소 1년 이상의 실험까지 거쳐야만 비로소 돈이 될 수 있다는 것을 확인할 수 있기 때문이다.

생산소득을 위해 어떤 일을 선택할 것인지에 대해서는 커리어 컨설턴트 정도영 작가가 쓴 [Part 2 : '내 일'로 만드는 생애설계 프로젝트]를 꼼꼼히 잘 읽어보기 바란다.

3층 연금제도,
안정적 노후를 위한 마지막 보루

연금만으로 노후가 불안한 이유

연금만으로 노후의 여유 있는 경제적 삶을 보장받을 수 있을까? 거의 대부분의 사람들이 "NO!" 라고 외칠 것이다. 왜 그럴까? 사실 직장을 다니는 동안 매월 제법 큰 금액을 국민연금이나 공무원연금 등으로 '떼였다' 생각하지만, 실질적으로는 그렇게 큰 금액이 아니었기 때문이다. 미안하지만 뼈를 때리는 소리일 수 있다.

국민연금은 내 급여 중 9%를 납부한다. 다행스러운 점은 절반만 부담하고 나머지 절반은 회사에서 내 준다는 것이다. 즉 4.5%만 내고 9%의 효과를 보는 것이다. 하지만 그럼에도 나에게 계상되는 국민연금액은 급여 대비 9%가 정확한 수치이다.

예를 들어 월 급여액으로 400만 원 정도를 수령하고 있다면,

4.5%에 해당하는 18만 원은 내가 부담하고 나머지 18만 원은 회사에서 내주는 식이다. 그래서 월 36만 원이 나의 국민연금 납부액이 되는 것이다.

공무원연금은 국민연금에 비해 2배를 납부한다. 9%가 아닌 18%가 기준이며 개인이 9%, 회사(여기서는 정부)가 9%를 대납해준다. 공무원연금이 개혁되었음에도 불구하고 여전히 국민연금 대비 공무원연금의 수령액이 많을 수밖에 없는 이유는 2배 더 높은 비율로 연금을 납부하고 있기 때문이다. 또한 공무원의 경우 거의 대부분 정년이 보장되어 있기 때문에 일반인들보다 더 오랜 기간 근무가 가능하며, 그래서 더 많은 연금액이 적립된다고 보면 된다.

하지만 아쉽게도 공무원의 실 급여 수준이 낮다보니 비율은 높지만 실제 적립액은 비율에 비해 많지 않은 편이며, 이로 인해 공무원으로 퇴직해도 여유 있는 연금생활자가 되기 어려운 것이다.

3층 연금제도 탄생의 역사

연금은 보험의 일종이다. 보험이란 질병이나 사고와 같은 미래의 위험을 대비하여 현재의 여유자금을 조금씩 떼어내 준비하는 상품이다. 연금 또한 보험처럼 노후의 경제적 문제를 대비하기 위해 미래의 월급을 준비하는 것이라 할 수 있다. 즉 연금은 은퇴 후 일정한 수입이 없어질 때를 대비한 맞춤 상품이라 할 수 있다.

　우리나라의 가장 대표적인 공적연금인 국민연금은 1988년에 처음으로 시행되었다. 그 목적을 한마디로 정리하자면, 노년을 가난하게 사는 국민들을 구제하기 위해 시작되었다고 볼 수 있다. 국민들이 알아서 잘 살아주면 좋겠는데 가난한 노인들이 많아지고, 더불어 그 노인들을 위한 복지비 또한 많이 들어가다 보니 결국 정부에서 팔을 걷어붙이게 된 것이다. 정부가 직접 연금제도를 운영함으로써 국민들의 노후를 책임지겠노라며 나선 것이 바로 국민연금 제도라 할 수 있다.

　그러나 이상과 현실은 항상 다를 수밖에 없다. 준조세와 같은 연금제도를 통해 국민들을 (반강제로) 가입시키는 데는 성공했지만, 계획과 달리 국민연금 수령액만으로는 국민들의 노후를 책임질 수 없었다. 많이 지급하면 좋겠지만 그럴 경우 기금의 고갈이 눈에 보였기 때문이다. 이로 인해 정부에서는 다른 방법을 강구해야만 했는데, 고민 끝에 나온 것이 바로 1994년의 개인연금(개인연금은 이후 연금저축으로 이름이 변경된다) 제도였다. 즉 공적연금은 정부가 알아서 잘 관리할 테니 부족한 연금액에 대해서는 국민들 스스로 알아서 민간 연금상품에 가입함으로써 연금액을 늘리라는 것이었다.

　잘 생각해 보면 다소 기가 막힌 행동 아닌가? 국민들의 노후 걱정을 없애 주겠다며 큰 소리를 땅땅 칠 때는 언제고 이제 와서 국민 스스로 개인연금에 가입하라니? 이런 반발에 대비해 정부는 연말정산 혹은 종합소득세 신고 시에 개인의 세금을 줄여주는 소득공제(현재는 대부분 세액공제로 변경)를 당근으로 내놓았고, 순진한 국민들은 (쥐꼬리만 한) 절세에 만족하며 개인연금 제도를 받아들이게 된다.

하지만 국민연금과 개인연금의 조합으로도 국민들이 노후에 수령할 수 있는 연금은 많지 않았다. 그러자 정부에서는 고심 끝에 또 하나의 방법을 고안해 내는데, 그것이 바로 퇴직연금이었다. 직장인들의 경우 다니던 회사를 그만두게 되면 '퇴직금'이라는 목돈을 받게 되는데, 정부에서 통계를 내보니 많은 사람들이 퇴직금을 급한 생활자금이나 주택 구입, 투자 등으로 사용함으로써 일정 시간이 지나고 나면 남는 게 없다는 것이었다. "옳거니!" 정부에서는 이 퇴직금 또한 연금으로 활용하면 국민들의 노후 삶에 보탬이 될 것이라 판단했고, 그로써 2005년 퇴직연금 제도를 도입한다. 그러나 이 또한 가입이 저조했다.

그러자 역시나 정부에서는 '소득공제'뿐 아니라 퇴직금을 연금으로 수령할 경우 도움이 될 수 있는 여러 혜택을 제공함으로써 퇴직연금 가입자들을 늘려가고 있다.

이로써 3층 연금제도가 완성되었는데, 각각의 연금제도에 대해 정부에서는 아래와 같이 지향하는 바를 적어 두었다.

- 국민연금(1층) : 기본적인 삶

- 퇴직연금(2층) : 표준적인 삶
- 개인연금(3층) : 풍요로운 삶

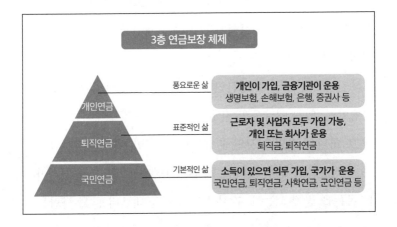

위의 그림에 의하면 국민연금만으로는 기본적(기초적)인 삶이 가능하며, 여기에 퇴직연금을 더하게 되면 표준적인 삶을 살아갈 수 있다는 것이다. 그리고 개인연금까지 추가하게 되면 연금만으로도 풍요로운 삶이 가능해진다고 하니, 3층 연금만 제대로 구축할 수 있다면 노후 걱정은 하지 않아도 될 듯싶다.

어찌되었든 명확한 사실은 단순히 국민연금 하나만 있는 것보다는 퇴직연금, 거기에 더해 개인연금까지 보유하고 있다면 더 많은 연금의 수령이 가능하다는 것이다. 특별한 수입이 없다면 연금은 개인의 경제적 일상에 있어 젖과 꿀이나 다름없다. 안정적 삶을 보장해 주는 것이다. 그렇기 때문에 정부의 의도 여부를 떠나 소득이 있을 때 국민연금뿐 아니라 개인연금, 퇴직연금까지도 꾸준히 적립해 놓을 필요가 있다. 연금은 안정적인 삶을 지탱하기 위한 가장 기본적인 밑을 구석이기 때문이다.

그래도 국민연금! 국민연금 더 많이 받는 법

왜 국민연금 탈퇴운동이 일어났을까?

지금은 좀 잠잠한 편이지만 한때 국민연금 탈퇴운동이 벌어진 적이 있다. 젊은 직장인들이 주체가 되어 거의 강제적으로 거둬들이고 있는 국민연금을 내지 말자고 주장한 것이다. 그들은 왜 그런 주장을 펼친 걸까?

크게 2가지 이유 때문이었는데, 하나는 국민연금 수령자들이 점점 많아지며 모아놓은 기금이 모두 없어질 수 있다는 우려 때문이었다. 2018년 조사된 보건복지부의 '제4차 국민연금재정 계산 결과'에 따르면 국민연금 적립금은 2057년 고갈된다고 한다. 앞으로 34년 정도면 현재의 기금이 모두 사라진다는 의미다. 만약 그렇게 될 경우 국민연금 수령 연령에 도달하지 못한 사람들은 어이없게도 연금을 단 한 번도 받아보지 못한 채 남(?) 좋은 일만 한 모양새가 되고 만다.

다른 하나는 기금이 줄어들면 줄어들수록 기존 연금 가입자가 부담해야 하는 소득 대비 연금 부담률이 올라갈 수밖에 없기 때문이다. 현재 국민연금 부담률은 9%로, 개인이 절반, 회사가 나머지 절반을 불입하는 형태로 되어 있다. 하지만 노령화로 인해 국민연금 수령자는 많아지고, 반대로 저출생으로 인해 국민연금 납부자가 줄어들게 되면서 연금부담률은 더 올라갈 수밖에 없게 된다. 즉 적은 청년층이, 더 많은 노년층의 연금을 부담해야만 하는 것이다.

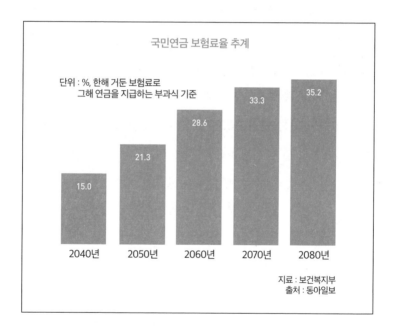

국민연금 보험료율 추계

단위 : %, 한해 거둔 보험료로
그해 연금을 지급하는 부과식 기준

2040년	2050년	2060년	2070년	2080년
15.0	21.3	28.6	33.3	35.2

자료 : 보건복지부
출처 : 동아일보

저출산과 기금고갈 등 여러 자료를 종합한 보건복지부 통계에 의하면 앞으로 약 37년 후인 2060년 국민연금 부담률은 28.6%까지 상승할 것이라 한다. 현재의 9% 대비 3배 이상 오른 금액으로,

지금 20만 원 정도를 불입하고 있다면 2060년에는 최소 60만 원 이상을 연금으로 납부해야 한다는 이야기다. 게다가 기금 고갈을 막기 위한 연금개혁 조치를 통해 수령하는 연금액을 낮추게 될 경우 더 많이 내고 더 적게 받는 구조로의 변화가 불가피할 수밖에 없다.

이러한 연유로 젊은 직장인들이 국민연금에서 탈퇴하자는 운동을 벌이게 된 것인데, 현재 국민연금의 상황을 종합해 볼 때 이들의 주장에도 분명 합리적인 부분이 있다.

하지만 정부의 입장에서는 결코 물러설 수 없는데, 이를 뒤집기에는 너무나 멀리 왔기 때문이며, 또한 거의 모든 국민들이 관여된 사항이라 함부로 건드리기도 어렵기 때문이다. 만약 고속으로 주행하고 있는 만원버스가 급정거하게 될 경우 차 안의 승객들, 특히나 서 있는 사람들은 어떻게 될까? 생각만 해도 아찔한 일이 아닐 수 없는데, 국민연금이 바로 그런 케이스라 하겠다.

그래도 국민연금!

공적연금은 사적연금과 비교 불가의 확실한 장점 한 가지를 가지고 있다. 그것은 바로 물가에 연동하여 연금액이 조정된다는 사실이다.

대개 물가라는 것은 매년 조금씩이라도 오른다. 물가가 오르게 되면 기존 가격보다 더 비싼 가격으로 물건을 사야 하므로, 내가 보유한 돈의 가치가 떨어지게 된다. 숫자상으로는 그대로지만 더 많은 돈을 지불해야 하기 때문에 실질적으로는 내 돈이 줄어드는 것과 같다.

- 물가(물건의 가격)가 오르면 → 더 많은 돈을 내야 하고 → 내 돈이 줄어 드는 것과 동일한 효과
- 물가(물건의 가격)가 내리면 → 더 적은 돈을 내면 되고 → 내 돈이 늘어 나는 것과 동일한 효과

예를 들어 매월 100만 원씩 연금을 수령하고 있다고 가정해 보자. 그리고 10년이 흘렀다. 역시나 연금액은 100만 원으로 동일하다. 그러면 그 100만 원의 가치 또한 10년 전과 같다고 할 수 있을까? 당연히 그렇지 않을 것이다. 10년 간 물가가 오른 만큼 내 돈의 가치는 줄어들게 되어 있다. 만약 매년 2%의 물가상승이 지속되었다면 10년 후 내가 수령하는 100만 원은 20%(연 물가상승률 2%×10년)가 줄어든 80만 원의 가치밖에 되지 않는다. 동일한 연금액을 받는 사람의 경우 시간이 흐를수록 점점 더 경제적으로 쪼들리게 되는 것이다.

"그래도 국민연금!"이라고 하는 이유가 여기에 있다. 국민연금, 공무원연금, 사학연금(사립학교 교직원 연금), 군인연금과 같은 공적연금은 매년 물가상승률을 반영한다. 그래서 연초에 연금액이 오른 물가를 반영하며 매년 조금씩이라도 오른다.

2022년 국민연금 급여액 2.5% 인상

- 전년도 전국소비자물가상승률 반영, 2022.1월~12월 적용 -

□ 2022년도 1월부터 현재 국민연금을 받고있는 약 569만 명*의 연금액이
2021년도 전국소비자물가변동률을 반영하여 2.5% 인상된다.

• 노령연금 476만 명, 장애연금 7만 명, 유족연금 87만 명 ('21.10월 기준)

(예) 기존에 매월 100만 원을 받던 연금수급자 갑(甲)의 경우 올해 1월
부터 연금수령액이 25,000원(2.5%) 인상된 1,025,000원을 받게 된다.

위 자료에 따르면 2022년 국민연금은 전년 대비 2.5% 인상
되었다. 예시에 나온 것처럼 월 100만 원 연금 수령자의 경우
2022년부터는 25,000원 인상된 1,025,000원을 수령하게 된 것
이다. 마치 회사에서 받는 급여처럼 물가가 오른 만큼 그 상승률
을 반영하여 매년 올려주고 있는 것이다. 어떤가, 좋지 않은가?
2022년의 2.5% 인상에 이어 2023년 국민연금은 무려 5.1%가 인
상되었는데, 이는 2022년 우리나라의 평균 소비자물가 상승률이
5.1%를 기록했기 때문이다. 이렇듯 국민연금과 같은 공적연금에
대해서는 물가 상승에 따른 연금의 가치 하락은 걱정하지 않아도
된다.

다만 개인연금이나 퇴직연금과 같은 사적연금에는 이러한 장
점이 없다. 내가 불입한 금액만큼 기간으로 분할해 연금을 수령
할 뿐이다. 그렇기 때문에 오랜 기간 같은 금액을 받게 된다면 연
금액의 가치가 줄어드는 현상이 발생하게 되는 것이다. 따라서

연금의 가치를 계속해 유지하고 싶다면 사적연금은 저축이나 투자를 통해 수익을 발생시킴으로써 하락하는 가치를 보전해야만 한다.

국민연금 더 많이 받는 법

국민연금에는 일반 사적연금 상품과 다른 점 한 가지가 더 있다. 그것은 많은 금액을 불입한다고 해서 미래에 수령하는 연금액 또한 비례해 늘어나지 않는다는 것이다. 이상하지 않은가? 많이 내면 많이 받는 게 정상 아닌가?

국민연금 내에는 '소득재분배'라는 기능이 있다. 이는 소득이 적은 저소득층에게 보다 많은 연금이 돌아가도록 하기 위해 고소득층의 연금액을 일부 줄이는 것이다. 당연히 고소득층에서는 반발할 수밖에 없는 기능이라 할 수 있다. 하지만 국민연금은 공적연금으로 반강제로 납부가 이루어지기 때문에 탈퇴 또한 마음대로 할 수 없다. 그러니 뭐 어쩌겠는가. 만약 내가 연금을 상당히 많이 내는 고소득층(그런 분이 이 책을 읽을 가능성은 거의 없다고 보긴 하지만)에 해당된다면 조금 덜 받고 나머지 금액은 기부한다는 식으로 긍정적으로 생각하는 게 정신건강에도 좋을 듯싶다.

소득재분배 기능으로 인해 국민연금은 더 많이 불입한다고 해서 더 많은 연금을 받을 수 없다. 하지만 그럼에도 국민연금을 보다 많이 수령할 수 있는 방법은 있는데, 그 핵심은 바로 기간이다.

동일 납부액 기준 기간별 국민연금 예상 수급액 (출처 : KBS)

국민연금에 동일 금액을 납부하되 하나는 10년, 다른 하나는 20년 동안 불입할 경우 미래에 수령할 수 있는 연금액은 어떻게 될까? 결론부터 말하자면 무조건 길게 내는 게 유리하다. 당연한 결과이긴 하다. 정기예금도 1년짜리보다는 2~3년과 같이 보다 긴 기간을 예치하는 경우가 더 많은 이자를 받을 수 있지 않은가. 그럼에도 국민연금의 기간별 차이는 상당히 큰 편이다.

월 9만 원씩 20년을 납부하거나, 18만 원씩 10년을 납부하는 2가지 모두 납입 원금은 2,160만 원으로 동일하다. 하지만 수령하게 되는 월 연금액은 각각 34만 5천 원과 23만 원으로 그 차이 금액은 11만 5천 원이나 된다. 비율로 따진다면 무려 50%나 된다.

자, 그렇다면 국민연금을 조금이라도 많이 받는 방법은 명확해진다. 기간을 최대한으로 늘리면 된다. 직장인의 경우는 가능한 회사를 오래 다니는 것이 중요(또한 회사에서 국민연금 납입액의 절반을 보태주는 것도 잊지 말자)하고, 회사를 퇴직했다 할지라도 만 60세까지는 계속해서 작은 금액이라도 계속해 국민연금을 납부하는 것이 유리하다. 어쨌든 기간을 최대화할 경우 연금액이 늘어나기 때문이다.

만약 한 회사를 퇴직한 후 다른 회사에 취직할 때까지 약 1~2년 이상의 공백이 있었을 경우에는 추후 납부제도라는 것을 활용하면 된다. 국민연금을 1번이라도 납부한 실적이 있는 경우 최대 10년분까지 추후 납부가 가능하므로 만약 국민연금 공백이 있다면 비어 있는 기간을 채워주면 된다.

국민연금 실업 크레딧이라는 제도가 있다. 이는 자발적 퇴사가 아닌, 구조조정형 퇴직에 의해 실업급여를 받는 사람들에게 국민연금을 계속 납부할 수 있도록 돕는 제도이다. 사실 퇴사 이후 아무리 실업급여를 받는다 할지라도 국민연금을 계속해 납부하기란 쉽지 않은 일이다. 금액적 부담이 있기 때문으로, 이를 돕기 위해 정부에서 실업급여 대상자들에게 최대 1년까지 기존 국민연금 납부액의 3/4을 지원해 준다. 만약 직장인일 때 월 16만 원의 국민연금을 내고 있었다면 4만 원만 내면 된다는 의미다. 이 경우 1년 간 48만 원(4만 원 × 12개월)으로 192만 원(16만 원 × 12개월)

의 납입 효과를 보게 되므로 실업 크레딧 제도는 꼭 활용하기 바란다.

  또한 결혼하여 출산의 경험이 있는 여성에게는 12개월에서 최대 50개월까지 추가기간을 인정해 주며, 군대를 다녀온 사람의 경우에도 최대 6개월까지 가입기간을 늘려주므로 자격이 되는 경우에는 반드시 공단에 신청하여 추후 수령할 수 있는 연금액을 조금이라도 늘릴 수 있도록 하는 것이 유리하다.

사적연금, 절세는 기본이다

사적연금, 소득공제에서 세액공제로의 변경 이유

개인연금(연금저축)과 **퇴직연금**IRP, Individual Retirement Pension, 개인형 퇴직
연금의 가입 목적은 노후 수령할 연금액의 증대라 할 수 있다. 3층
연금제도에서 의미하는 것처럼 보다 여유 있는 삶을 위해서는 국
민연금 외에 사적연금까지 추가함으로써 연금액을 최대한 늘려
놓는 것이 무엇보다 중요하기 때문이다.

또한 사적연금을 적극적으로 가입해야 하는 이유가 한 가지 더
있는데, 우리가 잘 알고 있는 것처럼 바로 절세 혜택 때문이기도
하다. 2023년부터 연금저축과 IRP에 일정액을 불입하는 경우 해
당년도에 한해 최대 900만 원까지의 세액공제를 해 주고 있다.

하지만 시행 초기 정부에서는 세액공제가 아닌 소득공제를 적
용했는데, 여기서 잠깐! 도대체 소액공제와 세액공제의 차이는
뭘까? 헷갈리지 않은가? 간단하게 정리하고 넘어가 보자.

일단 '공제'란 빼 주는 것을 의미한다. 즉 소득공제란 나의 전체 소득에서 빼 줌으로써 과표가 되는 소득액 자체를 줄여주는 것이고, 세액공제란 최종 납부해야 할 세액, 즉 세금에서 빼 주는 것을 뜻한다. 뭐 별 차이가 없어 보일 수도 있다. 하지만 납세자가 부담해야 할 금액에는 사람에 따라 다소의 차이가 발생하게 된다.

그렇다면 왜 정부는 소득공제에서 세액공제로 절세 방법을 변경한 것일까?

국세청의 세금 원칙은 "소득이나 수입이 있는 곳에는 항상 세금을!"이다. 또한 국세청(정부라 해도 마찬가지)의 입장에서 거둬들여야 할 세금은 기업의 매출 목표와도 유사하다. 다만 다른 점이 있다면 너무 많은 세금 수입을 거둘 경우 국민들의 원성이 빗발칠 수 있다는 것이다. 그렇기 때문에 국세청에서는 공제라는 것을 통해 세금을 "쬐.에.끔." 줄여주는 작업을 한다. 소위 성난 토끼들을 위한 당근책의 일환이라 할 수 있다.

그러나 너무 많은 절세 혜택은 거둬들여야 할 총 세수에 영향을 미칠 수밖에 없다. 또한 경제적으로 여유가 없는 서민들에게 많은 세금을 거두기도 쉽지 않다. 그렇기 때문에 국세청에서는 세수 목표와 절세 혜택 사이에서 균형을 잡기 위해 노력을 하는 것이다. 이런 관점에서 사적연금에 대한 소득공제보다는 세액공제가 낫다는 판단을 내림으로써 공제 방법을 변경하게 된 것이라

볼 수 있다. 즉 세수는 조금 더 걷고, 소득이 낮은 서민들에게 다소라도 절세 혜택이 조금 더 돌아가도록 한 방법이 바로 세액공제였던 것이다.

절세 혜택 어디까지 적용될까

2023년 세액 공제 한도

현행				개정안		
연금계좌 세액공제 대상 납입한도 연금저축 + 퇴직연금				연금계좌 세액공제 대상 납입한도 확대 및 종합소득금액 기준 합리화 연금저축 + 퇴직연금		
총급여액 (종합소득금액)	세액공제대상 납입한도 (연금저축 납입한도)		세액공제율	총급여액 (종합소득금액)	세액공제대상 납입한도 (연금저축 납입 한도)	세액공제율
	50세 미만	50세 이상				
5,500만 원 이하 (4,000만 원)	700만 원 (400만 원)	900만 원 (600만 원)	15%	5,500만 원 이하 (4,500만 원)	900만 원 (600만 원)	15%
1억 2천만 원 이하 (1억 원)			12%	5,500만 원 초과 (4,500만 원)		12%
1억 2천만 원 초과 (1억 원)	700만 원 (300만 원)					

2022. 12. 31.까지 적용

먼저 위의 그림을 살펴보자. 사적연금에 대한 공제 혜택은 수령하는 연봉 규모에 따라 달라진다. 크게 5,500만 원을 기준으로 그 이하(저소득자)와 그 이상(고소득자)으로 나뉘고, 이에 따라 공제받을 수 있는 세액공제율에 차이가 있다. 즉 저소득자의 경우에는 납입 금액의 15%(지방세 포함 16.5%)를 공제해 주고, 고소득자는 12%(지방세 포함 13.2%)로 조금 작은 공제를 적용한다.

사적연금 불입에 따른 공제 혜택에는 제한이 있다. 연금저축(연금저축신탁[은행]+연금저축펀드[증권사]+연금저축보험[보험사])에 대해서는 연간 최대 600만 원까지 혜택을 준다. 즉 1년간 700만 원을 납입한다 할지라도 공제혜택은 600만 원만 받을 수 있는 거다. IRP(개인형 퇴직연금)의 경우에는 최대 900만 원까지 가능하다. 만약 연금저축과 IRP를 동시에 가지고 있고 양쪽 모두 금액을 불입하고 있다면 어떻게 될까? 2개 합산(단, 연금저축은 여전히 600만 원이 최대 한도)으로 최대 900만 원까지가 한도이다. 즉 1,000만 원을 넣는다 할지라도 900만 원을 초과한 100만 원에 대해서는 공제 혜택을 받을 수 없다.

여기서 한 가지 잘 알고 있어야 할 포인트가 있다. 사회초년생의 경우 월급이 적은 편이기 때문에 그에 비례하여 매월 내는 근로소득세도 많지 않다. 그럼에도 불구하고 많은 환급을 받기 위해 사적연금에 다소 큰 금액을 불입하는 경우가 있는데, 헛수고라 할 수 있다.

예를 들어보자. 사회초년생 A씨가 한해 동안 관할 세무서에 납부한 소득세가 100만 원이라고 하자. 그리고 IRP에 약 670만 원 정도를 불입함으로써 환급액 기준 약 110만 원(670만 원 × 16.5%)

정도를 받을 수 있는 자격이 생겼다고 생각해 보자.(다른 항목은 없다고 가정한다.)

이 경우 A씨가 받을 수 있는 환급액은 100만 원일까, 아니면 110만 원일까?

정답은 100만 원이다. 환급액은 110만 원이 맞는데 왜 100만 원만 주는 걸까? 그 이유는 국세청의 환급 기준 때문으로 공제 혜택은 본인이 낸 세금 한도에서만 적용된다. 즉 100만 원 세금 선납을 한 사람에게는 최대 100만 원까지만 혜택을 준다는 것이다. 그러니 절세 계획은 본인이 납부한 세금 규모에 따라 달라져야만 한다. 그렇기 때문에 사회초년생의 경우 단순히 환급만 보고 큰 금액을 사적연금에 불입할 이유가 없는 것이다.

사회초년생이 아닌 일반 직장인의 경우도 마찬가지다. 인적공제와 같은 기본공제 외에 다른 추가 공제사항이 많을 경우 이미 돌려받을 환급액이 많다면 굳이 추가 공제를 위해 사적연금에 큰 금액을 넣을 필요는 없는 것이다. 아무리 환급액이 커진다 할지라도 내가 이미 낸 세금의 범위를 초과한다면 그 혜택은 무용지물이 되기 때문이다. 물론 시간이 흘러 연금을 수령할 때는 조금 더 많은 연금액을 받을 수는 있겠지만, 절세까지 감안한 효율성 측면에서는 다소 아쉬움이 남을 수밖에 없다.

사적연금 얼마나 넣어야 할까?

연금 불입액 계산을 위해서는 먼저 내 소득을 체크하자

연금이 필요하다는 것은 누구나 다 잘 알고 있는 자명한 사실이다. 심지어 사회초년생의 경우도 꼭 가입해야 하는 필수 상품 중 하나가 바로 연금으로, 그만큼 연금은 노후를 대비하기 위해 꼭 챙겨야 할 상품임에 틀림없다.

하지만 한 가지 문제가 있다. 연금을 불입하는 것까지는 좋은데, 문제는 연금을 수령하는 데 있어 너무 오랜 기간을 기다려야 한다는 것이다. 당장 내일 어떤 일이 일어날지도 모르는 상황에 무려 20~30년 이후의 미래를 위해 큰돈을 적립해 놓는다고? 저축할 돈도 모자란데? 그러나 연금은 '그럼에도 불구하고' 불입해야 하는 상품인 거다. 그래야만 경제적으로 안정적인 미래를 기대할 수 있기 때문이다.

뭐, 다 좋다. 그렇다면 연금 상품에는 매월 어느 정도의 금액을 불입해야만 할까? 다다익선일까? 아니면 최소한? 정답은 없다.

하지만 가장 효율적인 선택은 가능한데, 그것은 바로 절세 혜택만큼 불입하는 것이다. 연금저축의 경우 연 600만 원 한도 내에서 세액공제가 가능하고, IRP는 최대 900만 원까지 절세가 가능하다. 만약 연금저축과 IRP에 동시에 적립하고 있다면 2개를 합쳐 최대 900만 원까지가 공제 한도로, 이 경우 가능한 절세 환급액은 무려 148만 5천 원(9,000,000원 × 16.5%, 연봉 5,500만 원 이하 기준)이나 된다. 900만 원을 납입하고 148만 5천 원을 마치 투자 수익처럼 얻게 되는 것이다.

최대 한도인 900만 원을 기준으로 불입액을 환산해 보면 매월 약 75만 원(9,000,000원÷12개월) 정도를 적금처럼 넣으면 된다. 하지만 무리할 필요는 없다. 아무리 세액공제 혜택이 좋다 할지라도 우리가 연금을 수령하는 시기는 만 55세 이후부터니까 말이다. 그렇기 때문에 먼저 내 급여 수준부터 체크해 보는 것이 좋다. 더불어 앞장에서 언급한 것처럼 당해년도에 내는 세금 규모까지도 감안하는 게 좋다.

만약 내가 다른 저축이나 투자를 병행하며 최대 10만 원 정도의 추가 불입이 가능하다면 그것으로도 족하다. 20~30만 원을 불입할 수 있다면 그것도 괜찮다. 중요한 것은 연금 불입을 최우선 순위로 둘 필요는 없다는 것이다. 하지만 그렇다고 해서 연금을 제외해도 된다는 것은 아니다. 뒷 순위에 있을지라도 최소한의 금액 정도는 연금에 불입해야만 한다.

수식으로 정리해 보면 다음과 같이 이해하면 좋을 듯싶다.

사적연금 불입액 산식 : 0원 < 내 불입액 < 750,000원

즉 최대금액을 월 75만 원(연 900만 원)으로 두고 0원 이상 자신의 상황에 맞춰 월 연금 납입액을 설정하면 된다.

연금을 불입하는 동안 꼭 한 가지 명심할 사항이 있다. 그것은 바로 '이 돈은 내 수중에 없는 돈이다.' 라는 생각을 가져야 한다는 것이다. 불입 도중 목돈이 필요해 어쩔 수 없이 연금을 해지할 경우 그동안 받았던 세액공제 혜택을 모두 뱉어내야 하기 때문이며 심지어 운용 수익에 대해서도 16.5%의 높은 세금이 매겨지게 된다. 이 경우 연금을 통한 노후 대책은 사라지게 되니 '연금상품에 불입하는 돈은 이 세상에 존재하지 않는다'고 스스로를 세뇌할 필요가 있다.

연말에 추가적인 소득이 많다면

만약 연봉이 높아 금액적인 여유가 많다면 사적연금에는 어느 정도 불입하는 것이 좋을까? 정답부터 말하자면 월 150만 원, 연간 기준으로 1,800만 원을 넘기지 않는 것이 좋다. 1,800만 원은 연금 투자와 관련이 있는데 먼저 아래 표를 보자.

사적연금 불입금액에 따른 혜택 구분

구분	불입금액	혜택
금액 1	9,000,000 원/년	세액공제, IRP 기준
금액 2	9,000,000 원/년	투자수익 과세이연
합계	18,000,000 원/년	

　최대치를 1,800만 원으로 보는 이유는 세액공제를 받을 수 있는 900만 원 외에 초과되는 900만 원에 대해서도 추가적인 혜택이 있기 때문이다. 우리가 일반적으로 저축이나 투자(특히 채권이나 배당의 경우)를 하는 경우 수익이 발생하면 대개 15.4%의 세금을 내야만 하고, 이 금액은 금융기관에서 바로 원천징수를 통해 수익에서 빠져 버린다. 아까워도 어쩔 수 없다.

　하지만 연금의 경우 1,800만 원까지의 투자수익에 대해서는 과세이연을 허용하고 있다. 과세이연이란 한마디로 내야 할 세금을 늦게 낸다는 뜻이다. 만약 매년 수익이 발생하는데, 여기에 대한 세금을 10년 뒤에 낸다고 하면 어떤 일이 벌어질까? 우리는 그 세금을 투자에 활용함으로써 추가적인 수익을 발생시킬 수 있다. 즉 우리가 잘 알고 있는 이자에 이자가 붙는 복리의 형태가 과세이연을 통해 가능해지는 것이다. 한마디로 꿀이지 않은가? 그렇기 때문에 소득이 많다면 최대 연 1,800만 원까지는 연금 상품에 불입해도 괜찮다는 것이다.

　추가적으로 연금불입에 대한 팁 하나 이야기해 보고자 한다.

많은 사람들이 개인연금이나 IRP에 대한 입금을 매월 적립식의 형태로 하고 있다. 뭐, 나쁘지 않은 방법이다. 자동이체를 통해 별도로 신경 쓰지 않아도 괜찮기 때문일 거다. 하지만 연말에 상여금이나 인센티브를 거의 고정적으로 받는 직장인이나 수입이 12월에 많이 생기는 개인사업자나 프리랜서라면 굳이 매월 입금하지 않아도 좋다.

사적연금에 대한 공제혜택은 매년 1월 1일부터 12월 31일까지의 입금액으로 결정된다. 즉 내가 자금의 여유가 있다면 굳이 매월 적금처럼 따박따박 입금할 필요가 없다는 것이다.

12월 31일 최대 900만 원을 입금할지라도 공제혜택은 다 누릴 수 있다. 이 경우 직장인은 다음해 2월에 연말정산을 통해 환급을 받게 되므로 불과 두 달도 안 되어 16.5%에 해당되는 148만 5천 원의 환급 혜택을 챙기게 되는 것이다. 16.5%(2개월)를 연간으로 환산할 경우 무려 99%가 된다. 거의 '따블'에 해당되는 수익을 올리게 된다. 어떤가. 이 또한 꿀이지 않은가?

연금저축신탁 VS 연금저축보험 VS 연금저축증권, 어떻게 유리할까?

투자는 '내돈내운'으로

블로그를 둘러보다 보면 '내돈내산'이란 용어가 종종 등장하곤 한다. 블로그 중에 협찬을 받아 제작한 글들이 제법 있다 보니 그런 오해를 방지하기 위해 '내 돈 주고 내가 직접 사서' 경험한 후기를 작성했다는 의미로 사용하는 단어라 할 수 있다. 투자에서도 이와 유사한 용어가 있다. 바로 '내돈내운'이다. 이는 '내 돈은 내가 직접 운용한다'는 뜻이다.

투자는 크게 직접투자와 간접투자로 나뉜다. 개별 종목투자와 같이 내가 직접 주식을 고르고 그 주식에 투자하는 것이 바로 직접투자이다. 하지만 종목을 고르기 어려울 뿐 아니라 흐름 분석이 힘들다면 전문가에게 내 돈을 맡겨 운용할 수 있는데, 펀드 투자가 대표적인 간접투자라 할 수 있다. 하지만 펀드 투자라 할지라도 내가 직접 펀드를 골라 투자한다는 의미에서 보면 펀드 투자는 단순 간접투자가 아닌, 직, 간접 요소가 다 들어 있는 투자라 보아도 무방하겠다.

우리가 흔히 알고 있는 연금은 주식이나 펀드와 같은 투자 상품은 아니다. 연금 수령을 위한 단순 계좌에 불과하지만, 연금 계좌 안에 들어 있는 금액에 대해서는 저축이나 투자가 가능하다. 즉 연금 내 보유금액에 대해 내가 직접 상품을 골라 투자할 것인지 아니면 금융기관에 신탁이나 위탁과 같은 형식으로 아예 맡겨 운용할 것인지 선택이 가능한 것이다.

필자는 강의 때마다 자신의 자금에 대해 '내돈내운'할 것을 강조하고 있다. 아무리 전문가라 할지라도 항상 투자에 성공하지 못할 뿐 아니라 손실을 발생시키기도 한다. 그런 경우에도 운용자에게 보수는 반드시 지급해야만 한다. 원금도 잃고, 거기에 보수까지…. 그렇기 때문에 차라리 공부해서 내가 직접 하는 게 낫다고 주장하는 것이다. 내가 잘못해서 잃는 거야 수긍이라도 가지만, 전문가가 내 돈을 말아먹다니….

원(리)금 보장의 함정

연금저축은 크게 금융기관에 따라 아래와 같이 3가지로 구분된다.

구분	연금저축신탁	연금저축펀드	연금저축보험
납입방법	자유납입		매일 정해진 금액
수익 및 원금보장	실적배당(원금 보장)	실적배당(원금 비보장)	원리금 보장
연금수령	확정형		확정형, 종신형, 상속형(생명보험사), 확정형(손해보험사)

연금저축은 은행에서 가입하면 연금저축신탁, 증권사는 연금저축펀드 그리고 보험사의 경우에는 연금저축보험으로 나뉜다. 하나씩 알아보자.

은행의 연금저축신탁은 실적배당 상품인데, 신탁이란 말은 '믿고 맡긴다'는 의미로 은행에서 알아서 굴려준다는 의미이다. 즉 어떻게 운용하느냐에 따라 수익이 많이 나올 수도 있지만 잘못 운용할 경우 손실이 날 수도 있다는 것이다. 하지만 걱정할 필요는 없다. 원금을 보장하고 있기 때문에 손실이 나더라도 은행에서 원금 부분만큼은 챙겨주기 때문이다. 어떤가, 좋지 않은가?

보험사의 연금저축보험은 은행의 원금보장을 넘어 이자까지 보장해 준다. 그야말로 최고라 할 수 있다. 보험사에는 공시이율이라는 것이 있다. 은행의 정기예금 금리와 비슷한 개념인데, 보험사에서 직접 운용하는 자금에 대해 "이 정도는 무조건 지급하겠다"는 약속된 금리라고 할 수 있다. 즉 원금 외에 공시이율에 따른 이자까지도 '몽땅' 보장하겠다는 것이 바로 보험사의 원리금 보장이다.

증권사의 연금저축펀드는 내가 직접 펀드를 골라 운용해야 한다. 증권사에 따라서는 위탁운용(자금 운용을 위임하는 것)도 하지만, 문제는 원금보장이 되지 않는다는 것이다. 즉 손실을 볼 가능성이 존재하기 때문에 수익률에 대해 항상 신경을 쓰고 있어야만 하고, 정기적으로 체크를 해야만 한다.

자, 만약 당신이 3개의 연금저축 중에 하나를 가입해야 한다면 어떤 것을 선택하겠는가? 원금보장의 신탁? 원리금보장의 보험? 원금손실 가능성이 있는 펀드? 아마도 신탁이나 보험 중 하나를 선택할 가능성이 클 것이다. 리스크는 피하고 보는 것이 현명할 테니까.

2019년~2021년 연금저축 상품별 수익률 현황

단위 : %

구분	신탁(은행)	보험		펀드(증권)	비고
		생명보험	손해보험		
2019년	2.34	1.84	1.50	10.50	
2021년	1.72	1.77	1.65	17.25	
2022년	-0.01	1.83	1.63	13.45	
평균	1.35	1.81	1.59	13.73	

위의 표는 2019년부터 2021년까지 3년 간 각 연금저축의 수익률을 정리한 것이다. 3년 평균 수익률로 보았을 때 가장 높은

수익률을 기록하고 있는 것은 증권사의 연금저축펀드로 무려 13.7%를 기록하고 있다. 위탁을 통해 운용되는 신탁과 보험의 경우에는 모두 1%대의 수익률에 머물고 있다. 왜 그럴까? 분명 전문가들이 운용할 텐데 말이다.

　여기서 필자의 연금저축 이야기를 해보겠다. 필자가 금융에 대해 잘 모르던 시절, S은행의 연금저축신탁에 가입하고 15년 정도가 흐른 퇴직 시점에서 수익률을 확인해 보았더니 약 16% 정도의 수치를 기록하고 있었다. 그야말로 기가 막히고 코가 막혔다. 왜냐고? 15년간의 누적 수익률이 16%로, 1년에 고작 1%를 간신히 넘기고 있었던 거다. 사실 정기예금에만 넣어 놓았더라도 그 이상의 수익률은 가능했다.

　신탁임에도 불구하고 이런 기가 막힌 수익률이 나왔다는 건 결국 해당 은행에서 연금 상품을 아예 방치하고 있었다고 볼 수밖에 없다. 그렇지 않은가? 고객들의 수익률을 높여주기 위해 공격적으로 운용했다가 손실이 나면 그 금액까지 다 물어주어야 할 위험을 무릅쓰고 괜히 무리할 이유가 전혀 없었던 것이고, 그러다보니 평균 수익률이 고작 1%대에 머물 수밖에 없었던 거다. 원(리)금 보장이 분명 장점일 수는 있겠지만, 이렇듯 낮은 수익률이 계속해서 나온다면 굳이 신탁계좌에 내 돈을 넣어둘 필요가 없다.

계좌이전 제도를 활용하자

낮은 수익률에 불만인 사람들을 위한 좋은 정보가 하나 있다. '계좌이전 제도'가 그것으로, 신탁 수익률이 낮아 차라리 '내돈내운'을 하고 싶은 사람들을 위한 괜찮은 방법이라 할 수 있다. 즉 은행이나 보험사에서, 펀드 운용을 하는 증권사로 계좌를 이전하는 것이다.

▶ 계좌이전 제도
- 연금저축 ↔ 연금저축
- IRP ↔ IRP
- 연금저축 ↔ IRP (2개 조건 충족시, ① 만 55세 초과 ② 가입 기간 5년 초과)

계좌이전은 연금저축 계좌뿐 아니라 IRP 계좌도 이전이 가능하다. 즉 은행에서 증권사로 바꾸거나, 혹은 증권사에서 보험사로 변경하는 것이 모두 가능하다. 만약 낮은 수익률이 불만이거나 혹은 다양한 상품을 통해 투자의 범위를 확장하고 싶다면 계좌이전 제도를 활용하면 된다.

계좌이전 방법은 초창기에 비해 상당히 많이 간편해졌는데, 금융기관 방문 없이 온라인으로 이전하고자 하는 기관에 계좌를 개설한 후 기존 계좌에서의 이전을 신청하기만 하면 된다. 그러면 두 금융기관끼리 알아서 내 돈을 옮겨주는데 그것으로 끝이다.

이전되었음을 확인한 후, 그때부터는 '내돈내운'(증권사의 경우)하면 된다.

연금저축에서 IRP 혹은 IRP에서 연금저축 계좌로의 이전도 가능하다. 다만 여기에는 2가지 조건을 충족해야만 하는데, 만 55세 이상이어야 하고 계좌를 개설한 지 5년이 넘어야만 한다.

만약 내가 2가지 조건을 모두 충족하고 연금저축과 IRP가 모두 있는 상황에서 이를 하나로 묶어 관리하고 싶다면 계좌이전 제도를 적극 활용하면 된다.

마지막으로 연금저축보험 가입자를 위한 꿀팁이 한가지 있다.

만약 내가 연금저축보험을 생명보험사(손해보험사가 아닌)에 가입했다면, 연금 수령을 종신형으로 선택할 수 있다. 즉 일정 기간만 수령하는 것이 아닌, 국민연금처럼 사망시까지 수령할 수 있는 것이다.

그러니 연금 신청시 꼭 종신형을 감안해 선택하기 바란다.

PART 2

'내 일'로 만드는
생애설계 프로젝트

정년을 앞둔 사람들이 자주 착각하는 4가지

　직업적인 이유 때문이겠지만 내가 대한민국 상위 1%에서도 상위에 들어가는 영역이 있다. 그건 '대한민국에서 은퇴(준비)자를 가장 많이 만나는 사람'이란 기준에서다. 1년에 200여 회 정도의 강의를 하는데, 그중의 70~80% 정도는 은퇴자나 은퇴 예비자를 대상으로 하는 강의다. 컨설팅의 주요 대상 역시 상당수가 은퇴 준비자들인 경우가 많다. 특히 내가 교육을 하는 곳들은 당연히 직원들을 위한 복지가 잘되어 있는 곳들이니 상위 레벨의 회사나 기관인 경우가 대부분이다.

　이런 곳에 재직 중이던 사람들도 정년을 앞두면 너나 할 것 없이 생각이 많아진다. 그런데 이런 생각 중에 꽤 다수가 공유하는 공통된 착각이 몇 가지 있는 것 같다. 모두라고는 할 수 없지만 여러 가지 환경이나 사회분위기에 따라 자신도 모르게 갖게 된 생각들이 그것이다.

노후준비는 돈 준비가 전부?

첫 번째로 가장 대표적인 것이 '노후준비는 돈 준비만 하면 안심이다.' 라는 생각이다. 실제로 그렇게 생각할까? 재미있게도 개별적으로 물으면 '돈 준비=노후준비'는 아니라고 하는데, 내가 만난 다수의 은퇴 예비자들은 거의 무의식 중에 돈 문제가 준비되면 자신도 모르게 노후 준비에 마음을 놓곤 했었다.

그러나 내가 만났던 분 중엔 돈으로는 상당한 여유가 있는데도 불구하고, 이래저래 몸이 아파서 삶의 만족도가 떨어지는 분도 있었고, 가족과의 관계 문제로 힘들어 하는 분들도 꽤 있었다.

그뿐이 아니다. 돈에 여유가 있다고 '일하는 것'을 간과했다가 너무나 빠르게 무기력한 삶으로 빠져드는 이도 자주 보곤 한다. 멀쩡히 잘 살아오셨지만 최근 변화하는 세상에 적응하지 못해 고생하는 이들은 여러분도 주변에서 많이 보셨을 것이다. 나름 사회적 기준으로 보면 좋은 직장을 다녔던 분들은 돈도 돈이지만 그 외의 것들로 노후 인생이 꼬이는 분들이 많았다.

결국 돈이라는 관점 외에도 우리는 위에서 언급한 다양한 문제들에 대해 현재의 상황과 미래의 방향을 가늠해 보고 준비해야 하는 노력이 필요함을 알 수 있다. 그렇게까지 신경 쓸 겨를이 없다고 말하시는 분이 있을지도 모르겠다. 그래서 이런 활동들을 지원하는 기관이 많다. 공공 영역에선 무료로도 해 준다. 그래도 바쁘다고 하시면… 어쩌겠는가. 할 수 없다.

다만 수많은 사람들이 노후 문제들로 고통 받고 있다는 것은 생각보다 그 문제가 그리 간단하지 않다는 명쾌한 반증일 것이다.

나이 들어 맨몸으로 이런 문제들을 겪어내지 않으려면 '돈 문제≠노후준비' 정도의 기본적 베이스는 기억하고 가는 것이 좋다. 노후준비는 돈 문제보다 훨씬 큰 영역인 셈이다.

일 안 하고 놀면 재미있을까?

두 번째로 자주 하는 착각은 '일 안 하고 놀면 좋을 줄 안다'는 것이다. 이해한다. 당연한 것이 내가 만나는 40대와 50대는 공통적으로 직장에서 '중요한 축'을 맡고 있는 사람들이다. 보통 속된 말로 '한참 죽어라고 일할' 때에 있다는 의미다. 나는 종종 우리나라의 40대와 50대는 '누가 누가 직장에서 오래 버티나' 내구성 테스트를 하는 사람들이라고 말하곤 한다. 그만큼 격무의 시간들을 보내는 분들이 많다. 당연히 그 나이쯤엔 '쉬고 싶다'는 생각이 만연할 수밖에 없다.

그런데 이렇게 고생한 사람들이라도 정년까지 버티려면 어쩔 수 없이 한번쯤 물드는 부작용이 있다. 바로 '일 중독'이다. 과연 우리나라에 정년을 바라보는 이들 중에 '나는 일을 띄엄띄엄하면서도 정년까지 버텼다'고 얘기할 수 있는 분들이 얼마나 있을까? 사실 그런 이들에겐 한 직장에서 오랜 기간 근무하며 만들어지는 정년이란 기회가 잘 찾아오지 않는다.

그러니 일단 정년 어림에 있다면 나는 '일 중독' 비슷한 사람이라 믿어도 크게 틀리지 않을 것이다. 그 치열한 직업 현장을 지나다 보니 쉬고 싶은 마음은 십분 이해가 간다.

그런데 이런 상황에서 또 하나의 고민점이 발견된다. '잘 노는 것'이 생각만큼 쉽지 않다는 것이다. 뭘 놀아봤어야 놀 것이 아닌가? 지금 당신이 만약 쉬고 싶은 마음이 간절하다면 일을 하고 있기 때문일 가능성이 높다. 나는 17년째 현장에서 일을 하지만 퇴직한 이후에도 '놀고 싶다'는 퇴직자는 본 기억이 없다. 어떤 면에서 잘 노는 것이 일하는 것보다 훨씬 어려운 것이 우리나라 중장년의 현실이다.

잘 놀지도 못하고 할 만한 일도 못 찾으면 '빨라지는 노화'만 맞이하게 된다. '일하다 노는 것'과 '계속 노는 것'은 전혀 다른 차원의 문제다.

내게는 가족이 있다?

세 번째는 가족들이 자신과 함께 시간을 많이 보내줄 거라고 착각하는 것이다. 그럴 수도 있다. 그러나 그러려면 전제 조건이 채워졌어야 한다. 이미 오래전부터 가족과 함께 깊은 대화를 나누고, 시간을 함께하며 보낸 경험이나 기억이 많아야 한다는 것이다. 뭐든 시간을 들여 연습하지 않고 바로 잘되는 것은 없다. 가족관계는 특히나 더 그렇다.

우리나라 남성 근로자들에게 "왜 일 하냐?"고 물으면 "가족을 위해 돈을 벌려고"란 의견이 꽤 나온다. 대체로 가족을 사랑한다고 말하는 사람이 많다. 물론 좋은 현상이다. 그런데 정작 이런 사람들에게 "그럼 일주일에 가족과 얼마나 많은 시간을 보내고, 얼마나 자주 대화를 나누시나요?"라고 물으면 갑자기 입을 다무시는 분들이 꽤 된다. '가족들과 함께 시간을 많이 보내고 대화도 자주 하는, 일 잘하고 돈 잘 버는' 아버지는 사실 TV에나 나오는 전설 속의 판타지 같은 존재이기 때문이다.

그러니 앞에서 말한 '시간을 들인 과정'이 전제된 경우는 쉽지 않다. 그런 상황에서 정년을 맞이할 때 추측 가능한 일련의 과정은 아마도 어렵지 않게 짐작할 수 있을 것이다.

그뿐일까? 그다지 놀아본 적 없는 아버지는 아마도 함께 시간을 보내줄 사람이 필요할 것인데, 정작 직장 퇴직 후 남성의 인간관계는 반토막이 나는 경우가 허다하다. 자연히 가족에게 더 집중할 수밖에 없는 환경인데, 정작 가족들은 그동안 남편, 아버지의 부재가 일상이 되어 보통 자신만의 시간 스케줄을 가지고 있는 경우가 많다. 아버지의 기대만큼 함께 있는 시간이 많을 리 없고, 소통도 잘 될 리가 없다.

가족관계는 습관이고 경험이고 기억이다. 모두 시간을 필요로 한다. 갑자기 되는 것이 아닌데 '내가 가족을 위해 헌신한 것이 있으니 이 정도 대접은 받아야 하지 않을까?'라는 기대를 무의식적으로 한다. 그런데 현실이 어디 생각대로 되던가? 고마운 건 고마운 거고, 시간을 함께 보내는 것은 또 다른 문제다.

생각은 언제든 바뀔 수 있다

네 번째 착각은 '퇴직 전 생각이 퇴직 후까지 이어지리라 믿는 다'는 것이다. 잘 아시겠지만 사람은 누구나 변한다. 오늘 다르고 내일 다를 수도 있다. 그런데 늘 우리가 자신에게 기대하는 선입 견은 변하지 않는 소나무 같은 일관성이다. 하지만 그럴 리가 있 는가. 우리의 생각은 너무 자주, 쉽게 변한다.

정작 일할 때는 한 없이 퇴직을 기다리던 사람조차 막상 퇴직 을 맞이하게 되는 시기에는 재취업으로 방향을 바꾸는 경우가 허 다하다. 기대했던 노후의 삶과 실제로 맞이할 노후의 차이가 생 각보다 심할 수 있다는 것을 깨닫기 때문이다.

문제는 퇴직 전에 취업에 대한 준비가 전혀 없었다면 퇴직 후 에는 별다른 대안이 나오지 않는다는 것이다. 그저 나이 든 사람 이 많이 가는 열악한 일자리에 들어가거나, 그게 끝끝내 싫으면 대박을 꿈꾸며 무리하게라도 창업을 하는 수밖엔 없다. 그래서야 좋은 결과를 기대하긴 힘들지 않겠는가.

사람은 누구라도 바뀔 수 있다. 인정하긴 싫지만 잘못된 판단 은 우리 삶의 곳곳에서 튀어나온다. 그러니 준비는 미리 하자. 노 후에 생각이 바뀌지 않으면 그냥 쉬면 된다. 생각이 바뀐다면? 그

때는 준비된 플랜을 시행하면 된다. 뭘 할지 알고만 있어도 노후는 훨씬 덜 흔들린다.

멋모르고 골랐던 주식은 대체로 투자의 시간을 힘들게 한다. 확실하게 파악하지 못 하고 내렸던 내 노후의 판단도 그 시간을 힘들게 한다.

착각은 누군가의 말처럼 자유지만 어쨌든 그 착각에 대한 책임은 온전히 내 몫이다. 누군가 겪는 고난은 대체로 스스로 씨를 뿌린 경우가 많다.

노년의 소득에서 가장 간과되고 있는 것

노후 수입의 3가지 경로

노후 생애설계에서 돈과 관련된 문제 중 가장 중요한 것은 바로 '노후 적정 시점에 얼마나 필요한 소득을 만들어낼 수 있느냐?'일 것이다. 간혹 이와 관련해 '노후에 얼마의 자산을 가지고 있는가?'를 얘기하는 분들을 보곤 하는데, 이건 현실에서는 문제가 많은 관점이다. 60세 이전 모아놓은 돈으로만 노후생활을 얘기하기에 대부분의 사람들은 터무니없이 부족한 금액만을 소유한 채 노년의 문턱에 들어서기 때문이다.

'2021년 가계금융복지조사 결과'를 보면, 21년 3월 말 기준 국내 가구당 평균 자산은 5억 253만 원으로 나온다. 그나마 자산에서 부채를 뺀 순자산은 4억 1,452만 원 정도인데, 가구주의 연령을 기준으로 하면 50대 가구가 5억 6,741만 원으로 가장 많았다. 다음으로 40대가 5억 5,370만 원, 60대 이상이 4억 8,914만 원,

끝으로 39세 이하가 3억 5,625만 원 순이었다. 여기서 보통 가계 자산의 60% 이상을 차지하는 부동산을 빼면 대부분 2억 전후의 여유자금(이것도 모두 여유자금이 될지는 각자 다르겠지만)을 가진다고 봐야 한다. 당연히 은퇴 시 그동안 번 것만으로 노후생활을 할 수 있을 가능성은 매우 드물다. 결국 노후에도 소득을 만들 수 있는 수단이 노후 경제 문제의 관건이 되는데, 그 소득의 원천은 대개 3곳에서 나온다.

첫 번째가 노년의 소득을 얘기할 때 가장 많이 언급되는 것으로 이 책의 첫 장에서 다루고 있는 '연금'이다. 상대적으로 가장 안전한 노후의 지지대 역할을 하므로 이것의 중요성은 더 언급할 필요가 없겠다. 문제는 그 금액이 크지 않다는 것이다. 국민연금의 경우 22년 8월말 기준 수급액이 월 100만 원 이상인 사람의 비율은 겨우 8.7% 정도다.(2022년 8월말 기준 국민연금 공표통계) 연금이 충분하다면 확실히 도움이 되겠지만 노후 필요 소득이 이것만으로 해결되기는 어렵다는 걸 알 수 있다.

그에 비해 사람들이 흔히 가장 관심을 많이 쏟는 소득의 경로는 '투자'다. 우리는 돈이 있으나 없으나 모두 재테크에 관심이 많다. 어딜 가도 돈 버는 노하우에 대한 이야기가 넘쳐 난다. 사람들이 돈을 벌었다는 투자의 수단이 얼마나 다양한지는 서점에 넘쳐나는 재테크 책만 봐도 알 수 있다. 오히려 너무 넘쳐서 엄두가 안 날 정도랄까? 이 부분 역시 이 책의 3부에서 다루고 있다. 내가 아는 한 꽤 정직한 시각으로 말이다.

어쨌든 언급한 두 가지 소득원은 전제 조건이 붙는다. 연금은 미리 이에 대한 노하우를 가지고 꾸준히 납부를 했어야 한다는 것이고, 투자는 언제나 반대로 손실을 보는 부작용이 일어날 수 있어 굉장히 오랜 시간 공부를 해야 한다는 것이다. 솔직히 말해 투자의 경우는 때로 무조건 뜯어말리고 싶을 만큼 실패 사례가 차고 넘친다.

마지막 소득원은 '근로, 즉 일을 하는 것'이다. 소득원으로서 보통 사람이 흔히 접할 수 있고, 상대적으로 가장 접근성이 쉬운 것이 근로를 통한 수입의 창출이다.

그런데 이러한 근로소득, 특히나 주요 경력을 이탈한 후의 근로소득에 대해서는 웬지 조금쯤 백안시 한다는 느낌을 받는 경우가 많다. 은퇴 후 연금이나 은퇴 후 투자를 다루는 책은 많아도 은퇴 후 노동을 다루는 경우는 압도적으로 적다는 것을 우리는 이미 경험으로 알고 있다.

근로소득이 경시되면 안 되는 이유

도대체 근로소득은 왜 간과되는 것일까? 유추를 해보자면 여기에는 두 가지 정도의 이유가 있을 것으로 보인다.

첫 번째는 아마도 60세 이후에는 좀 쉬고 싶은 사람들의 간절한 소망이 반영된 결과가 아닐까 싶다. 거기에 왠지 60세가 넘어서도 일을 해야 한다면 그것 자체를 고역으로 보는 시선이 있다 보니 노후 준비에 대한 방법으로는 사람들에게 매력적으로 다가가기 어려운 점도 한몫을 했으리라 본다. 한때 우리는 나이 든 사람들이 일하는 것을 가난의 표시로 보기도 했었다.(물론 지금은 완전히 달라졌다. 지금 60대 후반에 어깨에 힘을 주는 분들은 노는 사람이 아니라 일하는 사람이다.)

두 번째 이유는 보다 현실적인 것으로, 쓸 만한 일자리를 찾기 어려운 현실에 기인한다. 쓸 만한 일자리에 대한 가능성이 낮은 만큼 아예 그에 대한 언급을 빼고 보다 계산을 돈으로만 간명하게 해보자는 심리도 한몫을 한 것으로 보인다.

그런데 근로소득은 그만큼 간과해도 좋은 것일까? 현장에서 수많은 은퇴 전후의 사람들을 만나본 나로서는 '그러시면 안 된다'는 말이 절로 나온다.

노후준비를 결정짓는 중요한 요인 중의 하나는 완전한 은퇴 시기를 잡는 것이다. 다르게 표현하면 '언제까지 일할지'를 결정하는 것이다. 현재 우리나라에서 평균적으로 완전히 일에서 손을 떼는 연령은 72~73세 정도라는 결과가 많다. 그나마 이것 역시 2018년 기준 OECD 보고서의 내용을 기반으로 한 것이니 실제로는 현재 더 늦어진 시기에 완전 은퇴가 이뤄진다고 봐야 한다.

이해를 돕기 위해 최저임금 일자리를 생각하고 평균보다 짧은 정년 후 10년(곧, 70세)까지만 일한다고 가정해 보자. 현재 2022년 기준 최저임금(시급 9160원 기준)을 연봉으로 환산하면 22,973,280원이 나온다.(2023년 기준으로는 24,126,960원이다.) 이걸 향후 10년간, 그럴 일은 없겠지만, 최저임금도 같다는 가정 하에 계산하면 대략 2억 3천만 원에 육박하는 수입이 생긴다는 의미다. 노후 소득의 문제점을 충분히 보완할 만한 금액이다. 설사 취미로 일을 해서 그 수입이 훨씬 준다고 하더라도, 즉 월 100만 원 정도의 수입만 창출할 수 있다고 하면 적어도 10년 간은 연금 이상의 가치로 다가온다.

거기에다 정년 이후에도 10년 이상의 기간 동안 일을 통해 수입을 발생시키는 것은 실은 비단 돈만의 문제가 아니다. 만약 그 일이 단순히 생계를 넘어 자신의 삶에 만족을 찾아줄 만큼 의미가 있다면 이건 돈의 차원을 넘어서 삶의 질에도 직접적 영향을 준다.

주요 경력의 이탈을 앞둔 50대와 60대라면 자신의 일이 가져다주는 근로소득의 가치를 다시 한번 가늠할 수 있어야 한다. 물론 그러기 위해서 우리는 자신의 경력을 돌아보고 어떤 전략을 구사해야 할지 고민해봐야 한다. 돈을 넘어 삶의 만족까지 줄 수 있는 일은 실은 관계나 건강 등 다양한 측면에서 영향을 미치기 때문이다.

그럼 우리는 어떤 고용시장을 만나게 되고 뭘 준비해야 할까?

중장년은 어떤 직업시장을 만나게 될까?

중장년 직업시장의 현재

사람은 환경의 영향을 받을 수밖에 없는 존재다. 당연히 사람이 하는 일 역시 마찬가지다. 내가 어떤 일을 하고 싶고, 얼마나 역량이 되는지가 가장 중요하겠지만, 내가 만나야 할 직업시장은 또 어떤 흐름으로 진행되는지 아는 것도 필요하다.

중장년은 어떤 직업시장을 만나게 될까? 한 가지 전제가 필요하다. 각자가 느끼는 직업시장의 실체는 다를 수 있지만, 그것을 인지하는 시점은 동일하다. 바로 퇴직이나 이직을 염두에 뒀을 때다. 이런 상황을 전제로 먼저 정부의 방향성을 한번 살펴보자.

지난 2017년 대통령 직속 일자리 위원회는 '신중년 인생 3모작 기반 구축 계획'이란 것을 세상에 내놓았다. 어느새 전체 인구의 1/4, 생산가능인구의 1/3을 차지하는 5060세대를 신중년이라는 용어로 정의했고, '주된 일자리→재취업 일자리→사회공헌 일자리'로 이어지는 인생 3모작 모델을 제시한 것이다. 사실상 시니어 일자리를 위한 종합계획으로는 거의 최초의 정부 계획안이었던 것으로 기억한다. 그 모델은 아래 그림과 같다.

'신중년 인생 3모작 기반 구축 계획 관계 부처 합동 발표 자료' 중에서

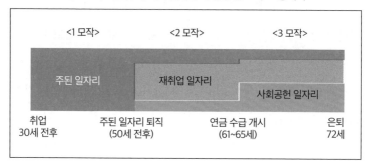

당시에는 꽤 현실적인 상황을 반영한 계획이었고, 나름의 방향성을 제시했다는 측면에서 의미 있는 시도였다고 본다. 다만, 최근에는 시기적 변수들이 겹쳐 좀 복잡해진 부분이 생기면서 몇 가지 문제의 징후가 드러나고 있다.

첫 번째는 주된 일자리 퇴직이 점점 빨라지고 있다는 것이다. 이제 주된 일자리의 퇴직 연령은 거의 48~49세(만 나이 기준)라고 봐야 한다. '미래에셋 투자와 연금센터'가 22년 3월 8일 발간한 〈늦어지는 은퇴, 생애주기 수지 적자에 대비하라〉라는 보고서에서 통계청 경제활동인구조사 자료를 분석한 결과를 보면, 21년 기준 55~64세 연령층의 주된 일자리 퇴직 연령은 평균 49.3세였

다고 한다.

늘 통계에 잡히는 지표는 시장을 반 박자쯤 늦게 반영하니, 현실적으로는 49세 선이 위험한 상태라고 가정하는 것이 마음 편할 것 같다. 이 지표는 몇 년 동안 점점 빠르게 줄어들고 있기 때문이다. 그런데 이에 반해 완전 은퇴 연령은 좀 더 늦춰지고 있는 것 같다. 노동시장에서 완전히 퇴장하는 실질 은퇴 연령은 2018년에 이미 평균 72.3세였다. 지금은? 현장에서 "언제까지 일하시고 싶으신가요?"라는 질문에 최근 가장 많이 나오는 대답은 "건강이 허락할 때까지요"다.

이것이 의미하는 바는 명확하다. 주된 일자리는 좀 더 이르게 벗어나고, 완전 은퇴는 좀 더 미뤄지고 있다는 것이다. 통계대로라면 주된 직장을 나온 후에도 우리는 대한민국의 평균치만 따라가도 25년 정도를 더 일해야 하는 상황이다.

두 번째는 2모작의 핵심인 재취업 일자리나, 3모작의 사회공헌 일자리는 결국 양질의 선택지가 많아야 의미가 생기는데, 늘 사람들의 기대치에는 시장 현실이 미치지 못하는 어려움이 있다는 것이다. 예를 들어, 정부는 총 14개 분야 74개 적합 직무에 50대 이상 구직자를 고용할 경우 근로자 1인당 우선지원대상기업(사실상 중소기업의 범위와 유사함)은 월 80만 원, 중견기업은 월 40만 원을 최대 1년간 지원하는 '신중년 적합직무 고용장려금 제도'를 통해 50세 이후 주된 일자리 퇴직자의 재취업 일자리를 지원하고 있다. 하지만 예산이나 기업의 인식, 일자리의 질 문제 등으로 인해 얼마나 정부가 의도한 만큼 진행되는지는 의문이 있다.

또한 사회공헌 일자리는 사회적으로 의미 있는 사회 서비스 관련 업무에 종사하는 것인데, 일종의 자원봉사와 일자리의 중간 형태로 볼 수 있다. 그러나 이 사업 역시 참여자와 일자리 공급 사이의 매칭에 고민이 많고, 또 늘어나는 시니어 인력을 감안하면 충분한 일자리 공급이 이뤄지고 있지 않다는 문제를 가지고 있다.

평생경력 모델을 아시나요?

평생을 일과 함께 살아가는 인간의 평균적 경력 모델을 따라가다 보면 어떤 통찰을 얻을 수 있다. 우리가 만나는 평생의 경력 모델은 아래 그림에 가까운 모델이다.

평생경력 모델

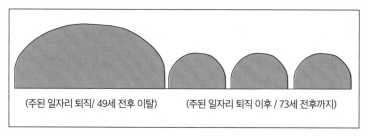

| (주된 일자리 퇴직/ 49세 전후 이탈) | (주된 일자리 퇴직 이후 / 73세 전후까지) |

그림은 〈타임스〉가 선정한 세계 경영사상가 50인 중 1명인 타마라 에릭슨Tamara Erickson의 편종형 곡선Carillon Curve을 기반으로 내

가 한국적 상황을 감안해 극히 단순하게 변형한 것이다.

원래 타마라 에릭슨의 모형은 우상향 하는 편종형 곡선으로 시간이 지나면서 경력과 시장 가치가 늘어나는 이상적 모델인데 현실적으로 그런 모델은 정말 드문 모델이 아닐까 싶다.

오히려 대부분의 직장인들은 주된 일자리 퇴직 이후 상당한 경력의 가치 하락을 경험하고, 50~60대는 상대적으로 훨씬 열악한 계약직에 다수가 의존하며 짧은 재직 기간과 빠른 직업적 회전을 경험하게 된다.

자, 이런 그림까지 들어가며 설명을 한 이유는 명확하다. 우리가 나름의 충분한 준비를 하지 못할 때 만나게 될 직업시장의 미래는 '개인들이 희망하는 일의 미래'와는 전혀 다른 모습이라는 것이다. 나름의 회사생활을 경험해 왔던 중장년이라면, 60세 이후라고 단순 업무, 짧고 불안한 계약직, 잦은 이직과 직업 전환을 희망하지 않는다.

하지만 우리가 맞이할 현실은 그런 쪽에 가깝다. 다만, 나는 이 책에서 '먹고 살기 위해 노년에도 억지로 일한다'는 개념을 우선할 생각은 없다. 사회적 성공은 관문이 좁고 한정적이지만, 내게 상대적으로 의미 있는 일은 각자의 방향이 다양한 편이다. 이 다양성을 활용한다면 같은 저임금이라도 일에 대한 만족감으로 부족한 부분을 채울 수도 있을 것이다.

결국 우리에게 필요한 것은 '통계 범위'라는 강력한 인력을 끊어낼 '충분한 준비'다. 이 준비에는 조금이라도 내게 더 잘 맞는 일을 찾는 선택하는 것은 물론이고 적응을 위한 새로운 학습까지 포함한다.

　새롭고 의미 있는 변화는 지속적으로 중장년 일자리 영역에서 만들어질 것이다. 우리가 무엇을 선택하고 어떻게 준비하느냐에 따라 노후를 책임질 자신만의 일도 만들어 갈 수 있다.

미래를 준비하지 않은 중장년의 퇴직 후 행보

퇴직과 관련한 흔한 이야기

여기 퇴직을 앞둔 K란 사람이 있다고 가정해 보자. 대기업을 다니고 있는 사무관리직의 50대 중후반 남성이라고 좀 더 구체화한 후 그의 일상을 따라가 보자.

일단 현실적으로 그는 매우 바쁜 사람이다. '워라밸Work & Life Balance'이란 단어는 들어본 적 있으나 실생활과는 아무 관련이 없다. '월화수목금금금'까지는 모르겠지만 회사에서는 늘 일에 치여 살고 집에 와서도 일 걱정이 태산이다. 몸과 마음이 피곤에 절어 있는 상태에서 정년이 다가오고 있지만, 정년은커녕 그때까지 회사를 다닐 수 있을지조차 걱정이다. 당연히 다른 곳에 눈을 돌릴 여유란 없다.

친구들과 모이면 노후 문제를 얘기하기도 한다. 좀 더 정확히는 돈 이야기를 많이 한다. 아파트가 얼마나 올랐다느니, 혹은 주식을 해서 누가 대박이 났느니 하는 얘기를 듣다 보면 내 꼴(?)이 말이 아닌 것 같은 자괴감이 들 때가 자주 있다. 그러다 보니 그의 신경도 온통 돈에 맞춰져 있을 뿐이다. 퇴직 후에 잘살고 못사는 문제는 오로지 돈에 달린 것만 같다.

'회사를 그만두게 되면 무슨 일이 생길까'를 상상하기도 한다. 그럴 때는 자신과 비슷한 처지의 친구와 술을 마시며 한탄을 하다가 "에이~ 어떻게든 되겠지. 설마 산 입에 거미줄 치겠냐?"라며 호기롭게 술을 들이키는 것으로 마무리된다. 그런데 정말 '어떻게든 될까?'

그 와중에 수많은 동료들이 회사를 떠난다. 자신 역시 걱정이 되지만 '설마 내가?'라는 기대가 자꾸 발목을 잡는다. 체력은 떨어지고, 가족은 나와 동떨어져서 굴러가는 느낌에 집에서도 객이 된 느낌이다. 혹여라도 회사를 나가면 '할 게 없다'는 두려움에 옥죄이는 기분이지만, 그렇다고 당장 무언가를 하기에는 '시간도, 여력도, 좀 더 솔직히는 의욕도' 없다.

자꾸만 치고 올라오는 젊은 후배들을 보며 고민을 하던 어느 날 직속상사가 부른다. 일말의 불안감과 함께 상사의 방을 들어서는데 '아니나 다를까' 그토록 우려하던 퇴직권유를 받게 된다.

처음에는 분노가 치민다. '그렇게 청춘을 바쳐가며 열심히 했는데… 어떻게 이렇게 나를 쉽게 내치나'란 생각에…. 그러다 결국 현실적으로 별다른 대안이 없음을 깨닫고 준비를 해보려 하지만 막상 퇴직까지 주어진 시간도 짧기에 뭘 해야 할지 알 수가 없다. 불현듯 머리에 떠오르는 생각은 '그래. 열심히 일했으니 일단 실업급여나 받으면서 생각해보자.' 라는 것이다. 주변에서도 마침 "고생했으니 좀 천천히 쉰 다음에 생각하라"고 권한다. "그래. 언제 이렇게 쉬어보겠어?"라며 스스로 마음도 다독여 본다. 실제로 막상 쉬어 보니 처음은 좋다. 그동안 해보지 못 했던 것을 하고, 못 가본 곳을 다니다 보니 시간이 생각보다 잘 간다. 다른 사람들의 시선은 좀 불편하지만, 열심히 모아놓은 돈도 있고 실업급여도 나오고, 회사의 위로금도 있으니 그럭저럭 견딜 만하다는 생각이 든다.

석 달쯤 지난다. 슬슬 뭔가 불편한 느낌이 들기 시작한다. 똑같이 대해 주는 가족도 내 눈에 똑같이 보이지 않는다. 재직 중인 친구가 전화를 받고도 회신이 없으면 '설마 이 친구가 퇴직했다고 이제 전화를 씹나'란 쓸데없는 시나리오까지 써댄다. 그런데 뭔가 해야 할 것 같긴 하지만 정작 뭘 할지는 여전히 생각이 없다. 그 와중에도 '실업급여는 다 받아야겠다.' 라는 생각이 든다.

실업급여가 뭔가? '내가 낸 돈'이고 '정부'에서 주는 거니 '이거다 못 받으면 바보'라는 생각이 든다.

중간에 한두 번쯤 실업 인정을 겸해 몇 군데 취업지원서를 넣어보지만 다행인지 불행인지 소식이 없다. '얘네들이 내 서류를 읽어보기는 했나' 싶은 불편한 마음은 있지만 어차피 당장은 실업급여를 다 받을 생각이다.

그렇게 자의 반, 타의 반으로 적응하며 실업급여 최장기간인 9개월이 채워진다. 그동안 고민도 했고, 이리 슬쩍, 저리 슬쩍 알아도 봤지만 뭔가 명쾌한 것이 들어오지 않는다.

추석이 지나고 단풍 구경 좀 하다 보면 순식간에 연말이 다가온다. 이쯤 되면 '취업은 내년부터'란 이상한 생각을 하게 된다. 그러다 정작 신년이 되면, 왠지 한국의 국룰에 따라 '음력 새해'는 되어야 진정한 새해라는 생각에 또 좀 기다려 본다. 그렇게 1년이라는 시간이 우습게 갔는데, 진짜 문제는 하나도 해결되지 않았다. 아니 솔직히 상황은 더 나빠졌다.

'내가 뭘 하고 싶은가'에 대해 자신 있는 대답도 찾지 못했고, 시장에 대한 인식은 더 막연해졌다. 처음에는 가볍게 생각하던 서류지원도 이제는 보내기가 겁이 난다. 거의 회신이란 것을 받아보지 못 했고, 어쩌다 받은 것도 보험 같은 생각지도 못 한 엉뚱한 곳에서 회신이 오다 보니 '나는 이제 안 되는구나.' 라는 생각이 절로 든다. 겨우 50대 후반인데 사회에서 떨어져 나온 느낌. 어느 누구도 나를 필요로 하지 않는 느낌. 이대로 사회에서 잊혀져버릴 수 있다는 불안감에 밤잠도 편히 자지 못 하는 상황이 되어버린다.

도대체 K는 무슨 잘못을 한 것일까? 지금 이 상황은 나와 전혀 무관한 먼 나라 사람의 이야기일 뿐일까? 적어도 중장년의 직업 현장에서는 이런 K들이 난무한다. 조금은 다를 수 있고 여러 형

태로 변주될 수 있지만 이와 유사한 흐름을 보이는 이들이 적지
않다는 얘기다.

무엇이 잘못된 것이었을까?

수사관은 아니지만 무엇이 잘못된 선택이었는지 하나씩 K의
행보를 쫓아가 보자.

먼저 재직 중에 K는 자신의 직업적 상황에 문제가 생겼을 때
'다음엔 어떤 방향으로 갈지' 정도는 생각했어야 한다. 젊은 시절
은 몰라도 중장년으로 갈수록 직업적 변화가 비자발적으로 발생
하는 경우가 많다는 것은 이제 일반적 상식에 가깝다. 우리 시대
에 이 정도 가늠도 하지 않고 직장생활을 하는 이들은 지나치게
순진하거나 지나치게 대책이 없는 사람에 가깝다고 봐야 할 것
같다.

자신의 경력의 흐름을 이해하고 가고자 하는 방향을 알고 있는
것, 이것은 경력관리에 있어서 가장 기본이자 출발점이다. 이 정
도 방향성만 잡혀 있어도 갑작스런 퇴직에 따른 혼란은 대폭 줄
일 수 있고 무엇보다 조금씩 '준비'란 것도 할 수 있게 된다.

기억해야 할 것은 대부분의 일반적인 직장인들이라면 재무적
준비에는 한계가 있다. 전혀 노후를 걱정하지 않고 살 만큼 벌어
놓거나, 투자 등을 통해 떼돈을 버는 경우는 '극히 드문' 케이스
다. 우리는 보통 평생 일하면서 살아가야 한다. 그런 상황에서 대

단한 격차를 만들기도 쉽지 않은 재테크에 사람들은 자신의 주요 에너지와 관심을 쏟아 붓곤 한다. 만약 K가 그런 노력과 관심의 반만이라도 자신의 경력이나 직업적 상황에 쏟았다면 어땠을까?

갑작스런 퇴직을 맞이했을 때도 마찬가지다. "오래 고생했으니 좀 편히 쉬라"는 말은 덕담에 가까울 뿐이지 적절한 대안은 아니다. 특히나 '미리 준비를 하지 못 한 사람들에게는 해당되지 않는 덕담'에 가깝다. 준비가 늦어졌으니 그때부터라도 치열하게 파고들어야 한다. 시장에 인력이 충분할 때, 똑같은 대기자가 넘쳐날 때, 방향조차 잡지 못한 지원자가 어떻게 여유를 부릴 수 있나.

적어도 쉴 때 쉬더라도 이때부터라도 필요하다면 제도적인 지원(그 수많은 취업지원기관들은 왜 활용할 생각을 하지 않는 것일까)을 활용하면서 자신이 못 찾겠으면 다른 전문가의 도움을 받아서라도 방향성부터 찾아야 한다.

실업급여도 마찬가지다. 실업급여는 그 본래 목적이 '위기에 빠진 구직자를 돕기 위한 사회적 안전망'에 가깝다. 그냥 내가 내고 받는 저축성 금액이 아니라는 얘기다. 저축이라면 왜 '자발적 퇴직자'는 실업급여를 받지 못하겠는가. 그리고 무엇보다 실업급여를 받는 것에는 대가가 따른다. 내 경력이 실업급여를 받는 동안은 날마다 '손상'되고 있는 것이다.

50대 이상의 경우 특별한 상황이 아니라면 최장인 9개월을 받는 경우가 많은데, 이 기간을 모두 채워 실업급여를 받으면(곧 그 기간 경력 공백으로 남으면) 그 사람의 일반적인 경력은 '상당한 수준의 손상'을 입게 된다. 속된 말로 경력의 가치가 '깨져 버리는' 현상이 발생하는 것이다.

생각해 보라. 50대 후반의 퇴직자가 1년 정도의 경력 공백을 갖고 있을 때 당신이 회사를 운영하고 있는 대표라면 그 사람에게 좋은 일자리를 주고 싶은지 말이다. 시장의 최대 고민은 능력 문제가 아니라는 것이다. 진짜 문제는 너무 많은 유사 인력이 시장에 깔려 있다는 것이다. 눈에 보이는 작은 공돈에 내 경력이 깨진다면 적은 손해가 아닌 것이다. 그런 면에서 보면 실업급여는 그냥 받는 '공돈'이 아니다.

가장 큰 문제는 따로 있다. 퇴직 후 시간이 꽤 지나고도 K는 고민에서 실상 한 걸음도 의미 있는 전진을 하지 못했다는 것이다. 자신이 혼자 해결하지 못 하면 주변이나 기관의 도움을 받아야 할 텐데 그런 이야기도 없다.

이러면 거의 필연적인 장기실직으로 접어든다. 수많은 시간이 지나도록 K는 한 것이 없다. '구직 활동'을 한 것이 아니라 그냥 '실업상태'에 머물렀을 뿐이다.

평생경력의 준비, 이렇게 시작해 보자

일에 대한 생각이 변하는 시대

최근 사람들에게 "언제까지 일하시고 싶은가요?" 라는 질문을 종종 한다. 그럴 때 가장 많이 나오는 대답은 앞에서도 잠깐 언급했듯이 "건강이 허락할 때까지" 라는 대답이다. 최대한 늦게까지 일을 하고 싶다는 의미다.

이렇게 일을 지속하려는 이유는 무엇일까?

일단 우리나라 중장년층의 상당수가 65세 이상이 되면 상대적 빈곤층으로 분류가 되는 현실을 맞이하게 된다. 2022년 3월 8일 발표된 통계청 처분가능소득 기준 65세 이상 노인 인구의 상대적 빈곤율(노인 빈곤율)은 2020년을 기준으로 38.9%로 집계됐다.

여기서 상대적 빈곤율은 중위소득의 50%가 안 되는 빈곤위험에 처한 인구의 비율이다. 이전 몇 년간 대체로 41~45%를 오가던 빈곤율이 40% 미만으로 내려간 것은 이례적인 경우라고 한다. 다만, 노인 빈곤율이 30%대로 낮아졌다고 무조건 좋아졌다고 하기에는 무리가 있다. OECD 평균인 13.5%(2019년 기준)와 비교해 보면 격차가 여전히 크기 때문이다.

고대에 일은 노예들의 것이었다. 우리나라도 양반들은 육체노동을 거의 하지 않았다. 근대가 되면서 노동의 철학이란 것도 만들어지고 직업윤리란 것도 논의되었지만 일은 여전히 불편한 어떤 것으로 인식하는 사람들이 많음을 부정하기 힘들다.

예전 모 선배가 했던 말이 기억난다. "일이 즐거울 수가 있나? 돈 받고 하는 게 일인데…."

이런 관점에서 보면 돈을 받으면서 일에서 즐거움까지 찾으려고 하는 것은 어딘가 앞뒤가 맞지 않아 보이기도 한다. 사실 늦게까지 일하는 것이 선택의 범위를 넘어서 있는 사람들도 많다.

그러나 '일이 즐거우면 좋겠다.' 라는 생각은 실현이 쉽지는 않더라도 마음은 기꺼이 동조할 수 있다. 반면에 '일은 무조건 고통스럽거나 힘들어야 한다.' 라는 생각은 도저히 동의할 수 없다. 그런 경우라면 정도의 차이는 있을지언정 대부분 그 일을 선택하려하지 않는다.

돈에 대한 생각 자체도 많이 바뀌었다. 로먼 크르즈나릭^{Roman Krznaric}의 명저 『인생학교 일』에 보면 예전 쇼펜하우어가 했던 말이 나온다.

"전에는 돈벌이 자체를 경멸하고 단지 돈을 벌기 위해 무슨 일이든 하는 사람들을 비난했지만, 지금은 아니다. 오늘날의 돈은 지칠 줄 모르는 프로테우스처럼 인간의 변화무쌍한 소원과 다양한 욕구의 대상을 자기 자신으로 바꿀 수 있는 힘을 가졌다. 따라서 사람들은 돈을 소중하게 여기는 것은 자연스러운 일이 되었다.(중략) 인간에게 돈은 추상적인 행복이다."(철학자 쇼펜하우어의 말, '인생학교 일' p.84~85 재인용)

이제는 일을 통해 돈을 추구하는 삶이 그 자체로 정당성을 갖는, 그 행위가 부끄럽지 않은 시대가 되었다는 의미이기도 하다.

하지만 그럼에도 불구하고 이제 일에서 생계 이상의 의미를 찾으려는 노력은 확실히 부정할 수 없는 흐름이기는 한 것으로 보인다. 젊은이들은 물론이고 나이가 든 중장년도 아주 특별한 경우가 아니라면 예전처럼 '먹고 살기'만을 위해 일하려고는 하지 않는다. 그들은 이왕이면 더 의미 있는 일, 재미있는 일을 하고자 하며, 더 나은 삶을 위한 도구로 일을 활용하려 한다. 이런 경향은 시간이 갈수록 점점 더 강해지고 있다.

정년 이후의 경력 전개

인간의 수명이 지금처럼 늘어난 상황에서 다양한 욕구들을 채우기 위해 우리는 일을 꽤 오랫동안 붙잡고 있을 확률이 높아졌다. 그럼 이런 평생경력을 위해 우리는 어떤 준비를 해야 할까?

그 시작이 되는 것은 누가 뭐래도 '자신이 무엇을 하며 어떻게 살고 싶은지 이해하는 것'이다. 이를 통해 우리는 평생경력을 위한 시작점을 잡을 수 있다.

의외로 많은 중장년들이 자신들이 어떻게 살면 좋을지에 대해 애매하거나, 혹은 아예 그림이 없는 백지 상태로 노후를 맞이하고 있음을 현장에서 목격했다. 자신의 삶은 결국 어떤 식으로든 스스로 결정해야 하는데, 심지어 이 선택권을 부담스러워 하는 이도 종종 볼 수 있었다.

세상도 변했고 자신도 변한 상태에서, 오랜 직장생활을 통해 잊어버렸던 '자율적 결정'을 해야 하는 상황이 부담으로 작용하는 것은 이해되지만, 그렇더라도 자신의 인생을 책임지는 것은 결국 자신일 수밖에 없다. 그렇다면 선택도 당사자의 몫이 되어야 한다.

중장년에 즈음하여 가장 안타까운 분들의 모습 중 하나가 "그냥 내 나이에 뭐 할 만한 것 없을까요?"라고 묻는 것이다. 이건 마치 삶의 선택권을 세상에 휙 내던지는 것과 같다. 선택을 세상에 맡기는 것과 무엇이 다른가?

자신의 삶을 위한 지향점을 찾지 못한 이에게 세상은 그다지 따뜻한 반응을 보이지 않는다. '나이에 맞춘 일자리'는 대부분 일반적인 퇴직자들이 선호하지 않는 일들이다.

하다하다 원하는 일을 얻지 못해 타협해야 할 상황이 오는 것은 이해되지만, 스스로 미리 선택권을 포기하고 세상이 주는 '마지못해 타협해야 하는 일'에 자신을 먼저 내맡기는 행위는 아무리 생각해도 동의하기 어렵다. 그렇게 떠맡긴 상황에서 좋은 일이 올 가능성은 없다. 그 얘기는 '준비되지 않았다'는 말과 동의어니까.

이렇게 방향성이 나온다면, 다음으로 준비해야 하는 것은 자신의 은퇴 시점을 가늠해 보는 것이다. 재직 중인 중장년이라면 특히, 현재 재직 중인 회사를 얼마나 다닐 수 있을지를 먼저 유추해봐야 하고, 그 다음으로는 일에서 완전하게 손을 떼는 시점, 곧 완전 은퇴 시기도 염두에 둬야 한다.

이 시점들을 가늠하거나 혹은 결정하는 것은 노후 경력의 설계에서 중요한 포인트가 된다.

예를 들어 현재 재직 중인 50대 중반의 직장이라고 하자. 적어도 현재 일하는 곳에 대한 만족도가 나쁘지 않다면, 그(녀)는 아마도 최선을 다해 정년까지 가는 전략을 구사하려고 할 것이다.

정년을 중장년의 첫 번째 직업적 이정표라고 한다면, 두 번째는 완전히 일에서 손을 떼는 완전 은퇴 시점이 되는데, 우리나라의 경우 평균 만 73세 정도로 보면 된다. 물론 평균은 그 속에 다양한 개인차를 포함하고 있다.

만약 내가 어느 정도 삶에 여유가 있어 60세 정년 후 70세에 완전 은퇴를 바라보고 있다면, 이에 맞춰 경력설계를 해나가면 된다. 단 이때도 내가 보기엔 중간에 또 다른 이정표를 하나 넣어주는 것이 좋다. 왜냐하면 대개 65세 이전과 65세를 넘어 일을 바라보거나 대하는 개인의 상황은 매우 달라지는 경우가 많기 때문이다.

65세 이전까지는 대체로 좀 더 액티브한 활동과 일을 원한다. 가능하다면 전일제 근무를 희망하고 급여도 최소한 최저임금 수준은 원하는 경우가 많을 것이다.

하지만 65세를 넘어가면(이렇게 일률적이지는 않다. 설명의 편의를 위해 대강의 포인트를 이렇게 정할 뿐 실제 상황은 건강과 경제 상태에 따라 개인차가 심할 것이다.) 좀 더 가벼운 일, 예컨대 짧은 시간 일하고 여유시간이 많은 일을 희망하는 사람들이 늘어난다.

그래서 공공일자리나 파트타임을 통해 일하는 시간을 줄이게 되고, 줄어든 만큼 늘어난 여유시간을 활용할 또 다른 축을 찾는다. 대개 이때의 또 다른 축은 개인의 취미생활이나 자원봉사 등 각자의 취향에 따라 달라진다.

일에 관해서는 여기까지가 일반적인 시작을 위해 꼭 정리해야 할 포인트가 된다. 물론 40대 중반 이후 정년에 이르기까지의 고민이 가장 치열할 것이고 때로는 70대 이후의 행보에 대해서도 염려하는 분들이 계시겠지만 여기서는 이 정도로 논의를 좁히고자 한다. 그때는 또 그 상황에 맞춰 주변의 기관이나 전문가들을 활용해 새로운 지표를 찾으면 된다.

하지만, 평생경력을 의미 있게 만들어가기 위해서는 실은 시작점에 해당하는 개인의 삶의 방향성, 욕구 그리고 연령별 주요 이정표 확인에 못지않게 중요한 숙제가 남아 있다. 그것은 바로 평생학습과 인적 네트워크의 활용이다.

평생 배워야 하는 운명의 시대

아내의 이야기

직업적으로 내게 좋은 영감을 주는 사람 중 하나는 아내다.

그녀는 학교 졸업 후 제조업체 품질관리를 거쳐 가족과 함께 자영업을 했었고, 결혼 전까지는 부동산 중개업소를 운영하기도 했다. 결혼 후 두 명의 아이를 낳고 기르는 동안, 사실상 육아를 전담하다시피 하며 남편의 일을 돕고 열심히 살았지만, 40대 초반엔 10년 이상의 '경력단절여성'이란 꼬리표가 붙어 있었다. 다시 일을 하고 싶었지만 생각보다 자신이 할 수 있는 일이 많지 않은 현실을 깨닫고 고민하다가, 일단 그냥 부딪히며 할 수 있는 일부터 시도를 했다.

단순한 활동 보조부터 제조업체 사무직 취업까지… 그러나 환경은 녹록지 않았고 고민은 깊어져 갔다. 어떤 직업적 안정감도 느끼기 힘들어 하는 아내에게 나는 사회복지사 자격증을 따볼 것을 권했다. 일단 사람들과 교류할 때 에너지가 넘치고, 사람에 대해 관심이 많았던 아내의 특성에도 잘 어울렸고, 자격증이란 일종의 베이스캠프를 가지면 안정감도 생기리라는 기대가 있었다.

나쁘지 않은 선택이었는지 아내 역시 동의를 했고, 그리 편한 상황이 아니었음에도 일하는 틈틈이 노력해 사회복지사 2급을 땄다. 그리고 40대 중반에 취득한 사회복지사를 기반으로 처음에는 집에서 가깝고 상대적으로 근무환경이 나쁘지 않은 공공 영역의 기간제(공공영역 비정규직 일자리)에 지원해 몇 년을 다녔다. 40대에 사회복지사를 따고 '그 후로 행복하게 살았습니다.' 라면 좋았겠으나 당연히 그런 건 현실에는 없었다. 아내는 그 후에도 일을 위해 컴퓨터 활용 능력에 요양보호사를 연이어 취득했고 다시 직업상담사 2급까지 취득을 했다.

그뿐이었을까? 배움은 끝이 없었다. 어느 날엔가는 일하는 기관에서 동영상 편집 작업이 필요하다며 영상 편집을 배우기 시작했고, 보고서 작성법과 OA 프로그램의 활용에 대해서도 수시로 배워야 했다. 어느새 안경이 필요해진 눈 상태에도 불구하고 이런저런 새로운 영역들을 배우며 일하는 모습을 보니 마치 요즘 시대 직장인들이 짊어진 운명의 한 단면을 보는 기분이 들었다. 그 운명의 이름은 '평생학습'이다.

변화의 시대

이 시대를 정의하는 한마디로 무엇이 적당할까? 너무 포괄적인 질문인지는 모르지만 답을 들어보면 "아!"라고 할지도 모르겠다. 나는 별로 고민하지 않고 한 가지 표현을 쓴다. 바로 '변화의 시대'라는 표현이다. 그리고 이런 변화의 시대를 살아가는 이들에게 필연적 운명처럼 다가오는 것이 바로 '평생학습'이다.

예전 우리 부모님들은 한 가지 기술을 배워 거의 평생을 알차게 써먹는 시대를 살았다. 그 시대에도 세부적인 변화들이야 있었겠지만, 그 편차는 크지 않았다.

내 아버지는 도장을 새기는 기술자셨다. 내가 기억하는 아버지의 모습은 늘 자리에 앉아 도장에 이름을 칼로 새겨 넣던 모습이었다. 그러다 말년에 잠시 기계를 일부 활용하는 모습도 봤지만 그 비중은 그리 크지 않았었다.

그런데 지금은 어떤가? 다른 모든 영역처럼 직업도 엄청나게 빨리 변한다. 때로 마치 우리가 '끝도 없는 변화의 흐름 속을 부유하는 비행체와 같은 운명이 아닐까?'라는 생각마저 종종 든다. 이 급박한 흐름 속에서 살아남으려면 별다른 선택지가 없다. 중심을 잘 잡고 그 흐름에서 맞춰 우리가 본 영화 속 '트랜스포머 변신 로봇'처럼 상황에 맞게 적응해야만 한다.

하지만 인간이란 존재는 그리 쉽게 바뀌지 않는다. 또 변화의 흐름에 적응하는 것은 의지만 있다고 되지도 않는다. 내 모자라는 능력을 단단한 의지에 더해 학습이라는 이름으로 보완해야 하는 상황이 벌어지는 것이다.

아내가 새로운 일을 위해 자격증을 따고, 그 후에도 사무용 프로그램이나 동영상 편집을 배워야 했던 것처럼 일상의 업무를 더 잘 해내기 위한 것은 물론이고, 시대의 흐름을 놓치지 않기 위해서는 이제 배움이 기본이다. 배움 없이는 이 변화를 따라갈 방법이 없는 것이다.

내 직업상담의 초창기, 그러니까 10여 년 전 정도만 해도 대기업 임원 퇴직자 중엔 자신의 이력서를 컴퓨터로 만들지 못 하던 분이 실제로 존재했었다.

지금 그런 분이 있다면 어떻게 될까? 컴퓨터 능력이 임원의 역량을 구분하는 잣대는 될 수 없지만, 시대에 뒤떨어진 사람이란 느낌을 상대에게 줄 수밖에 없다. 한때 특별하게 여겼던 역량들이 이제는 일상 속 활용이 당연해진 보통의 기본 조건이 된 것이다.

내가 만났던 고객들 역시 이런 흐름에 적응하는 분들이 유연한 노후의 삶을 만들어가곤 했다. 50대 중반 임원으로 퇴직한 뒤에 박사과정에 뛰어든 이도 있었고, 역시 50대에야 미술공부를 다시 시작한 이도 있었다. 나 역시 50대에 유튜브 제작을 위해 유튜브 크리에이터 과정에 참여해 70대 할머니, 10대 소녀와 옆에 앉아 함께 공부하기도 했었다. 이것이 살아남기 위한 노력의 현실이다.

누구나 알고 있듯이 수명은 길어졌고, 사람들은 늦게까지 일하려고 한다. 평생학습은 이제 선택이 아닌 필수조건이 됐다.

무엇을 배워야 할까?

자, 그런데 누구라도 추가로 배워야 한다는 생각에는 동의를 한다. 문제는 여기서부터 중요한 또 다른 고민이 고개를 든다. 그 첫 번째는 "도대체 뭘 배워야 하는 건가요?"라는 고민이다.

중장년을 전후해 우리가 새로운 삶을 염두에 두고 배움을 선택할 때는 크게 보면 두 가지 방향 중의 하나를 고르게 된다. 첫 번째는 기존의 업무능력을 더 개선 또는 향상시키는 방향이고, 두 번째는 기존 분야와 다른 영역의 개척을 위한 새로운 학습이다. 전자를 업스킬링 upskilling, 후자를 리스킬링 reskilling이라 한다.

업스킬링은 어떤 기술이나 노하우(주로 기존의 기술이나 노하우)를 더 잘 할 수 있도록 향상시키기 위해 배우는 것이다. 예를 들면, 건축기사 업무를 하던 이가 좀 더 나은 경력관리를 위해 건축기술사를 취득하는 것이 업스킬링이다. 전문성의 심화과정이라 할 수 있다.

그에 비해 리스킬링은 다른 업무를 위해 새로운 기술이나 노하우를 배우는 것을 말한다. 일종의 진로 전환을 위한 학습이라 보면 될 것이다. 예를 들자면 그동안 일반적인 사무관리 업무만 봤던 사람이 정년퇴직 후 귀농에 대비해 농사기술을 배우는 것이 그런 사례다.

여기에는 당연하게도 기본적 전제조건의 확인이 필요하다. 즉 중장년들은 대개 어느 시점이 되면 기존 경력을 더 활용해 같은 분야에서 일을 할 것인지, 아니면 새로운 분야로 진출하고 싶은지에 대해 판단을 먼저 내려야 한다. 그 판단에 따라 기존의 일이 좋거나 혹은 싫지 않다면, 우선은 업스킬링을 고려해야 한다. 반면 어떤 이유로든 기존의 일을 더 연장할 의지가 없다면 새로운 방향을 정하고 처음부터 기술이나 노하우를 다시 개발해야 하는 리스킬링을 선택해야 한다.

각자의 마음에 달린 선택의 문제일 뿐이지 무엇이 옳고 그른가의 문제는 아니다. 어쨌든 크게 이 두 가지 중의 한 방향을 선택한다면 자연스럽게 새로운 학습의 출발점이 잡히는 것이다.

첫 번째 고민을 이렇게 넘어서면 다음에는 구체적으로 '어떤 것을 배울까?' 라는 문제가 남는다. 그나마 자신이 잘 알던 기존 경력 쪽의 방향이라면 그래도 이해도가 있으니 선택의 어려움이 좀 줄어들 수 있다. 문제는 완전히 새로운 출발을 해야 하는 경우다. 정보도 부족하고 어디서부터 시작해야 할지 감이 오지 않는 경우가 많다. 이럴 때 사람들은 자격증과 교육을 떠올린다.

하지만 의외로 이 선택도 신중하게, 전문가의 도움을 받아가면서 시작점을 잡아야 한다. 짧은 생각과 즉흥적인 도전은 때로 시간과 노력과 돈을 들이고서도 거의 반대급부를 받지 못하는 경우로 이어지는 사례가 직업교육 시장에서 종종 일어나기 때문이다.

자, 한번 고민을 해보자. 만약 지금 이 글을 읽는 여러분이 '자격증'이란 단어에 연관해서 '유망자격증'이란 단어를 먼저 떠올리셨다면 생각보다 나쁜 선택을 할 가능성이 올라간다. 그 이유는 '유망자격증'을 떠올린 분들이라면 인터넷 검색부터 할 가능성이 높고, 인터넷엔 그런 유망자격증들에 대한 환상을 부추기는 포스팅들이 수도 없이 올라와 있기 때문이다.

여기서 잠깐 짚고 넘어가자. 우리나라의 자격증은 크게 보면 국가공인 자격증과 민간자격증으로 나뉜다. 이 중에 국가공인 자격증은 대략 770~780개 사이를 오간다. 그럼 민간자격증은 어떨까? 2022년 9월 기준으로 민간자격정보서비스 현황을 보면 47,915개(12,552개 기관 운영)에 이른다. 그리고 이들 민간자격증은 대개 '유망자격증'이란 이름으로 모두 포장되곤 한다.

우리가 자격증을 취득하는 이유는 무엇일까? 사람마다 다르겠지만 크게 보면 취업, 창업, 혹은 취미 정도일 것이다. 아마도 그 중에 압도적으로 높은 이유는 취업 때문인 경우가 많다.

그런데 이런 유망자격증들을 인터넷 취업사이트에 쳐보면, 실제로 그 자격증을 필요로 하는 구인공고가 잘 나오지 않는 경우가 허다하다. 이건 다시 말해 취업에 그다지 도움이 되지 않는 자격증이 그만큼 많다는 얘기다. 교육도 유사하다. 그럼 우리는 어떻게 하면 될까?

나는 강의나 상담을 할 때마다 '유망자격증'이 아니라 '구인이 많은 자격증'을 먼저 찾아보라는 부탁을 많이 한다. 취업이 목적이면 구인이 많은 자격증이 핵심이기 때문이다. 놀랍게도 구인이 많은 자격증과 유망자격증은 연관성이 떨어지는 경우가 많다.

평생학습은 중요하다. 그러나 뭘 배울지를 잘 선택하지 못 한다면 애써 마음먹은 내 노력과 에너지를 엉뚱한 곳에 쓰게 될지도 모른다. 그러니 사전에 제대로 잘 선택하자. 전문가의 조언도 교육을 신청하기 전에 꼭 받는 것이 좋다. 불치하문(不恥下問, 자신보다 못하다고 생각하는 사람일지라도 자신이 모르는 것을 묻는 것은 부끄러운 일이 아니라는 뜻)이라는 말도 있으나 사람들의 질문은 늘 인색하다.

한 가지 더, 욕심을 내 사족을 달자면 나는 우리나라 중장년에게 꼭 필요한 교육 중의 하나는 '디지털 환경을 잘 활용할 수 있도록 도와주는 교육'이라고 믿고 있다. 인터넷의 활용, AI의 활용은 우리 시대에 새로운 출발을 목전에 둔 중장년에게 가장 활용도가 높고, 그 환경을 잘 이용할 수만 있다면 불필요한 비용을 줄일 수 있을 뿐더러 취업이나 창업에도 훨씬 직접적인 도움을 받을 수 있다. 적어도 앞으로 30년 정도는 이런 디지털 환경을 얼마나 잘 활용하는가가 취업이나 창업에서 승패를 가를 것이기 때문이다.

네트워킹, 일자리를 찾는 마법의 연결고리

무형의 사회적 자본

사회적 자본이란 개념이 있다. 다양한 해석이 가능하지만 여기서는 인간관계를 기반으로 하는 신뢰와 개인이 활용 가능한 인적 네트워크를 중심으로 얘기해 보려 한다. 아, 잠깐 정리를 하고 넘어가자. 여기서 말하는 인적 네트워크는 인적 관계망을 말한다. 그리고 그 관계망을 적절히 자신이 도움을 받을 수 있는 방향으로 활용하는 것이 네트워킹이다. 사소하게는 정보를 얻는 것부터 크게는 소개나 추천으로 이어지는 것이라고 생각해 주면 좋겠다.

만약 누군가 사회적 활동의 특정 영역에서 꾸준히 주변 사람들과 신뢰도를 쌓아오고, 그 업무 분야와 관련해 다수의 동종업계 사람들과 좋은 관계를 맺고 있다면 어떤 일이 발생할까?

그는 분명 다른 사람들보다 어떤 일을 하더라도 더 쉽고 빠른 진행을 만들 수 있을 것이다. 적어도 그런 조건에 있는 사람에 대하여 세상은 '일을 더 잘 할 수 있으리라'는 기대를 하게 되고, 이는 고용시장에서 매우 가치 있는 자원으로 평가받게 만든다.

구직에 있어서도 마찬가지다. 누군가 주변으로부터 강력한 지지와 관심을 받고 정보를 자주 얻는 사람과 반대로 주변의 신뢰도가 낮고, 업계에 인적 관계망도 부실한 사람은 퇴직 후 행보도 차이가 날 수밖에 없다. 전자라면 흔히 퇴직한다는 소식만 들려도 사방에서 전화를 받곤 하지만, 후자의 경우는 심하면 퇴직 후 1년이 되도록 누구 하나 직업정보를 알려주지 않는 경우도 있다. 일을 얻을 수 있는 가능성이 어떻게 달라질지는 너무나 쉽게 예측이 가능하다.

우리나라뿐 아니라 전 세계적인 현상이지만 구직 활동에서 탄탄한 네트워크와 주변의 인적 신뢰는 굉장히 강력한 무기가 된다. 간혹 이를 '청탁'이나 '낙하산'과 착각하는 분들이 있지만 이건 전혀 다른 얘기다. 청탁이나 낙하산은 자격이 되지 않는 이를 다른 대가나 권력을 빌미로 억지로 밀어 넣는 것이지만, 탄탄하고 신뢰도 높은 네트워크를 활용하는 것(곧, 네트워킹)은 그 사람이 일을 잘할 것이라는 것을 사회적으로 보장하는 것이나 마찬가지다.

한번 생각해 보자. 만약 당신이 누군가를 채용해야 한다면 어떤 사람을 가장 믿고 일을 맡길 수 있겠는가? 당연히 내가 꾸준하게 지켜보면서 그 사람에 대해 잘 알고 있을 때 가장 신뢰도가 높다. 하지만 사회생활이 복잡해지고 활동범위가 넓어지면서 모든 사람을 다 만나보고 지켜볼 수는 없다. 그때 누군가 내가 믿는 사람이 지켜본, 그래서 믿을 수 있는 이가 있다면 당신 역시 쉽게 그를 신뢰할 수 있을 것이다.

이런 신뢰는 채용자 입장에서도 쓸데없는 고민을 줄여 훨씬 유리한 선택을 할 수 있게 해 준다. 면접이 제도가 도움이 되는 것은 분명하지만 역량이든 인성이든 신뢰할 수 있는 자원은 짧은 시간의 면접만으론 그리 쉽게 눈에 띄지 않기 때문이다.

중장년의 네트워킹 특징

중장년의 네트워킹에는 몇 가지 특징이 존재한다.

먼저, 기존 인맥에 비해 새로운 네트워크를 만들고 활용하는 것에는 약점이 있다는 것이다. 특히, 남성 중장년의 경우가 그렇다. 퇴직 후 인간관계망의 상당 부분이 한 번에 날아가는데, 이런 새로운 관계망 형성이 약한 경우 차츰차츰 네트워크 자체가 심하게 쪼그라들게 된다. 어찌 보면 새로운 관계 맺기에 어려움을 겪는 경직된 인간관계의 결과일지도 모른다.

두 번째로는 한국적인 정서, 좀 더 구체적으로 부탁하기보다는 알아서 해 주길 바라는 체면문화에서 기인한 '수동적인 형태의 네트워킹 활용'을 기대한다. 그들은 흔히 "내가 남의 취업을 돕는 것은 가능하지만 내가 남의 도움을 청하는 것은 절대 못 한다"고 얘기를 한다. 대한민국에서 상남자가 이렇게 많다. 그러나 남은 도울 수 있지만 나는 도움을 청할 수 없다는 엇박자야말로 체면 문화의 본보기가 아닐까 싶다. 또한 이는 어쩌면 적절한 네트워킹의 의미(실제로는 '정보의 요청')를 모르는 데서 오는 부작용일 수도 있다.

세 번째는 우리나라의 경우는 현저하게도 능력 외에 인간적 호감에 기반해 이 네트워크가 활성화되는 경우가 많다는 것이다. 그래서 평소에 그 사람이 어떤 식으로 관계를 맺어왔느냐가 매우 중요하다. 간혹 '능력만 있는' 사람으로 인식되면 이는 곧 '함께 일하기 피곤한' 사람이란 인식으로 곧잘 이어지는데 이런 인식 하에서는 의미 있는 네트워킹이 일어날 수 없다. 결국 네트워킹의 기본적 전제조건은 '평판'이 되는 경우가 많다.

일자리를 얻게 된 경로에 대해 잠깐 알아보자. 우리나라의 경우 중장년 구직자들의 일자리를 찾는 방식과 실제 채용된 사람들이 일자리를 얻었던 방식은 꽤 괴리가 있다.

2020년 전경련중소기업협력센터 보도자료를 통해 나온 구직 활동 실태조사를 보면, 구직자의 구직 활동 중 가장 비중이 높은 것은 모바일을 포함해 인터넷을 활용해 정보를 수집하는 것이 약 절반에 가까운 47.7%였다. 다음으로 고용센터 등의 기관 활용이 19.5%였고, 세 번째가 13% 비중의 지인 소개였다. 그런데 실제 취업시장에서 16년을 일한 나나 주변의 베테랑 컨설턴트들에게 물어보면 실제 일자리를 얻어 재취업한 경로는 중장년의 경우 70~80% 정도가 '정보제공을 포함한 인적 관계망에 의한 이동'이라고 입을 모은다. 네트워킹을 할 줄 아는 것과 어떤 이유로든 그것을 활용하지 못 하는 중장년의 취업 확률이 확연히 차이가 날 수밖에 없는 이유인 셈이다.

중장년의 네트워킹 활용을 위한 Tip

실제로 네트워크의 활용에 대해 이야기를 하면 대다수의 중장년은 이를 '청탁'이라고 받아들이기도 하고, 도대체 어떻게 이런 것을 활용해야 하는지에 대해 이해를 잘 하지 못한다. 사실 직업 상담 초창기는 물론이고 한참의 시간이 지날 때까지도 나 역시 이에 대한 생각이 정립되지 않아 고민이 많았었지만, 언젠가부터 이런 문의가 있을 때마다 나는 3가지 정도의 네트워킹을 위한 Tip을 드리는 편이다. 그 3가지는 다음과 같다.

첫 번째, 가장 먼저 네트워킹을 위한 사전관리에 충실했어야 한다는 것이다.

이 말은 일을 하면서 일 이외에 감정적으로 나쁜 관계를 만들지 말라는 것이기도 하고, 한편으로는 필요한 관계가 있으면 바쁘다는 핑계로 너무 멀어지지 않도록 시간을 들이라는 것이다. 결국 관계의 두터움은 들인 시간에 비례하는 경우가 많다.

생각해 보면 너무나 당연한 것이 주변에 적이 많은 사람이 좋은 네트워킹을 발휘할 가능성은 없다. 대체로 적은 자신이 개입할 여지가 없어도 적극적으로 방해를 하고자 하는 경우가 많아, 적이 많은 분야에서 일을 한다는 것은 곳곳에 지뢰가 깔린 길을 걸어가는 것과 비슷한 상황이 된다.

또 너무 오래 연락을 하지 못 하다 퇴직을 한 경우라면, 퇴직 후에는 스스로가 걸려서 전화 한 통조차 마음 편히 하지 못 하는 상황이 발생할 것이다. 그러니 사전관리는 너무 비즈니스적인 어감으로 들릴 수 있지만 나름의 필연적인 수순이다.

두 번째는 퇴직 전 되도록 많은 사람을 만나라는 것이다.

굳이 '삼인동행 필유아사三人同行 必有我師, 세 사람만 함께 가도 배울 사람이 있다는 의미'라는 옛말을 인용하지 않더라도 사람을 만나게 되면 누구에게나 배울 점이 있다. 특히, 나는 '먼저 퇴직한 이들을 꼭 만나라'는 말을 많이 하는데, 이런 과정을 겪다 보면 잘사는 사람은 잘사는 사람대로, 못사는 사람은 못사는 대로 배우는 것이 있게 마련이다. 그런 만남들이 생각의 깊이를 만들어주고, 다양한 관점을 제공해 주어서 자신이 노후문제를 대비해 어떻게 해야 할지를 배울 수 있고 더 나아가 일자리문제도 해결될 가능성이 높다. 술값, 밥값을 아끼지 말자. 좀 이상한 표현일지 모르지만 나는 늘 '술값,

밥값은 그 값어치를 한다'고 믿고 있다.

세 번째는 내 상황을 널리 알리고 조언을 구하라는 것이다.

여기서 자신의 상황을 알린다는 것은 '내가 어떤 상황에 있고, 어떤 방향으로 일을 찾고 있음'을 알려주는 것이다. 부탁을 하라는 것이 아니다. 한국적인 정서상 대개 이 정도만 해도 도움을 줄 사람들은 잊지 않고 기회를 만들어준다. 어쨌든 내가 일자리를 구하고 있음을 널리 알리는 것만으로도 우리는 언제 필지 모를 꽃(취업)의 씨앗을 뿌리는 행위를 하게 되는 셈이다.

내가 종종 하는 말이 또 있다. "혼자 구직 활동을 하려는 사람들이 가장 힘든 구직 활동을 하게 된다"는 말이다. 너무나 잘 알고 있겠지만 '세상은 혼자 사는 것'이 아니다.

도움이 될 사람이 있다면, 그리고 나도 언젠가 누군가에게 도움이 될 자신이 있다면 주변을 최대한 한번 활용해 보자. 어쩌면 네트워킹이야말로 내가 열심히 노력하며 일해 왔던 시간에 대한 사회적 보상인지도 모른다.

중장년의 재취업, 도대체 뭐가 문제일 걸까?

달라진 직업시장의 환경

중장년의 재취업 시장은 정말로 말처럼 어려울까? 일단 답부터 얘기하자면 아쉽지만 '그렇다'고 말해야 할 것 같다. 그런데 이 현상이 비단 한국만의 문제일까? 전 세계적으로도 취업은 수많은 사람과 정부의 고민이다. 어쩌면 상대적으로 유리할 뿐이지 청년의 취업 고민 역시 별 차이가 없을 것이다.

그런데 중장년의 일자리 고민은 당사자들의 '취업 시장에 대한 무지'로 인해 더욱 악화되는 측면이 있다. 그중에서도 가장 먼저 느끼게 되는 것은 예전 자신이 입직할 때와 너무나 달라진 직업시장의 환경변화를 제대로 인지하지 못 하는 경우다.

생각해 보면 지금 일을 열심히 하고 있는 중장년층(대략 62~82년 출생자 정도를 가정해보자)은 상대적으로 조금 더 입직이 쉬웠던 세대다. 물론 IMF 무렵에 일자리를 찾아야 했던 이들에겐 "그게 무슨 헛소리냐?"란 말이 절로 나올 수도 있지만, 이른바 공채라는 것이 활발했던 시기를 생각하면 이러나저러나 기업이 인적자원을 절대적으로 필요로 했던 시대를 살아온 셈이다.

그런데 2016년 무렵부터 4차 산업혁명에 대한 이야기가 흘러나오더니 환경이 변했다. 이제 더는 직원수가 회사의 역량을 말해 주는 시대가 아님을 누구나 알게 됐다. 오히려 직원 숫자가 많은 회사는 '변화에 더딘, 구시대적인' 이미지마저 줄 때가 많다. 회사 조직은 빠르게 디지털 시스템 위주로 전환되고 있고, 이 변화는 점점 더 인간의 노동력에 대한 의존성이 줄어드는 환경을 만들 것이다. 그러니 사람의 값어치가 특별한 노하우가 없는 경우 점점 저렴해질 뿐더러 앞에서 언급했듯이 그리 많은 인원이 필요치도 않다. 재취업을 위한 환경이 점점 노동자에게 호의적이지 않게 흘러가는 셈이다.

상식적으로 생각해 보면, 시장의 변화가 빠르고 경쟁이 치열해지면 개인들이 열심히 노력해서 그에 준하는 기준을 맞추면 될 것 같지만, 실제 직업시장에서 만나는 개인 중에서 이렇게 적절히 대비하는 사람을 찾기란 생각보다 쉽지 않다. 배우는 것에 주저하고, 새로운 변화에 머뭇거리며, 웬만하면 이전과 같은 방향, 기존의 익숙한 길로 가려는, 노력을 절약하는 데만 열심인 노동자가 더 많다. 오히려 이런 시장변화와 어울리지 못 하여 사실상 노동시장의 의미 있는 인력으로 자리매김하지 못 하고 뒤처지는 사람이 더 많은 것이 현실이다.

이런 상황에서 개인은 시장 환경과 정부의 정책 등을 탓하곤 한다. 그것도 일부 맞는 말이다. 충분히 대비하지 못한 공동체에도 책임이 있다. 그러나 어쩔 것인가? 그에 대한 책임의 우선순위는 '개인이 먼저'다. 세상을 탓할 수는 있지만 구제는 스스로부터 시작해야 한다. '가난 구제는 나랏님도 못 한다'는 말이 괜히 있는 게 아닌 셈이다.

'돌이킬 수 없는 변화'라는 것이 있다. 직업시장의 환경 역시 이런 변화에 가깝고 이런 변화들을 살면서 만날 때는 어떤 식으로든 적응해 가는 수밖에 없다. 모든 것을 피해 숲속으로 들어가 자연인으로 살아갈 것이 아니라면 말이다. 아무리 생각해도 이 변화의 수용에는 선택의 여지가 없어 보인다. 하지만 달리 생각해 보면 달라진 직업시장의 룰을 잘 이해하기만 한다면 오히려 승기를 잡을 수도 있다는 의미가 된다. 아래 몇 가지 잘못된 사례분석을 통해 반면교사로 적응의 노하우를 찾아보자.

잘못된 구직 방법

모든 기계에는 돌아가는 원리가 있다. 기계뿐일까? 세상에도 각각 작동의 기본적 원칙이 있다. 때로 엉뚱한 일이 발생하지만 그것들은 예외적인 것일 뿐 기본적 원칙이란 삶에서 압도적 원칙으로 자리잡고 우리 삶에 영향을 미치곤 한다. 물론 직업시장에서도 기본적 구직 원칙이란 것들이 존재한다.

일자리가 이동하는 경로와 관련해서 앞에서 잠깐 소개를 했었다. 실제 취업이 된 사람들을 쫓아가 보면 주변의 인적 네트워킹을 활용해 움직인 케이스가 가장 많다는 것을 말이다. 중장년의 경우는 더 말할 여지가 없을 정도로 일자리의 가장 핵심적인 주요 이동 경로는 '인적 네트워킹'이다.

문제는 직업시장에 대해 조금만 관심을 갖고 교육을 받아도 알 수 있는 이 사실을 잘 모르고 '무턱대고 구직 활동'을 하는 이들이 생각보다 많다는 것이다. 그들은 대체로 혼자서 구직 활동을 한다. 전문기관만 몇 번 드나들었어도 이런 정도를 모를 리 없다. 그들은 '인터넷 취업정보'만 주로 활용하려고 하는데, 그것마저도 매우 협소한 정보일 가능성이 크다. 구직시장의 메커니즘을 배우지 않은 이가 인터넷 잡 서칭이라고 원활하게 할 수 있다는 보장이 없다. 심지어 급한 마음에 하루에 3~4시간을 일자리 정보를 뒤지는 이도 있다. 그러나 이런 식의 무대뽀 같은 구직 활동이 성과를 내기란 요원하다. 스스로의 마음만 더 쫓기게 할 뿐이다.

생각보다 구직 활동의 방법 역시 다양해졌다. 잘 쓰는 사람은 SNS를 활용해 자신을 필요로 하는 회사를 글로벌한 범위에서 찾아내기도 한다. 따지고 보면 굳이 지금 같은 시대에 특별한 이유가 아니라면 국내에 묶일 이유도 없다. 회사를 설득하는 방식이나 취업사이트를 활용하는 방식도 마찬가지다. 구인공고를 올려놓은 인사담당자와 직접 대화를 시도해 볼 수도 있고, 간혹 영리하고 대범한 구직자는 SNS를 통해 대중적인 구직 활동을 하며 주변의 도움을 유도하기도 한다. 하지만 여전히 대부분의 중장년에겐 이런 과정들은 낯설고 어려운 얘기다.

구직시장도 구직 방법도 잘 모를 때는 어떻게 해야 할까? 가장 쉬운 방법은 가까이 있는 전문가를 활용하는 것이다. 취업지원기관은 우리 주변에 생각보다 많다. 서울과 경기권은 대부분 주민자치센터에까지 직업상담사가 배치되어 있다. 조금만 발품을 팔고, 마음을 열면 도움 받을 곳은 널려 있다는 얘기다.

사람을 통한 정보수집이 첫 번째 구직 방법이란 것을 기억한다면, 내 주변의 사람은 물론 전문기관의 도움을 함께 받으며 취업 확률을 올릴 수 있다. 그뿐일까? 잘만 하면 내가 취업할 수 있는 곳보다 더 좋은 조건의 일자리를 찾을 수도 있다. 내가 쉬고 있는 동안에도 내 취업을 위해 고민해 줄 전문가가 있다면 아무리 생각해도 마다할 이유가 없다.

경력관리에 대한 무지

대부분의 직장인에게 경력관리가 필요하냐고 물으면 "그렇다." 라고 말할 것이다. 그런데 이 경력관리라는 것이 참 애매하다. 직장인들에겐 실체도 모호하고, 대부분 어떻게 해야 하는 건지도 모른다. 그러다 보니 '경력관리를 위해 뭘 하느냐'고 물으면 "영어 공부나 자격증 준비" 같은 대답이 대부분을 이룬다.

경력관리란 무엇일까? HRD용어사전을 보면 경력관리는 '개인의 경력 계획에 대한 체계적인 준비, 실행, 모니터링 등의 활동을 통해 구성원이 현재와 미래에 필요한 업무 능력을 개발하며, 조직이 구성원 경력개발을 적극적으로 후원·관리하는 것'을 말한다고 나와 있다. 이건 좀 어렵다. 그리고 그 관점이 회사의 시각에 맞춰져 있다.

현장에서 개인들이 하는 경력관리를 좀 더 쉽게 정의를 내리자면, '회사와 관계없이 직업적 생존, 혹은 발전을 위해 개인이 경력 목표를 세우고, 이에 합당한 계획을 수립, 실행해 개인의 경력가치나 직업적 만족도를 올리는 제반 행위'라고 나는 정의하고 싶다.

혹시 이것도 어려운가? 그럼 한마디로 '원하는 경력 목표를 잡고, 계획을 세우고 실행하는 것'이라는 좀 더 단편적인 정의로 개념을 정리해 두자. 일반적인 직장인에게는 이 정도만 해도 충분하다.

직장인들은 모두 재직 중에는 열심히 일한다. 그것이 때로 적절한 보상으로 돌아오기도 하고, 그렇지 못한 경우도 있지만 각자의 생존을 위한 노력은 부정하기 어려울 것이다. 그런데 이런 노력이 장기적인 관점에서 회사와 자신의 미래를 위해 적절한 노력으로 맞춰지는 경우가 있는 반면, 어떤 경우는 눈앞에 있는 회사의 일만 쫓기듯 하다가 회사 퇴직과 함께 사실상 자신의 경력마저 막을 내리게 만드는 경우도 있다. 후자라면 경력관리의 실패라고 보아도 무방하다.

나는 간혹 직장인들을 볼 때마다 물어보곤 한다. "만약 지금 일하시는 곳에 문제가 생긴다면 그다음 직업적 수순은 어떻게 하실 건가요?"라고. 그런데 이 질문에 대한 대답이 생각만큼 편하게 나오지는 않는 것 같다. 많은 경우 "아직 생각해본 것이 없다." 라는 말로 얼버무려진다.

이 얘기는 현 직장을 나오면 대안이 없다는 얘기와 비슷하다. 그러니 필요 이상으로 현재 직장에 매달리는 사태도 발생한다. 회사의 노골적인 퇴사 압박에 날마다 자존감을 깎아 먹으면서도 버티는 경우는 경력관리에 대한 대비가 전혀 없었다는 반증이다.

모든 분야의 이론들이 그렇듯이 경력관리도 이상적인 것에 가까운 얘기일 수도 있다. 그래서 나는 직장인들을 만날 때마다 "다 잊어먹어도 좋으니 지금 현재 일하는 곳에 문제가 생긴다면 다음 선택은 무엇을 하고 싶은지"만이라도 정해 두라고 이야기한다. 이 정도만 정해져도 미래에 대한 준비를 하는 직장인들 중에서는 상위 수준의 직장인이라 할 만하다.

이 정도만 알아도 자신의 미래에 대한 방치, 혹은 무지 상태는 벗어날 수 있다. 물론 적절한 계획을 세우고 이를 하나씩 실행해 가고 있다면 당신은 상위 10%의 직장인이라고 봐도 좋다. 그런 사람들에게는 아무리 어려운 미래라도 헤쳐 나갈 힘이 있다.

생각해 보면 너무나 당연한 일이 아니겠는가? 중장년의 노후라는 시험 준비를 하며 시험 기간을 충실히 채우는 이와 아무 대책 없이 시험 기간을 맞이한 이의 성적이 같을 리가 없다는 것은 굳이 언급하지 않아도 짐작이 가능하다.

자기검열

여러분은 어떠신지 모르지만 나는 좀 심약한 사람이다. 뭐가 몇 번쯤 잘 안 되면 쉽게도 좌절한다. 다행히 끝까지 포기하는 경우는 생각보다 드물지만, 날마다 좌절하고 날마다 용기를 내는 보통의 사람인 셈이다. 실은 다른 사람들도 별반 차이는 없으리라고 본다. 우리는 모두 좌절에 익숙하지 않고, 실패에 겁도 많이 집어먹는다.

일을 구하는 것에 있어서도 이런 부분은 적용된다. 생각보다 취업이 늦어지는 이들 중에 그들의 구직 활동을 보면 실제 액션이 일어나는 경우가 굉장히 적은 케이스가 종종 보임을 알게 된다.

왜 그럴까? 일자리를 찾는 사람이라면 끊임없이 일자리를 찾고 도전할 것 같은데, 생각보다 구직 활동이 많지 않다면 어떤 이유가 있는 것일까? 사람의 일이니만큼 그에 비례해 다양한 경우가 있겠지만 이런 사람들에게 흔히 드러나는 특정 중의 하나는

'과도한 자기검열'이다.

과도한 자기검열을 한다는 것은 열심히 활동을 하며 세상을 향해 문을 두드려도 될까 말까 한 상황에서 '이건 이래서 안 되고, 저건 저래서 안 된다'는 평론가의 정신으로 스스로의 구직 활동을 극도로 제약하는 경우를 말한다.

원래 중장년은 나이 들어갈수록 '뭔가 안 되는 이유'를 굉장히 잘 찾아낸다. 그런데 일자리를 찾는 과정에서 이런 자기검열이 많아지면 '기회의 빈도'가 현저히 줄어든다. 특히나 직업시장엔 '우연한 기회'라는 것이 많이 발생하는데, 내게 도움이 될 수 있는 이 '우연한 기회'도 결국 자꾸 움직이며 활동을 해야 나온다. 자기검열이 강한 지원자에겐 활동 자체가 줄어들 수밖에 없고 우연한 기회 역시 마찬가지로 빈도가 준다. 심지어 자기검열이 과해지면 점점 더 지원할 곳이 없어져 빠르게 자신의 구직을 포기하는 현상도 나타난다.

나는 그런 분들에게 이런 얘기를 한다. "고민은 채용권자에게 넘기시라"고…. 일자리를 구하려는 사람은 자신에게 유리한 가능성만을 최대한 보고 움직여야 한다. 날카로운 비판, 안 될 것에 대한 우려가 구직자의 친구가 돼서는 안 된다. 그야말로 '애매하면 붙어 본다'는 정신이 필요하다. 안 그래도 좁아진 구직시장을 아무것도 검증되지 않은 나의 비판적 자기검열로 더 좁힐 이유는 어디에도 없다. 누구를 위한 비판인지 한 번쯤 되새겨 보는 지혜도 필요하지 않을까 싶다.

어? 세상엔 이런 일자리들도 있었네?

늘 비슷한 일자리 몇 개면 되는 이유

다양한 기관에서 퇴직 관련 강의를 하다 보면 그들의 희망직업 역시 자주 듣게 된다. 그런데 그 과정에서 매번 아쉬움이 드는 것은 어느 기관에 가서, 어떤 대상을 만나든, 혹은 1년 내내 참여를 해도 참여자들이 희망하는 직업은 대개 50~100개 정도면 대부분 커버가 가능하다는 점이었다.

한국고용정보원이 2012년부터 2019년까지 사업장 직무 조사를 통해 우리나라 직업을 조사한 [한국직업사전 통합본 제5판]에 등재된 직업은 유사명칭(현장에서 본 직업을 명칭만 다르게 부르는 것)까지 포함하면 총 16,891개라고 한다. 이미 오래전부터 대개 15,000~20,000개 사이를 봐야 한다는 견해가 다수였고, 위에 언급한 자료가 2019년까지의 자료였음을 생각하면 코로나 이후 빨라진 직업적 변화를 감안할 때 지금은 2만 개에 육박하는 직업 세상을 그려보아도 아주 틀린 가정은 아니리라 본다.

그런데 왜 이렇게 대부분의 중장년들이 희망하는 일자리는 적은 것일까? 이유는 크게 두 가지로 생각해 볼 수 있다.

첫 번째는 그들이 희망하는 직업군이 비교적 다수의 사람들이 진입하는 주요 영역이기에 그런 이유로 참여자들이 굵직한 직업 몇 가지만 알고 있으리라는 추측이다.

예컨대, 2021년 4월 21일 발표된 통계청 2020년 하반기 지역별 고용조사를 보면, 직업 소분류별 취업자 순위는 '경영 관련 사무원' 226만 1천 명, '매장판매 종사자' 176만 1천 명, '작물재배 종사자' 129만 2천 명 순으로 나온다. 그 중 경영 관련 사무원은 기획 및 마케팅, 인사 및 교육·훈련, 자재관리, 생산 및 품질관리, 무역, 운송, 총무 등 우리가 익히 알고 있는 대다수의 사무직을 포함한다. 그러다 보니 대략 이런 몇 가지만으로도 어느 정도의 희망일자리들이 커버될 수 있다는 얘기다.

두 번째는 실상 참여하는 이들이 직업의 다양성에 대해 잘 알지 못한다는 반영일 수도 있다. 우리는 자신이 일해 왔거나 관심을 가지는 몇몇 분야 외에는 별 관심도 없고, 심지어 가능성을 고려해 보지도 않는 경우가 많다. 직업을 바꾸는 이벤트가 살면서 흔히 만나는 이벤트도 아니기에 관심은 더욱 제한적일 수밖에 없었다. 그런데 이 현상을 '그럴 수 있다.'라고 치부하기엔 최근 문제점이 좀 눈에 띈다.

일단 선택지가 좁으니 경쟁은 피할 수 없고, 개인들이 가진 가능성은 제한될 수밖에 없다. 아시다시피 첫 직업의 선택이 우연인 경우가 많았는데, 오직 그에 묶여 다른 가능성조차 생각하지 못 한다는 것은 '자신에게 맞는 일자리'를 너무 협소하게만 바라보는 결과를 낳는다. 결국 남들이 하니까, 혹은 내가 해왔으니까 마지못해 잡아야 하는 직업이 되곤 한다.

하지만 그것이 좋은 선택인지는 고민이다. 예를 들어, 생계를 어느 정도 해결한 사람조차 억지로 자신의 일을 한정된 범위에서 선택해야 할 이유가 있을까? 만약 직업을 좀 더 폭넓게 이해하고, 가능성의 눈으로 탐색할 수 있다면 조금은 더 확장된 직업시장을 볼 수 있고, 그것만으로도 좀 더 자신에게 어울리는 일을 찾을 가능성은 올라갈 수 있으리라 본다.

이런 일자리 들어보셨나요?

만약 70세가 넘어서도 일을 하고 싶다면 어떤 선택을 할 수 있을까? 현실적으로 70대가 넘어 할 수 있는 일은 잘 떠오르지 않는다. 그저 고개를 갸웃하며 혹시 '경비?' 정도의 반응을 보이는 이들이 대부분이다. 그런데 급여에 대한 구애를 좀 덜 받을 수 있다면 의외로 선택지는 좀 있다.

올해 만 75세의 K씨는 시니어 컨설턴트라는 일을 하고 있다.

이름도 생소한 이 일을, 그녀는 3년 째 하고 있는데, 하루 3시간씩 월 60시간을 일한다. 그리고 71만 원 정도를 급여로 받고, 거기에 더해 건강보험을 이 일로 해결한다. 그녀가 하는 일을 구체적으로 말하면 노인 관련 기관에서 60세 이상 시니어들의 재취업을 지원하는 일이다. 시간적 만족뿐만 아니라 일의 의미, 그리고 적지만 나름의 경제적 보상까지…. 그녀는 이 일에 꽤 만족을 느끼고 있다.

이 일자리는 노인 일자리 중 사회형이라 불리는 영역의 일이다. 거의 매년 많지는 않아도 전국에서 이런 일자리를 뽑고, 때로 50+관련 기관에서도 수요가 발생한다. 시니어 컨설턴트만이 아니라 사회형 일자리로 확대하면 훨씬 다양하고 많은 수의 일자리들에 참여할 수도 있다.

위의 사례처럼 일반인들에겐 이름조차 낯선 생소한 일자리가 많다. 어느 영역이나 '세상에 이런 일이?' 라는 말이 떠오를 만한 영역들은 꼭 있고, 보통 사람들의 관점에선 마치 숨어 있는 느낌이 들 정도로 잘 노출도 되지 않는다. 수많은 직장인들이 직업에 대해 고민한다지만 개인적으로 알 수 있는 일자리의 종류에는 분명 한계가 있다.

그나마 기술 계열 쪽이라면 분야를 바꾸는 경우가 적고 해당 분야의 직업적 경로가 명쾌한 편이라 그 길에 좀 익숙하지만, 사무관리나 영업 쪽을 했던 분들의 경우는 다른 분야로 전직하는 경우가 많다 보니 아무래도 다양한 선택지를 잘 몰라 부담을 느끼는 경우가 많다. 여기 추가로 몇 가지 낯설지만 매력적인 일자리들을 소개해 본다.

먼저 얘기해보고 싶은 영역은 '사회적 경제' 분야다. 흔히 알려지기로는 사회적 기업, 협동조합, 마을기업, 자활기업 등을 의미하는데, 이런 곳에서도 일자리가 만들어진다. 사회적 경제라는 단어가 익숙한 분은 아시겠지만, 이 영역은 사회적 가치 실현을 최우선으로 두고 벌이는 경제활동 영역을 말한다. 위키피디아에는 '사회적 경제는 혼합 경제 및 시장 경제를 기반으로 사회적 가치를 우위에 두는 경제활동'이라고 정의한다.

예를 들어 사회적 기업의 경우 활동이 불편한 장애인들을 취업시켜 수공예품이나 쿠키 등을 만들어 판매하는 기업, 혹은 고령자 고용을 위한 일자리를 제공하는 기업 등 대개 취약계층의 고용을 늘리는 쪽에 초점이 많이 맞춰진 곳이 많다. 이런 기업들이 정부의 인증절차를 거치면 사회적 기업이 될 수 있고, 그러면 정부의 지원(인건비 지원이나 공공기관 우선구매 혜택 등)을 받을 수 있다.

협동조합도 약간 결이 비슷하지만 조금 다르다. 협동조합^{協同組合,} cooperative은 경제적으로 약한 소생산자나 소비자가 서로 협력, 상호복리를 도모하기 위해 공동출자한 것으로 주로 조합원의 경제활동에 상호부조^{相互扶助} 역할을 한다. 그에 비해 마을기업은 지역주민이 각종 지역자원을 활용한 수익사업을 통해 지역 문제해결,

소득 및 일자리 창출 등 지역공동체 이익을 위해 설립·운영하는 마을 단위의 기업이고, 자활기업은 국민기초생활 수급자나 저소득층 주민이 모여 만든 기업이다. 자활기업이야 대상이 특정되어 있지만, 사회적 기업이나 협동조합, 마을기업은 나름대로 취업포털 사이트에 구인이 종종 올라온다. 특히 이런 구인들은 사회적 경험이 풍부한 중장년층에게 좀 더 우호적인 편이다. 거기에 사회적 기업의 경우, 전문가 채용에 대한 지원금 제도가 있어 대상이 될 만한 경력만 갖추고 있다면, 채용하는 곳에도 취업을 원하는 중장년에게도 서로가 윈윈 할 수 있는 조건이 된다.

공공영역이 주관해 만드는 일자리 또한 주목해 볼 만하다. 예를 들어 서울시의 경우 해마다 '뉴딜일자리'를 운영하고 있는데 2023년에도 약 2천 개의 일자리를 예정하고 있다. 성격은 지역자치단체에서 운영하는 기간제 일자리라고 보면 되는데, 전국에서도 다수의 지역자치단체들은 이런 일자리를 곳곳에서 운영한다.

서울시의 경우 2022년에는 '50+뉴딜인턴십'으로 300명을 모집했다. 서울 50+인턴십은 만 45세~67세 서울시민을 대상(단, 서울시투자출연기관 인턴십은 55세 이상~ 65세 이하)으로 하며, 최대 6개월간 전일제 또는 시간제로 일할 수 있었다. 전일근무 시에는 월 215만 원정도를 제공했다. 2022년 처음으로 진행된 제도라 향후 진행 추이를 알 수 없으나 어떤 형태로든 이와 유사한 일자리들은 늘어나 중장년의 직업 전환을 위한 디딤돌 역할을 할 수 있을 것이다.

참고로 서울시나 경기도, 일부 주요 지자체들은 공공영역 기간제의 경우 최저임금이라도 생활임금을 더해 지급하는 곳이 많다. 서울시의 경우 2023년 생활임금은 시간당 1만 1,157원인데 이렇게 되면 통상임금을 기준으로 월 233만 원이 조금 넘는 돈을 받게 된다.

이런 일자리들은 대체로 연초에 모집을 하는 경우가 많은데, 이런 일자리가 필요하다면 스스로 지자체 홈페이지 등을 찾아봐도 좋겠지만, 놓치기 쉬우므로 취업지원센터 등을 활용해 도움을 받는 것이 개인들에겐 훨씬 접근성이 좋을 것이다.

참고로 서울시의 경우 몇 년째 특성화고의 취업지원관을 이 뉴딜일자리를 통해 채용하고 있는데, '특성화고 취업지원관 운영사업'으로 22년의 경우 총 31명을 각 학교 별로 채용하기도 했다.

중장년층은 '신중년 경력형 일자리'도 눈길을 줄 만하다. 신중년 경력형 일자리는 '퇴직 전문인력에게 지역사회가 필요로 하는 사회서비스 일자리를 제공하고 일 경험을 통해 민간 일자리로의 이동을 지원하기 위한 사업(2022년도 신중년 경력형 일자리사업 운영지침 중에서)'으로 만 50세 이상 70세 미만의 중장년층을 대상으로 한 일자리를 제공한다. 보통 일정 수준의 경력, 자격 등이 요구되는데 지방자치단체가 주관한다. 흔히 6개월 전후의 일자리가 많고, 최저임금의 경우라도 지자체에 따라 생활임금이 적용되면 230만 원 수준으로 급여가 올라가는 경우가 많다. 중장년 워크넷에서 신중년 경력형 일자리사업 카테고리의 하단을 보면 '모집

현황'을 볼 수 있는데 아래 링크를 참조하기 바란다. (https://www. work.go.kr/senior/socContribute/socContributeGuide.do)

회사 경력을 활용할 수 있는 일자리

회사 경력을 활용할 수 있는 일자리란 표현이 적절할지는 모르겠지만, 직장에서 경력을 쌓아온 사람이 우선적으로 검토해 볼 수 있는 전문가형 일자리가 있다. 탤런트 뱅크가 제공하는 단기 프로젝트형 일자리들이 대표적인 예이다.

탤런트 뱅크는 대기업 팀장급 이상, 혹은 중소기업 임원급 이상의 특정 분야 경력자들을 인재풀에 올려 주로 중견, 중소기업들의 프로젝트형 일자리와 연결해 주는 사업을 하는 곳이다. 기업은 필요한 비용만 지불할 수 있어서 좋고, 개인은 이를 통해 경력과 수입을 만들고, 경우에 따라 재취업이란 결과물에 이르기도 한다. 개인적으로도 몇 분을 이런 과정을 통해 취업으로 연결시킨 사례도 있다. 해당 홈페이지(https://www.talentbank.co.kr)에 접속해 내용을 확인해 보고 전문가 승인 신청을 하면 된다.

한 가지 더 언급하자면 회사 경력이 좋은 분들을 위한 다양한 자문 혹은 컨설팅 서비스는 여러 곳에서 존재한다. 전경련 경영 자문단의 경우처럼 무료 자문인 곳도 있지만, 대개의 경우 자문 혹은 컨설팅은 수당을 지급하는 경우가 많다. 구글 같은 사이트를 통해 '경영 자문'이나 '자문 모집', '컨설턴트 모집' 등의 키워드로 검색을 해보면 관련 구인공고들을 찾을 수 있다.

그외에도 회사 경력이 많은 분들이라면 공기업 면접관 등의 포지션에도 도전해 볼 수도 있다. 사실 이 경우는 일을 받을 수 있는 루트가 중요한데, 아무런 인적 기반이 없는 사람이라면 '면접관 교육' 등의 키워드로 검색을 해 관련 교육을 이수하고 진입을 시도할 수 있다. 다만, 이 경우에도 그 교육기관이 실제로 일을 연결해 줄 수 있는 곳인지는 확인을 해봐야 한다. 관련 교육이 마중물 역할을 해 주지 못하고 온전히 개인이 일을 뚫어내야 한다면 진입이 어려울 수 있기 때문이다.

몇 년 사이 상당수 인력이 들어와 이쪽도 경쟁이 심해졌지만, 기업이나 공공조직 등에서 사람을 많이 뽑아본 경험이 있는 분들이라면 그런 경쟁에서도 두각을 나타낼 수 있다. 어려운 시기에도 사람은 뽑아야 하고 특히, 공공영역의 경우는 외부 면접관 활용이 필수적이다. 따라서 이 분야에 관심과 경력이 있는 분들이 도전한다면, 노력 여하에 따라 채용전문가로서의 입지를 만들어 볼 수도 있다.

시골에서 찾을 수 있는 일자리

중장년이 되면, 많은 이들이 퇴직 후 귀농을 동경한다. 귀농이란 이름으로 혹은 귀촌이란 이름으로 말이다. 그런데 이게 좀 고민이 된다. 사실 농사를 짓는 것은 농촌에서 나고 자라 계속해서 농업에 종사했던 이들조차도 여전히 힘든 영역이다. 수억 원의 매출을 올리는 귀농의 성공사례도 많아졌지만, 그 성공의 그늘 속에는 실패 후 말없이 사라진 훨씬 많은 귀농 실패담도 숨어 있다.

귀촌은 어떤가? 가끔 사람들은 착각을 하곤 한다. 귀촌은 그야말로 시골에 놀면서 살기 위해 가는 것이라고…. 그런데 실은 귀촌을 해서도 '아무것도 하지 않는' 것은 드문 일이고, 그리 권장할 만한 행태도 아니다. 오히려 그들은 시골을 근거지로 두고 농사가 아닌 다른 일을 하는 경우가 흔하다.

그럼 시골에서 어떤 일들을 하는 것일까? 당연히 케이스 바이 케이스case by case로 각자 사정에 따라 다를 것이다. 다만, 신경을 쓸 만한 영역의 일들은 있다.

보통 시골에 갈 때 자신이 사는 집이 있다면 그 여유 공간을 활용해 민박업을 할 수 있다. 이른바 시골이라면 '농촌민박업'(도시에서는 '도시민박업'이 된다)이다. 요즘 우리가 많이 보는 에어비앤비 등의 숙박 공유 앱을 통한 사업을 하는 이들이 모두 여기에 해당한다.

코로나 시대에 우리는 여행 관련 비즈니스가 엄청나게 고생을 하는 것을 보기도 했지만, 반면에 사람들의 마음에 내재된 여행에 대한 욕구가 얼마나 큰지도 확인할 수 있었다. 앞으로도 여행은 우리의 일상 중 하나일 것이고, 그 욕구는 랜선 투어 같은 이름으로 온전히 대체될 수 있는 것이 아니다. 부동산이 주력 자산인 사람들이 유난히 많은 우리나라 중장년에게 이것은 좋은 비즈니스의 기회가 될 수밖에 없다. 위에 언급한 민박업들은 잘 운영하기만 하면, 그리고 입지가 어느 정도 받쳐만 준다면 어지간한 월세 임대업보다 훨씬 나은 수익을 올리기도 한다. 하물며 사람을 만나기를 좋아하는 이들이라면 그 가치만으로도 노후 일자리로서 제격이다. 더구나 시골에 늘어가는 빈집이 많은 점들, 혹은 인구증가를 희망하는 지방자치단체들의 호의적인 태도는 여러 가지 측면에서 긍정적인 신호임을 확인할 수 있다.

만약 귀촌을 고민한다면 또 하나 고려해 볼 수 있는 일자리 키워드가 '마을기업'이다. 이 글을 쓰는 2022년 가을 워크넷에서 '마을기업'으로 검색을 해보니 검색되는 일자리가 1,500개가 넘는다. 물론 지역도 맞아야 하고, 일의 내용도 맞아야 해서 허수가 있겠지만 이 정도 숫자가 뜨는 것만 해도 나쁘지 않은 신호다. 점점 마을기업들은 증가해 갈 것이고, 도시에서는 나이 든 중장년일지라도 시골에서는 가장 젊은 일꾼이 될 수도 있으니 기회가 아니겠는가. 그 외에도 '영농조합'이나 '지역개발 컨설턴트' 등도 한번 검색해 보면 관련 일자리들을 확인할 수 있는데, 역시 대부분 지방에서 일하는 자리들이라 지역만 맞는다면 한 번쯤 도전을 검토해 봐도 좋을 것이다.

플랫폼 노동을 아시나요?

뭐니 뭐니 해도 최근 가장 빠른 속도로 늘어나는 일자리는 온라인을 기반으로 한 플랫폼 일자리다. 플랫폼 노동이란 웹사이트나 스마트폰 앱 등의 온라인 플랫폼을 이용해 거래되는 노동을 의미한다. 우리가 흔히 아는 배달 관련 일부터 대리운전, 카카오택시, 혹은 넓게 보면 네이버 스마트 스토어 같은 온라인 매장 운영자, 우버 같은 공유 비즈니스 참여자, SNS 인플루언서 또는 클래스 101, 탈잉, 크몽, 숨고 등의 재능 마켓도 이 부류에 속한다고 볼 수 있다.

시대의 요구 때문에라도 이런 일자리들은 점점 더 새로이 생겨날 것이고, 그 숫자도 늘어날 여지가 많다. 더구나 인터넷은 나이를 묻지 않는 경우가 많으니 앞서가는 중장년이란 이런 시장도 눈여겨 보며 대비할 필요가 있다. 다만, 이 경우에도 신경 쓸 것이 있다. 인터넷의 활용에 약한 사람들은 접근성이 많이 떨어진다는 사실이다. 당연히 이런 전제를 좀 더 훌륭하게 채우는 사람일수록 선택지는 넓어질 수밖에 없다. 생각해 보면 너무나 당연하지 않겠는가. '내 또래가 잘 하지 못하는 영역을 잘할 수 있다면' 우리에게는 그만큼 더 많은 기회가 찾아올 것이다.

이제 곁눈질 좀 합시다

2021년 5월 1일부터 1,000명 이상 근로자를 고용하고 있는 기업에서, 1년 이상 근무한 50대 이상 비자발적 퇴직자에 대한 전직 지원이 의무화되었다. 현장에서는 이것을 교육과 상담을 중심으로 진행하고 있는데, 나는 늘 이런 교육의 주제를 "그동안 열심히 회사를 위해 일해 왔으니 이제부터라도 자신을 위해 조금씩 곁눈질을 하자." 라는 말로 요약하곤 한다.

한 곳에서 오래 일한 직장인의 속성이란 정말로 무서운 것이다. 생각해 보면 짧게는 10년, 길게는 40년에 육박하는 시간을 한 직장에서 일했다면 그 사람의 생각, 행동, 모든 기준은 그가 일했던 회사에 맞춰져 있다고 봐야 한다. 그야말로 '그 직장에 최적화된' 사람이 되는 것이다.

나는 이런 상황을 흔히 경주마에 비유하기도 한다. 한 곳에서 오래 일한 직장인은 마치 '경주마'와 비슷한 속성을 지닌다는 것인데, 아시다시피 경주마의 특징은 '눈의 좌우를 가리고 앞만 보고' 달린다는 것이다. 그것이 자의였든 혹은 살아남기 위해 강요된 어찌할 수 없는 과정이었든 간에 이러한 쏠림현상은 퇴직 후까지 영향을 끼치는 경우가 많다. 그럴 때 우리는 '퇴직 후에도 과거의 회사에 얽매인 느낌'의 퇴직자를 만나게 된다. 과거에 묶여 쉽게 앞으로 나아가지 못하는 이들의 전형적인 증상이다.

'곁눈질'을 한다는 건 회사 일을 열심히 하지 말라는 얘기가 아니다. 어차피 임금피크제나 여러 가지 이유로 자신의 회사 내 역할이 줄어들면서 '퇴직의 징후'가 보인다면 그때부터라도 조금씩 자신을 위한 준비를 하자는 것이다. 회사는 가족이 아니다. 그 사실은 이미 IMF 이후 꾸준히 고용현장에서 확인되어 온 사실이 아니던가. 가족이라는 환상은 이제 개인에게도 회사에게도 바람직하지 않은 과거의 잔재일 뿐이다. 아직도 가끔 '가족 같은 회사'를 슬로건으로 하는 구인공고를 보지만, 나는 그런 회사 중에 구인조건이 좋은 경우를 별로 보지 못했다. 그때의 가족은 '가족처럼 참아주기'를 바라는 개념에 가까운 것이 현실이다.

이전의 책에서도 얘기했었지만, 이 시대에는 차라리 '신뢰도 높은 깔끔한 계약관계'를 상정하고 일을 하는 것이 좋다. 정규직이라도 마찬가지다. 정규직은 그저 '계약 기간이 상대적으로 훨씬 긴 계약관계'일 뿐이다.

결국 일을 하며 우리가 기댈 것은 자신의 실력과 그 실력이 만든 성과, 일을 하는 과정에서 만들어낸 평판일 뿐이다. 어떤 이는 이를 경력관리로 볼 것이고, 어떤 이는 곁눈질이라 볼 수 있겠지만 이런 곁눈질은 회사에도 나쁜 것이 아니다. 오히려 나는 이런 곁눈질을 전혀 하지 않는 사람이야말로 대책 없이 스스로에 대해 직무유기를 하고 있다고 믿는다. 아이러니하게도 자신의 미래에 대한 확신과 준비가 있는 사람이 현 직장에서도 더 소신 있게, 성공적으로 일할 수 있다.

얼마나 벌 수 있을까?

주된 일자리 이탈의 의미

누구나 인생에 한 번쯤 자신만의 꽃을 피울 때가 있다. 경력으로 얘기했을 때 자신의 인생에서 가장 큰 비중을 둘 수 있는 경력 기간 혹은 회사생활을 주된 일자리(혹은 주요 경력 등 다양하게 불리기도 한다)라고 한다. 경력 전반으로 보면 자신이 인생에서 하이라이트 시기인 셈이다.(물론 주관적 의미만을 중심으로 보자면 주된 일자리의 의미는 달라질 수 있을 것이다.)

대체로 이 시기가 개인에게 의미가 큰 것은 아무래도 가장 보상과 만족감이 높은 경우가 많기 때문이다. 그런데 고민스럽게도 정작 노후를 생각할 시기쯤에 우리는 이 '주된 일자리의 이탈'이라는 상황에 종종 직면하게 된다. 주된 일자리를 이탈한다고 우리의 직업에 뭐가 큰일이 일어날까 싶기도 하지만 우리 경력은 생각보다 큰 변화와 마주하게 된다. 여러 가지 복합적인 이유가 있는데, 주로 '나이가 들어가는 직원의 생산성 문제', '줄어드는 관리직의 문제', 혹은 '기계화와 AI의 도입', '임금 피크제와 정년 제도' 등이 함께 어우러진 결과다.

미래에셋투자와 연금센터가 2022년 3월 8일 발간한 〈늦어지는 은퇴, 생애주기 수지 적자에 대비하라〉라는 보고서에서 최근 10년간 우리나라 근로자들의 퇴직·은퇴 퇴직 동향을 분석한 결과를 보자.

보고서에 따르면 우리나라 임금 근로자들은 평균 49.3세에 퇴직을 하고, 그중 절반 가까운 사람들이 정년 전 비자발적인 조기 퇴직을 한다고 나와 있다. 어쩌면 40~50대를 전후해 일어나는 가장 큰 경력상 변화가 바로 주된 일자리 이탈인 셈이다.

주된 일자리가 심리적인 만족도는 각자 차이가 있겠지만 재정적인 부분에서는 대체로 개인에게 가장 큰 보상을 주는 것이라면 결국 주된 일자리 퇴직 이후는 자신의 일에 대한 보상 수준이 어떤 식으로든 낮아진다고 봐야 한다. 경제적인 타격을 거의 입지 않을 정도로 일부 잘 관리한 경력을 가진 사람도 있겠지만 대부분 상당한 급여의 낙폭을 경험하게 된다. 우리나라 고용시장에서 중장년을 가장 괴롭히는 문제 중 하나는 '일정 수준만 급여를 낮추면 취업이 되는 구조가 아니'라는 것이다.

좀 극단적으로 말하자면 40대 후반에서 50대 시기 주된 일자리 퇴직자의 경우는 기존에 받던 급여에서 10~20% 줄여서 다른 일자리를 갈 수 있는 구조가 아니다. 일부 비슷하게 가는 사람 정도를 빼면 상당수가 최저임금 수준까지의 급여 하락을 염려해야 하는 상황이 벌어진다. 특히, 기존 경력을 이어갈 수 없어 새로운 경력을 시작해야 하는 경우는 피하기 어려운 현상에 가깝다.

하지만 이게 어디 말처럼 쉽겠는가? 당장 누구라도 연봉을 7천만 원쯤 받다가 갑자기 2천만 원 정도로 내려간다면 경제적인 타격과 함께 심리적인 근로 의욕의 상실도 발생하기 십상이다.

발꿈치를 들 것인가? 눈높이를 낮출 것인가?

개인적인 경력의 급변 시기에 사람들의 태도는 크게 세 가지로 갈라진다.

미리 시장이 어려움을 알고 이에 대비해 조금씩 준비하는 사람들, 이른바 역량을 향상시키는 노력을 통해 '발꿈치를 들어 올리는' 시도를 하는 사람들이 있고, 반면에 시대가 변했고 자신 역시 변했음을 인정하며 어렵더라도 주어진 상황을 받아들이는, '눈높이를 낮추는' 사람들이 있다.

그럼 나머지 한 부류는 무엇일까? 이 경우가 좀 문제인데, 이쪽은 기존에 충분한 준비를 하지 않았으면서도, 눈높이를 낮추는 것은 또 싫은 부류다. 이른바 '준비되지 않았고, 현실과 타협하지도 못 하는 퇴직자'다.

사람의 인생이라는 것이 누구나 욕심을 내면서 살지만, 당장 받아들여야 하는 현실과 적정 수준에서 타협하지 못하면 고통이 배가될 수밖에 없다. 끝끝내 타협하지 못 하면? 우리가 흔히 말하는 장기실직자가 되기 쉽다.

한 가지 오해는 미리 없애고 가야겠다. 우리는 흔히 '발꿈치를 드는 것'을 그냥 무작정 노력만 하면 된다고 오해하는 경우가 종종 있다. 그러나 주된 일자리의 퇴직 시점에 발생하는 문제는 '노력이 부족한 경우도 있지만, 굉장히 비효과적인 활동'도 문제가 된다. 이때 비효과적인 활동에 매진(?)하는 사람들의 주요 특징 중 하나가 '혼자 어떻게든 해결하려' 드는 것이다.

퇴직을 하고 일자리를 바꾸는 것은 인생에 자주 있는 이벤트가 아니다. 우리는 생각보다 이런 과정에 대해 잘 알지 못 한다. 내 주변 선배들이나 동료들을 통해, 혹은 인터넷을 통해 떠도는 '그렇다더라.' 정도의 이야기들만으로 효과적인 준비를 하기는 어렵다는 얘기다.

가만히 살펴보면 우리나라도 구직자들의 지원과 관련해 상당한 제도적 시스템을 보유하고 있다고 봐야 한다. 그런데 이 시스템을 제대로 잘 쓰는 사람들을 보는 것은 생각보다 쉽지 않다. 왜냐하면 이런 시스템을 잘 이용한다는 것은 제도적인 부분을 잘 알고 있어야 하기도 하지만, 이용하는 사람의 태도 차이도 상당 부분 결과에 영향을 미치기 때문이다.

지금도 취업현장에서는 각 기관에 등록해 '이름만 던져두면 해결이 되리라'고 기대하는 분들을 심심치 않게 만나게 된다. 등록만 하면 일자리를 주고, 고용문제가 해결된다면 세상에 실업 문제가 왜 생기겠는가?

적절한 시스템을 활용하되, 그 기관을 어떻게 잘 활용해야 내가 도움을 받을 수 있는지도 알아야 한다. 그런데 이런 부분에 주목하는 참여자도, 이런 내용을 알려주는 담당자도 만나기가 쉽지 않다. 만약 이 글을 읽는 중장년이라면 지원기관의 담당자와 만나 물어보라. "도대체 내가 어떤 활동들을 하면, 이 기관을 잘 활용하는 것일까요?"라고 말이다.

하지만 결과론적으로 보면 대다수의 사람들은 조금씩 시장을 경험하며 눈높이를 자발적으로 낮추게 된다. 그도 나쁘지 않다. 만약 당신이 심리적인 부분을 잘 다스릴 수 있다면 말이다. 누구라도 나이가 들며 맞이하는 경력의 하강은 피할 수 없는, 일반적인 현상에 가깝다.

그러나 이때도 우리는 잘 내려갈 수 있어야 한다. 그러려면 자신이 할 수 있는 노력은 다 해보면서 스스로를 납득시킬 수 있어야 한다. 그렇지 않으면 후회와 억울함이 남을 수 있다. 내려가는 길에서 자꾸 억울한 마음에 뒤를 돌아보면 사고만 일어나기 쉬울 뿐이다.

그래서 얼마를 벌 수 있나요?

당연하게도 중장년이 주된 경력을 이탈한 후 돈을 버는 차이는 개인마다 크다. 일단 기존 경력의 가치도 차이가 있을 수밖에 없고, 기존 경력의 연장선에서 움직이느냐, 혹은 새로운 분야를 가느냐에 따라 보수도 천차만별일 것이다. 간결하게 말하자면 그나마 돈을 좀 벌 수 있는 경우는 기존 경력을 이어가는 케이스가 제일 흔하다. 새로운 창업 등을 통해 성공하는 경우와 같은 예외적인 케이스 외에는 당연히 기존 경력의 가치를 인정받을 때 수입이 제일 높다.

새로운 분야라면 어떻게 될까? 특별한 경우, 즉 다른 사람의 추천 등으로 들어간 케이스가 아니라면 대개 최저임금 수준에서 시작된다고 생각하는 것이 편하다. 반대 입장으로 지금 이 책을 읽는 독자가 회사를 차리더라도 '해당 분야의 경력이 없는 중장년'에게 높은 임금을 주려고는 하지 않을 것이기 때문이다.

퇴직 이후에 '얼마를 벌 수 있을 것인가?' 라는 고민을 하는 사람들이 많지만, 이 질문을 하기 전에 우리는 전제조건을 확인해야 한다. '나는 얼마를 벌고 싶은가?'가 그것이다. 돈의 가장 지독한 특성 중의 하나는 '만족을 모른다.' 라는 것이다. 누구나 "많으면 많을수록 좋다"를 부르짖는다.

내가 만나본 사람들은 일부의 극소수를 제외하고는 누구도 돈 걱정에서 헤어나오지 못 했다. 놀랍게도 상당한 재산을 보유한 사람들조차도 말이다. 돈 걱정이 그다지 크지 않은 일부의 극소수는 '돈을 안 벌어도 되는' 사람들이 아니었다. 그들은 '자신만의 돈의 기준'이 명확한 사람들이었다. 다시 말하면 50대, 60대에 얼마나 있으면 내 생활에 문제가 없는지를 아는 사람들이었다.

　주된 일자리의 이탈 이후에 우리가 얼마나 벌어야 하는지를 안다면 대개 일자리의 수준을 쉽게 가늠해 볼 수 있다. 그러면 상대적으로 일자리의 선택지가 생각보다 명확해진다.

　만약 7천만 원 정도를 받던 사람이 3천만 원은 받아야겠다고 얘기한다면 어떻게 될까? 그렇다면 기존 경력, 앞으로의 희망 포지션, 일할 역량의 준비 정도를 그에 맞춰야 한다. 최저임금은 어떤 영역에서 시작하더라도 공유되는 시작점이지만, 그 범위를 넘어서는 기준을 원한다면 회사가 당신에게 그 돈을 줄 이유를 스스로 만들어야 한다는 의미다.

　어쩌면 "얼마를 벌 수 있나요?"는 "얼마를 벌 준비가 되었나요?"라는 질문에 답할 수 있을 때 나오는 결과가 아닐까 싶다.

중장년의 창업,
이것도 안 되면 안 하는 게 낫다

중장년 창업엔 관심이 없다구요?

퇴직준비 교육에서 "퇴직 후 창업에 관심이 있으세요?"라고 물으면 어떤 답변들을 받을까?

다수의 교육생은 "전혀 관심이 없다"거나 "별로 생각해 보지 않았다." 같은 얘기들을 한다. 실제로 그럴 것이다. 적어도 퇴직 전이나 퇴직 시점에서 바라본 '창업'은 별로 매력적이지 않다.

이유는 분명하다. '실패율'이 너무 높기 때문이다. 중소벤처기업연구원의 2021년 12월 29일 '국내외 재창업 지원정책 비교 및 시사점' 보고서에 따르면 국내기업의 5년차 생존율은 29.2%라고 한다. 경제협력개발기구(OECD) 주요국 평균 58.3%에 비하면 거의 절반에 이르는 생존율이니 창업 실패에 대한 우려는 어쩌면 너무나 당연하다.

그런데 이 생각들이 퇴직 후에는 변하기 시작한다. 재취업이 생각보다 쉽지 않은 상태에서 노후자금이 빠르게 줄어들면(대부분 소득이 줄어도 소비는 그만큼 빠르게 줄지 않는다.) 마음이 쫓기기 시작한다. 그러다 보면 이전까지 고려치 않았던 창업에 대한 생각이 슬금슬금 고개를 들 수밖에 없다.

2022년 8월 10일 사단법인 벤처기업협회와 중장년 취업. 창업포털 〈올워크〉가 진행한 설문조사에 따르면 중장년(40대 이상, 4,500명)의 창업 이유 1위는 '재취업이 어려워서'였다. 10명 중 거의 4명에 해당하는 38.2%가 이런 이유로 창업을 했다고 한다. 2위와 3위는 '자유롭게 일하고 싶어서(29.5%)', '노후자금 마련을 위해(20.0%)' 등이 차지했다. 1위와 3위의 이유를 미뤄 짐작해 보면 생각보다 많은 중장년이 '어쩔 수 없이 사장이 된 케이스'라고 봐야 한다.

참고로 'KOSIS 국가통계포털 연령별 창업기업 수' 자료에 따르면 60대 이상 창업자는 2020년에 전체 창업자의 16.2%, 2021년에 13.8% 수준이었으니 그리 적은 비율은 아닌 셈이다. 약간의 수치 변동은 해마다 있을 수 있으나 그렇다고 갑자기 이 숫자가 줄어들 것 같지는 않다. 60대 이후 '계획에 없던 어쩌다 사장'은 고령화와 점점 용이해지는 창업환경 기반 등을 고려할 때 더 늘어날 가능성이 높다.

이 의미는 무엇일까? 결국 우리는 창업에 대해 미리 고려치 않고 있다가 상황이 어려워지면 그때에서야 급하게 준비 없이 창업시장에 들어서는 경우가 많다는 의미다. 또 한편으로 중장년은 당장에 관심이 없더라도 창업에 대해 기본적인 이해를 해 두어야 할 필요가 있다는 의미이기도 하다. 그러니 창업에 대해 배워야 할 기회가 있을 때, "나는 관계없다"고 무심히 넘기지 말길 바란다. 급변하는 이 시대를 살아가야 하는 우리들은 어쩌면 모두 '잠재적 창업자'일지도 모르기 때문이다.

중장년들이 창업에서 쉽게 어려움에 빠지는 이유

사람들은 얼마나 다를까? 나는 특별한 개인적 경험에 맞춰 나름 자신에게 어울리는 창업 아이디어를 내놨다고 생각하는 경우가 많지만, 결론을 놓고 보면 굉장히 비슷한 아이디어들이 난무하는 것이 바로 창업 시장이다. 개인들의 취업을 위한 자기소개서가 그렇듯, 창업에 대해 접근하는 아이디어나 방식 역시 비슷하다.

예를 들면, 창업자들은 외부적으로는 '어떤 것이 돈이 될까?'를 쫓는 듯하다. 하지만 그 이면에는 암묵적으로 '좀 쉽게 돈을 벌 수 있는 것이 없을까?' 라는 생각 역시 함께 깔고 있는 경우가 많다.

왜? 이유야 간단하다. 누구도 어렵게 성공하고 싶어 하지 않기 때문이다. 만약 누군가 발상부터 '남보다 어렵게 창업해야 좀 더 성공하기 쉽다' 정도의 마인드를 갖추고 있다면 이미 절반 이상의 성공은 보장된 창업자라 봐야 한다. 대부분은 좀 더 쉽고, 편안한 진입 방식을 선호하고, 이것이 결국 '쉬운 길'이란 이름 아래

과당 경쟁의 레드오션^{Red Ocean}으로 안내를 하게 된다.

사실 중장년 창업자들은 요식업이나 커피숍, 도소매 유통 및 임대 관련 사업이 경쟁이 심하다는 걸 모르고 창업하는 것이 아니다. 그저 '그 길들이 먼저 보이기' 때문에, 그리고 다른 사람들처럼 자신도 '그 사업은 쉽게 할 만한 것'이라는 판단이 서기에 험한 길을 선택하게 되는 것이다.

중장년의 창업 준비기간에 대해 조사를 한 것을 보면, 업체에 따라 지나치게 설문조사 결과의 편차가 심하기는 하지만 상대적으로 그 기간들이 짧은 것을 볼 수 있다. 벤처기업협회와 중장년 취업 · 창업 포털 〈올워크〉의 전국 40세 이상 남녀 4,500명을 대상으로 한 설문(2022년 8월 11일 발표)에서는 6개월~1년의 준비기간이 51.8%, 3~6개월은 31.6%로 나타났다. 1년 이하만 83.4%인 셈이다. 그에 비해, 서울시 50플러스에서 2021년에 발표한 자료인 '창업생태계 내 50+세대 일 · 활동 및 창업지원방안' 자료에 따르면, 중장년 창업가의 창업 준비기간은 평균 1년 6개월 정도 준비하는 것으로 나타나기도 했다. 아마도 설문 대상층의 성향이나 진로에 대한 선호가 몰렸기에 드러나는 현상이었겠지만, 전체적으로 확인이 간단치는 않아 보인다. 다만 빠른 창업의 이면엔 '빨리 창업해 돈을 벌어야 한다'는 압박감이 있었을 것이고, 이는 결국 '쉽고 빠른 선택'을 강요했을 가능성이 크다.

창업은 분명히 '노후의 일'에서는 간과하기 힘든 매력적인 선택지 중 하나다. 실제로 창업이 자리를 잡기만 한다면야 사실상 본인의 건강이 허락할 때까지 운영이 가능한 것이고, 때로 사람을 활용해 자신의 몸이 좋지 않아도 운영은 가능한 것이니 그 매력이야 더 말할 것이 없다.

그러니 그 선택을 비난할 생각은 전혀 없다. 하지만 창업이 만약 삶의 후반기에 맞이하는 '인생을 건 한판 승부'로 이어지게 된다면 우리는 그 창업의 위험을 최소화해야 한다는 고민과 맞닥뜨릴 수밖에 없다. 도대체 어떻게 하면 그러한 창업의 위험을 줄일 수 있을까?

창업 실패를 줄이기 위한 4가지 필터

간혹 내게도 창업에 대한 문의를 하는 분들이 있다. 솔직히 적지 않은 질문을 받는다. 내가 본격적인 창업전문가의 타이틀을 달고 있는 사람은 아니지만 수많은 창업자들을 봐왔고, 내 자신이 한 요식업체의 프랜차이즈 지사장이란 경험을 했거니와 지금도 8년이 넘는 기간 동안 1인 기업을 운영하고 있기 때문이다.

기본적으로 나는 나이가 들수록 가벼운 지식기반 창업을 권고하는 편이다. 하지만 다양한 창업에 대한 문의를 접하면서 내 나름대로 창업의 위험을 줄이기 위한 몇 가지 필수 요소들을 정립했다. 나는 이것을 '창업 실패를 줄이는 4가지 필터'라고 부르는

데, 여러분도 한번 참고해 보시기 바란다. 아마 이것만 활용할 수 있어도 절반 이상 창업의 위험은 줄이고 시작할 수 있을 것이다.

첫 번째는 '자기 자신을 정확히 이해'하는 것이다. 내가 어떤 창업에 어울리는 사람인지, 무엇을 잘하고 어떤 부분에 취약한지만 확인해도 무모한 선택지는 충분히 줄일 수 있다.

나는 내 스스로가 재능이 없는 요식업에 몇 번 도전해 실패해 봤고, 역시나 하면 안 될 성격의 사람이 창업을 하다 결국은 가진 것들을 날리는 모습도 봤었다. 자신에게 없는 것을 활용해 무언가를 할 수 있는 방법이 아예 없는 것은 아니지만(예를 들면, 내가 가지지 못한 것을 가진 사람을 직원으로 쓸 수도 있을 것이다), 기본적으로 그 창업의 분야나 활동들이 내가 감당할 수 있는 것일 때 성공률은 올라갈 수밖에 없다. 그런데 정작 창업을 앞둔 이들 중엔 창업자의 자질을 간과하는 이들이 꽤 있다.

창업과 관련해 내가 가장 듣고 싶은 질문은 "내가 어떤 사업을 하면 더 경쟁력이 있을까요?" 같은 유의 질문이다. 그런데 너무도 많은 분들이 "어떤 창업이 돈이 될까요?"만 묻거나, 아니면 "창업 자금을 어디서 빌릴 수 있나요?" 같은 질문들만 주로 한다.

하지만 솔직히 이런 부분들은 컨설턴트에게 물을 필요도 없다. 요즘 뜨는 창업 아이템과 창업 지원금 관련 정보는 사이트 한두 개만 뒤져봐도 넘칠 정도로 나오기 때문이다. 결국 그 질문들은 너무 무책임하고 가볍다. 창업은 누구나 할 수 있지만 자기 자신에 대한 진지한 성찰이 없다면 그 성공을 '운에 맡기는' 상황이 돼 버린다. "막상 창업하고 보니 나랑 안 맞더라."라고 한들 누가 책임을 대신 져 줄 수도 없다. 창업은 그냥 어떻게 한번 들이대 보기에는 생각보다 잔혹한 결과를 만들 수 있는 게임이다.

두 번째는 미리 원하는 분야의 창업과 관련된 직간접적인 경험을 해보라는 것이다. 이럴 때 가장 유용한 수단은 '직접 현장에 가서 최소 6개월 정도 일을 해보는 것'이다. 그야말로 OJT^{On The Job} _{Training, 직장 내 교육훈련}인 셈이다.

간혹 "그럴 기회가 어디 있느냐?"며 묻는 분들이 있다. 하지만 다수의 창업 준비생들이 이런 과정을 거친다. 만약 그 정도 기회조차 스스로 만들 수 없다면 창업은 재고하라고 권하고 싶다. 운만으로 창업에 성공하는 케이스는 거의 본 적이 없기 때문이다. 일시적인 운이야 올 수 있겠지만 창업은 결국 누적된 노력의 결과일 뿐이다.

간혹 음식점과 관련해 '레시피를 돈 주고 사겠다'고 하는 경우가 있다. 그런데 이때에도 나는 돈보다 경험을 사라고 권하고 싶다. 음식점도 실은 레시피보다 운영 노하우가 더 중요하기 때문이다. 나름 맛집 매니아인지라 맛있는 음식점을 숱하게 보고 방문해 왔지만, 운영의 노하우가 없는 곳들은 맛이 있어도 결국 오래가지 못 했다. 레시피는 돈으로 살 수 있지만, 그보다 중요한 운영 노하우는 돈으로 살 수 없다. 오직 경험과 노력을 통해서 체득

해야 한다. 어쩌면 레시피만을 돈으로 사려는 행위는 사실 '좀 더 쉽고 빠르게 가겠다'는 생각의 변형일지도 모른다.

세 번째는 사업계획서를 써보는 것이다. 사업계획서는 사업을 고려하는 이라면 누구라도 한 번씩은 써볼 것 같지만 막상 사업계획서까지 작성하는 사람은 그리 많지 않다. 여전히 다수의 중장년층은 사업계획서 하나 없이 주먹구구식의 플랜 아닌 플랜을 세워 창업에 임하곤 한다. 사업계획서를 어떻게 써야 하는지 몰라서도 있겠지만, 실은 '이 정도까지는 해야 한다'는 인식 자체가 별로 없는 경우가 많다. 간혹 창업을 꿈꾸며 문의를 하는 분들을 만나곤 하지만, 실제 사업계획서를 써본 사람은 질문과 인식이 다르다. 이런 사람 중 상당수는 실제 창업에 이른다고 봐야 한다.

한 가지만 더 부연하자면 사업계획서 양식은 인터넷에 널려 있다. 그중에 자신에게 잘 맞는다 싶은 것을 고르면 된다. 다만, 사업계획서를 통해 한 가지는 꼭 짚고 넘어가야 할 것이 있다.

바로 "왜 내가 하려는 사업에 고객들이 와야 하느냐?"에 대해 진지한 답을 하는 것이다. 이 답이 선명하지 않거나 논리적으로 다른 이(예컨대, 배우자 같은)를 설득하기 힘들다면 그 사업은 다시 고려를 해보는 것이 좋다. 가까운 이조차 설득할 수 없는 사업계획서라면 문제가 있다는 의미다. 아니면 그 사업을 끌고 갈 사람에 대한 가까운 이의 불신일 수도 있겠지만 사업의 결과는 큰 차이가 없을 듯하다.

마지막 네 번째는 "온라인을 적절히 활용할 수 있는가?"라는 문제다.

이미 우리가 살아가는 세계와 시대는 온라인이라는 세상과 따로 떼어놓고 생각하기 힘들다. 낯선 곳에서 지인들과 식사를 한다고 했을 때 가장 먼저 하게 되는 것이 무엇인지를 떠올려 보면 해답은 간단하다. 요즘 시대의 사람들은 대부분 이런 정보들을 인터넷을 통해 얻는다. 때로 오롯이 광고용으로 보이는 포스팅을 숱하게 만나지만 일반인들은 그런 것의 사실 여부조차 크게 고민하지 않는다. 손님을 길게 유지하는 것은 음식점의 맛과 분위기, 오너의 역량이겠으나 첫 방문을 유도하는 것은 온라인의 힘이 지배적이라는 얘기다.

사실 음식점을 예로 들었지만 다른 분야 역시 마찬가지다. 이제 어떤 키워드를 쳤을 때 얼마나 내 SNS나 홈페이지가 먼저 떠주느냐가 나에 대한 전문성 판단의 기준이 되기도 한다. 기업끼리 잘 알고 있는 BtoB 같은 사업을 영위하거나 혹은 개인 대상 홍보가 큰 의미가 없는 특정한 사업이 아니라면, 온라인의 효과적 활용은 창업에 있어서 절대적인 요건이 됐다. 그렇지 못할 때 그 비즈니스의 발전 속도는 지루할 정도로 더딜 수밖에 없다. 지금은 물론이고 앞으로도 이런 중요성은 줄어들 것 같지 않다.

아, 그리고 간혹 전문업체를 이용해 이런 홍보를 하면 되지 않느냐는 분들도 있는데, 사업주가 이런 부분을 제대로 알지 못하면 지속적인 홍보는 불가능하다. 늘 누군가에게 의지해야 하는 홍보는 그 자체가 비용일 뿐더러 효과도 확인하기 어렵기 때문이다.

사람은 자기가 가진 것만 쓸 수 있다

술집에서 이삿짐센터로 가다

초등학생 때부터 골목에서 어울린 친구가 한 명 있다. 세상에서 드물게 동네에서 불리던 내 어린 시절 아명兒名, 아이 때 부르던 이름을 기억하는 친구이니 정말 오래된 벗이다. 이 친구는 여러 직종과 업체를 전전했는데, 꽤 오랜 시간 일했던 분야 중의 하나는 요식업 프랜차이즈 쪽이었다. 그는 프랜차이즈 맥주 전문점 쪽에서 사실상 2인자로 일을 했었고, 지방에서 100호점 이상을 출점시킨 전력을 가진, 나름 그 분야의 선수였다. 말도 잘하고, 수완도 좋은, 영업 스타일의 친구로 비즈니스와 관련해 기발한 아이디어도 좋은 친구였다.

그랬던 친구는 40대로 접어든 어느 날 언제까지 남 밑에서, 다른 사람만 좋은 일을 시켜 줘야 하는지를 고민하기 시작했다. 나름 열심히 일은 했는데 아무리 해도 그는 월급쟁이일 뿐이었고, 성과에 대한 큰 보상의 대부분은 오너가 가져가는 구조에 염증이

난 것이었다. 그래서 그는 창업을 결심했다. 실상 기존 맥주 전문점 프랜차이즈와 관련된 대부분의 시스템을 그가 처음부터 만들고 운영해 온 것이었으니 사업체를 못 만들 이유 따위는 없었다. 자금이 모자라 상당한 액수의 대출을 일으켜야 했지만 어쨌든 그는 나름의 큰 꿈을 품고 자신이 사는 지역인 지방의 한 대도시에서 70~80평 규모의 적지 않은 맥주 전문점을 오픈했다. 자신이 프랜차이즈 본사를 운영하기 위한 첫걸음이었다.

그런데 결과부터 먼저 이야기하자면 친구의 야심 찬 맥주 프랜차이즈 1호점은 좋은 결과를 만들지 못 했다. 좀 더 노골적으로 말하자면 '망했다'는 표현이 어울릴 것이다. 이유는 여러 가지가 있을 수 있지만 가장 크게 작용했던 것은 '기질적으로 맞지 않는 일'이 문제였다.

그가 잘하는 설득이나 기획, 혹은 아이디어 활용 같은 것들은 실상 호프집을 운영하는 데는 별로 도움이 되지 않은 능력들이었다. 그렇다고 밑에 직원을 두고 편안하게 일만 시키며 운영할 수 있는 상황도 아니었기에 일정 부분 전혀 맞지 않는 일들을 오롯이 혼자 감당해야 했다. 자신에게 잘 맞지도 않는, 꾸준한 관리와 몸으로 해야 하는 반복된 일상에 그는 조금씩 지쳐버렸고, 이것이 결국 가게 운영 소홀로 이어져 상당한 빚만 남긴 채 문을 닫아야 했다.

이후 40대 중반의 나이에 경제적 어려움에 처했던 친구는 결국 쓸 만한 일자리가 없어 이삿짐센터에서 일용직 직원으로 일을 시작했다. 몸 쓰는 일이 잘 맞지 않는 데다 체력적으로 힘을 잘 쓰는 유형도 아니라 걱정을 했었지만, 놀랍게도 친구는 그 이삿짐센터에서 반전의 계기를 만들어냈다. 우연한 기회에 사무실 업무를 겸하게 됐고, 자신의 쓸모를 영업력으로 사장에게 어필했다. 공공기관 이전에 따른 이사 용역 입찰을 따내기 시작하면서 자신의 역량을 입증했고, 한 번의 이직을 거쳐 이삿짐센터를 직접 운영하는 소사장에 이르는, 흔치 않은 직업적 반전의 성공드라마를 만들어낸 것이다. 결국 몇 년 지나지 않아 그는 자신만의 이삿짐 관련 사업체를 운영하기에 이르렀다.

당신이 가진 것이 무엇인지 알고 있습니까?

친구의 사례를 보면 꽤 심플한 직업적 명제를 확인할 수 있게 된다. 바로 자신에게 없는 것을 일에서 자꾸 요구받으면 그 직업에서 성공하기 어렵지만, 자신이 잘하고, 관심 있는 영역에서는 남보다 더 쉽게 성과를 낼 수 있다는 사실이다.

그는 술집 운영에서는 자신이 잘하는 것들을 쓸 계기도 별로 없었고, 자신에게 없는 꾸준함, 반복적 성실성, 혹은 손이나 몸으로 하는 작업을 더 많이 해야 하는 상황을 여러 번 만났었다. 그에 비해 이삿짐센터에서는 대인 관리와 영업, 그리고 입찰에 이르기까지 그가 비교적 잘하고 관심 있는 영역의 일들을 주로 하며 성과를 낼 수 있었다.

비단 이런 예는 내 친구의 예에서만 드러나는 현상은 아니다. 나는 지금도 수많은 직업의 현장에서 자신이 가진 것을 '제대로' 쓰고 있는 사람들과 반대로 '자신에게 없는 것'을 써야 하는 상황에 몰린 사람들을 본다. 일에서 잘 맞는가 혹은 그렇지 않은가의 차이는 단순히 노력이란 이름으로 보완하기에는 턱없이 모자란 경우가 많다. 애초에 특정 분야에서 '그 일이 즐거운' 사람과 '그 일이 고역인' 사람이 붙으면 결과는 극명하게 드러날 수밖에 없다.

그런데 일과 관련한 인생의 비극은 대부분의 사람들이 '과거에 우연히 시작하게 된' 일을 기준으로 미래를 그려나가려 한다는 것이다. 설사 그 일이 잘 맞지 않더라도 '먹고 사는 것은 당연히 힘들다.' 라는 족쇄를 스스로 채우고, 억지를 쓰며 그 험한 길을 가곤 한다. 때로 그 길에서 벗어나고자 하는 경우도 있지만, 그때는 또 '자신에게 있는 것이 무엇인지를 모른다'는 현실적 문제에 직면하기도 한다. 그러니 일과 관련된 선택을 하기 전에 내가 어떤 사람인지 정도는 파악하고 선택을 해보자.

나이가 들었다고 '이제 와서?' 라고 단순히 가볍게 넘길 문제는 아니다. 왜냐하면 결국 인간은 어디서 어떤 일을 하든 자신이 가진 것밖에 쓸 수 없기 때문이다. 그런 상황에서 내가 무엇을 가지고 있는지 모른다면 애초에 이 전투(?)의 승패는 불을 보듯 뻔한 것이다. 어쩌다 이길 상황이 올 수는 있지만, 행운에만 기댄 승리가 그리 오래 갈 리 없다.

잊지 말자. 우리는 모든 일과 관련된 상황에서 오로지 자신이 가진 것을 중점적으로 쓰면서 살아갈 뿐이다. 그러니 '내가 무엇을 갖고 있는지' 이제라도 관심을 기울여 확인해 보자. 내가 가진 것을 가장 잘 아는 사람은 나여야 하지 않겠는가.

PART 3

'투자'로 만드는
생애설계 프로젝트

코로나로 인한 경기침체는 1년 만에 끝났다?

물가 얼마나 올랐나?

2021년 대한민국의 연평균 소비자물가 상승률은 2.5%였다. 그리고 2022년 들어서서는 3%대를 넘어서더니 4%대, 5%대를 연이어 찍고 마침내 7월에는 6.3%까지 올랐다. 그리고 2022년 11월에는 다소 둔화된 5.0%의 수치를 보여주고 있지만 여전히 높다 할 수 있다. (한국은행의 물가안정 기준치는 2%이다.)

2021년 이후 월별 소비자물가지수 추이

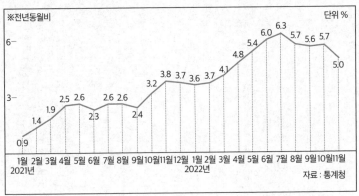

사실 고점이라고는 해도 6%라는 수치가 그렇게 현실적으로 다가오지는 않는다. 하지만 장을 보러 마트에 가거나 또는 외식을 하러 식당에 갔을 때 거의 모든 제품이나 음식값이 상예상 외로 많이 올랐음을 직면하게 되면, 물가가 얼마나 올랐는지를 비로소 체감하게 된다. 아니 실감 정도를 넘어 처음에는 당황스럽다가 은근 짜증과 함께 분노까지 치밀어 오르기도 한다.

6%라는 수치가 얼마나 높은지 쉽게 알 수 있는 방법이 있다. 과거의 시간을 거슬러 올라가 어느 때 비슷한 수치를 기록했었는지 직접 눈으로 확인해 보면 된다.

1998년~2022년 소비자물가 추이(출처:한국경제)

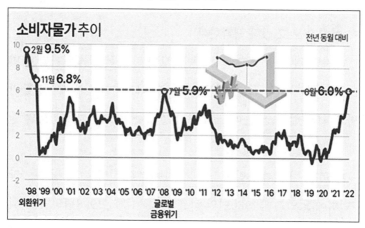

위 그림에 의하면 금융 문제가 터지면서 전 세계적인 경기침체를 몰고 온 2008년의 글로벌 금융위기 당시의 소비자 물가상승

률은 5.9%를 기록했다. 하지만 2022년과 비교해 보면 오히려 조금 낮았다고 할 수 있다. 그리고 대한민국 국민이라면 결코 잊을 수 없는 IMF 외환위기 때인 1998년 11월의 소비자 물가상승률은 6.8%로 현재와 비견될 만한 수준이라 할 수 있다.

이렇게 볼 때 물가는 이미 글로벌 금융위기를 넘어 IMF 외환위기 수준까지 높아져 있다 볼 수 있다. 이는 무엇을 의미할까? 6%란 물가상승률이 과거의 위기를 소환할 정도로 심각한 상황임을 알려주고 있는 것이다.

코로나로 인한 경기침체는 이미 끝났다?

많은 사람들이 2020년 코로나가 발발한 이후로 경기침체가 계속 이어져 오고 있다 생각한다.

하지만 잘못 알고 있는 거다. 코로나로 인한 경제위기는 이미 2021년에 완전히 끝났다. 무슨 이야기냐고? 이는 경제성장률만 봐도 쉽게 알 수 있는데, 코로나가 발생한 2020년 대한민국의 경제성장률은 -1.0%였다.

1950년 이후 대한민국 경제가 마이너스 성장을 한 경우는 딱 3번밖에 없었는데 1980년의 석유파동 -1.7%, 1998년의 IMF 외환위기 -5.5% 그리고 2020년 코로나 사태로 인한 -1.0%가 바로 그것이다.

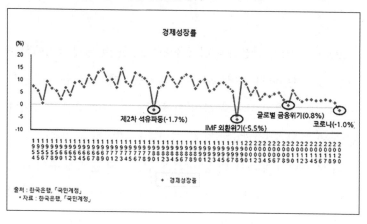

1954년~2020년 대한민국 경제성장률 추이

경제성장률

출처 : 한국은행, 「국민계정」
* 자료 : 한국은행, 「국민계정」

경제위기가 닥치면 정부에서는 침체를 벗어나기 위한 다양한 노력을 기울이게 된다. 하지만 짧은 시간 내 해결되는 경우는 극히 드문데, 대부분 정상으로 돌아가기까지는 최소 2~3년 정도가 소요된다. 그러나 코로나는 과거의 경제위기와는 많이 달랐다. 2020년 마이너스 성장을 한 한국 경제는 다음해인 2021년이 되자 3.9%로 빠르게 상승했고, 심지어 이 수치는 2012년 이후 최고 높은 경제성장률이었다. 이로써 대한민국의 경제는 불과 1년 만에 경기침체를 벗어나 정상궤도에 들어섰다고 볼 수 있다.

하지만 여전히 의문이 남을 것이다. 진짜 경기가 다 회복된 게 맞는 걸까? 아직도 사람들의 머릿속에는 경기침체란 단어가 계속 각인되어 있으니 말이다. 이러한 오류를 발생시키는 원인은 경기회복을 위해 활용한 정책에 의해 파생된 문제 때문이라 할 수 있는데, 달리 말하면 코로나가 과거와 같은 경제위기와는 결이 달랐기 때문이라 할 수 있다.

코로나 위기가 발생하자 미국을 필두로 한 전 세계 국가에서는 그야말로 천문학적인 액수의 돈을 찍어냈는데, 그 이유는 유동성 공급을 통한 경기 부양을 하기 위함이었다. 돈의 공급이 늘어나면 돈의 가치가 떨어지게 되고, 사람들과 기업들은 저축이나 절약 대신 소비나 투자를 더 많이 하게 됨으로써 돈의 순환이 원활해지게 된다. 즉 사람 몸속의 피가 구석구석 잘 공급되는 것처럼 돈이 잘 돌게 됨으로써 경기상황이 좋아지게 되는 거다.

미국의 경우 코로나 발생 이후 양적완화(QE, Quantitative Easing, 중앙은행이 통화를 시중에 직접 공급해 경기를 부양하는 통화정책)를 통해 시중에 푼 자금은 무려 4조 달러(원화 기준 약 4,800조 원, 환율 1,200원/달러 적용)에 이른다고 한다.(글로벌 금융위기 때는 그 절반에 해당되는 2조 달러를 뿌렸다.) 대한민국 1년 예산이 600조 원(2022년 기준 603조 원)을 조금 넘는데, 거의 8년 치에 해당되는 금액일 정도로 엄청난 규모라 할 수 있다. 한국 또한 코로나 발발 이후 기존 예산 외에 추가적인 예산 편성을 통해 돈을 풀었는데, 추경한 예산만 2020년에 66.8조, 2021년에 49.8조로 2년 간 무려 약 116조 원이 투입되었다.

생각해 보자. 우리가 지금까지 살아오면서, 그리고 단순히 경기가 안 좋다고 해서 정부가 국민들에게 아무 조건 없이 돈을 나눠준 적이 있었는가? 재난지원금, 소상공인지원금, 고용안정지원금 등 그 명목도 다양했다. 그 외에도 특별히 더 힘든 자영업자, 소상공인들에게는 저금리의 대출로 돈을 빌릴 수 있도록 도와주었는데, 이러한 조치들을 통해 엄청난 자금이 시중에 공급되었다고 할 수 있다.

이렇게 풀린 돈은 어디로 가게 될까? 돌고 돌아 기업들의 매출에 큰 역할을 하게 된다.

여기서 잠깐! 코로나로 인해 대기업들 또한 큰 피해를 보았을까? 노노, 절대 아니다. 자, 산업 측면에서 생각해 보자. 업종으로 보았을 때 항공, 여행, 관광은 분명 큰 피해를 받았다고 볼 수 있다. 여행, 특히 해외여행길이 막히다 보니 이와 관련된 업종의 회사들은 큰 타격을 받을 수밖에 없었다. 실제적으로 크고 작은 많은 여행사들이 코로나로 인한 경영악화로 문을 닫아야만 했고.

이 3가지 업종 이외 피해를 본 곳은 또 어디가 있을까? 한번 곰곰이 잘 생각해 보시라. 희한하게도 떠오르는 곳이 거의 없을 것이다. 필자도 열심히 찾아본 결과 딱 1가지 업종을 추가할 수 있었는데, 그것은 바로 영화산업이었다. 그렇지 않은가? 코로나로 인해 사람들이 영화관을 찾지 않았으니 영화 관련 산업이 큰 피해를 볼 수밖에 없었던 거다. 덕분에 넷플릭스, 웨이브, 티빙과 같은 OTT 서비스(Over The Top, 개방된 인터넷을 통하여 방송 프로그램, 영화 등 미디어 콘텐츠를 제공하는 서비스)들이 1~2년 간 활황을 맞기도 했다.

매년 서너 편의 천만 관객을 동원한 국내 영화산업이지만, 당연스럽게도 2020년에는 천만 관객은커녕 그 절반인 500만을 동원한 영화도 없었다. 통계에 의하면 2020년 기준 최고 관객이 든 영화는 〈남산의 부장들〉로, 약 475만 명이 영화를 관람했다고 한다. 하지만 이 영화 또한 개봉일이 1월로, 만약 코로나가 시작된 2월에 개봉했다면 이 수치는 훨씬 더 줄어들었을 것이다.

물가와 금리, 본격적 경기침체는 이제부터

돈의 가치가 하락하면?

2022년 1월, 방송에서는 2021년도 기업들 실적에 관한 뉴스가 쏟아졌는데, 하나같이 비슷한 제목이었다. '사상 최대 실적', '최대 매출', '역대급'과 같은 최고를 지칭하는 단어들이 헤드라인을 장식했다.

- 작년 사상 최대 매출 삼성·하이닉스, 올해도 새역사 쓴다. ('22. 1. 8, 전자신문)

- 지난해 사상 최대 실적 쓴 삼바·SK바사…"올해는 더 좋다." ('22. 1. 18, 중앙일보)

- 철강 호황에 포스코 역대 최대실적…영업익 9조 원·매출 76조 원. ('22. 1. 12, 연합뉴스)

- '역대 최대 매출' LG전자, 월풀꺾고 세계 가전 1위 등극 전망 ('22. 1. 7, 한경)

- 셀트리온, 항체 바이오시밀러 저력 빛났다… 年매출 2조 시대 '눈앞' ('22. 1. 10, 파이낸스)
- 이통3사, 작년 사상 최대 실적, SKT·KT·LGU+ 합산 영업이익 4조 넘길 듯 ('22. 1. 16, 대한경제)
- "현대차, 생산 정상화로 올해 사상 최대 실적 전망" ('22. 1. 12, 아시아투데이)

과연 대기업들은 경기 상황이 좋아 이런 사상 최대 실적을 올릴 수 있었을까? 아니다. 전 세계적으로 엄청난 자금이 풀리면서 이 돈이 돌고 돌아 기업들의 주머니로 들어갔기 때문이라 할 수 있다. 코로나로 인한 별다른 피해가 없는 상황에서 시중에 뿌려진 엄청난 돈들이 기업들의 매출 실적을 크게 올려준 것이다. 그리고 이러한 실적이 우리나라의 경제성장률에 크게 기여하면서 2021년 3.9%의 높은 수치를 기록하게 된 것이다.

뭐, 다 좋다. 좋은 게 좋은 거라 할 수 있으니까. 하지만 본격적인 문제는 2022년부터 시작되었다 할 수 있다. 뭐랄까, 경기침체 시즌 2가 시작된 것이라 할 수 있는데, 2020년의 시즌 1이 코로나로 인한 것이었다면 시즌 2는 엄청난 돈을 뿌린 것에 대한 부작용에 의한 것이라 할 수 있다. 그것은 바로 '물가'였다.

- 물가 = 물건의 가격(가치)
- 물건의 가격은 주로 수요와 공급에 의해 결정된다.

- 물건을 사기 위해서는 돈이 필요하다.
- 돈의 가치 = 금리
- 돈의 가치에 따라 물가는 변한다. (예 : 돈의 가치↓-- 물가↑)

위의 연관 관계를 한번 살펴보자.

물가란 물건의 가격 혹은 그 가치를 의미한다. 물건의 가격은 우리가 잘 알고 있는 것처럼 수요와 공급에 의해 움직인다. 즉 그 물건을 사려는 사람이 많아지면(수요가 커지면) 가격이 오르게 되고, 반대로 팔려는 사람이 많아지면(공급이 커지면) 가격이 내린다. 그리고 물건을 사기 위해서는 바늘과 실처럼 반드시 돈이란 매개체가 필요하다. 여기에 물건의 가격을 결정하는 또 한 가지 요소가 있는데, 그것이 바로 '돈의 가치'이다.

'돈의 가치'는 '금리'라고 이해하는 것이 가장 쉽다. 예를 들어보자. 1년짜리 정기예금 금리가 10%인 경우와 1%인 경우가 있다. 100만 원을 예금했을 때 10% 금리인 경우 10만 원의 이자를 얻을 수 있지만, 1%는 고작 1만 원의 이자밖에 수령하지 못 한다. 즉 금리가 높을수록 더 많은 이자를 얻을 수 있고, 이는 곧 '돈의 가치' 또한 높아진다고 볼 수 있다. 그렇기 때문에 '돈의 가치 = 금리'라고 이해하면 된다.

물가는 수요와 공급뿐 아니라 돈의 가치에 의해서도 움직이는데, 돈의 가치가 떨어질수록 물건의 가격은 오르게 되어 있다. 돈을 주고 물건을 사야 하는데, 돈의 가치가 떨어졌으니 물건을 파는 사람의 입장에서는 당연히 더 많은 돈을 요구하게 되는 것이다. 반대로 돈의 가치가 오르면 어떻게 될까? 물건을 사는 입장에서 돈의 가치가 높아졌으니 낮은 가격에 사려 할 것이고 그에 따라 물가는 내리게 된다.

미친 물가 때문에 금리 폭등이 시작되다

코로나 위기를 타개하기 위해 각국 정부에서는 우선적으로 기준금리를 인하했는데, 돈의 가치인 금리를 떨어뜨림으로써 돈을 보다 더 잘 돌게 하기 위함이었다. 미국은 코로나가 발생한 다음 달인 3월 1.50~1.75%였던 기준금리를 곧바로 제로금리로 만들어 버렸고, 한국 또한 3월과 5월에 걸쳐 기준금리를 0.50%까지 인하했다. 한국의 0.50%는 건국 이래 제일 낮은 금리였고, 그만큼 한국 정부 또한 코로나의 심각성을 인지했기 때문이라 할 수 있다.

여기에 추가적으로 각국 정부에서는 양적완화를 통해 천문학적인 돈을 시중에 뿌렸다. 돈의 공급이 비정상적으로 많아지자 돈의 가치는 당연스레 바닥까지 떨어지게 되었고, 이에 부응(?)하듯 2021년 후반부터 물가는 미친 듯 오르기 시작했다. 한국의 경우 6.3%(미국 9.1%, 영국 10.1%)까지 오른 것이다.

물가 안정을 위해 정책 수립 및 시행을 하는 대표적 정부기관은 중앙은행으로, 우리나라의 경우 한국은행이 중앙은행으로서의 역할을 하고 있다. 한국은행에서는 물가 안정을 관리하는 가이드라인을 가지고 있는데, 2%가 기준이다. 즉 물가가 오를지라도 2%만 넘지 않는다면 물가는 안정적 수준에 머물러 있다고 보는 것이다.

2021년 4월 이후 우리나라의 물가상승률은 한국은행의 가이드라인인 2%를 넘어 계속 오르기만 했다. 그리고 2022년 7월에는 6.3%를 찍었고, 11월과 12월에는 다소 둔화되긴 했지만 5%로 여전히 높은 수준이라 할 수 있다.

물가 안정을 위해 노력해야 하는 한국은행의 입장에서 물가상승률이 2%를 넘어서면서부터는 계속 가시방석에 앉은 느낌이었을 것이다. 물가를 낮춰야 하는데, 하는데 하면서 말이다. 물론 바라만 보고 있지는 않았을 터인데, 그렇다면 한국은행에서 물가를 낮추기 위해 시행한 조치는 무엇이었을까?

정답은 금리였다. 앞에서 돈의 가치가 떨어짐으로 인해 물가가 올랐다고 했다. 그렇다면 반대의 수순대로 하게 되면, 즉 돈의 가치인 금리를 올리게 되면 물가는 내려가게 될 것이다.

진짜 그렇게 했을까? 직접 눈으로 확인해 보자.

한국은행 기준금리 추이(2016년~2022년 11월)

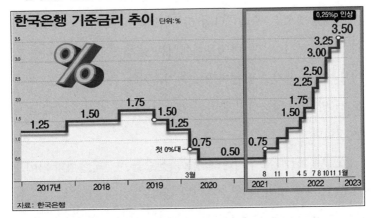

자료: 한국은행

2021년 4월부터 2%가 넘는 물가상승률 추이를 지켜본 한국
은행에서는 드디어 2021년 8월 기준금리를 0.50%에서 0.75%로
0.25%p 인상한다.

하지만 급등을 넘어 폭등하고 있던 물가가 어디 쉽게 잡히겠는
가? 11월에 이어 2022년 1월, 4월, 5월, 7월, 8월 그리고 10월과
11월까지 쉴 새 없이 한국은행에서는 금리인상을 단행한다. 심지
어 0.25%p씩 올리던 금리를 2022년 7월과 10월에는 그 두 배인
0.50%p를 올렸는데 이는 한국은행 설립 이래 최초의 조치(금리인
하 시에는 0.5%p를 내리기도 했지만, 인상 때는 최초)였다고 한다. 그만큼
한국은행의 상황이 급해졌음을 보여주는 증거라 할 수 있겠다.

2021년 8월 금리 인상 이후 한국의 기준금리는 2022년 12월
현재 3.25%까지 올랐다. 약 1년 3개월 만에 무려 2.75%p가 인상
된 것이다. 금리가 오르면 무슨 일이 벌어질까?

2008년 글로벌 금융위기 때나 2020년 코로나 사태 때 정부에서는 경기침체를 막기 위해 금리인하와 양적완화 정책을 폈다. 이는 돈의 가치를 떨어뜨림으로써 기업의 투자와 사람들의 소비를 늘리게 하여 경기부양 효과를 누리기 위함이었다.

하지만 반대로 금리가 오르게 되면 경기침체가 발생하게 된다. 즉 기업들은 금리가 오름에 따른 이자 부담이 커지게 되기 때문에 투자를 하지 않게 되고, 사람들 또한 주머니 사정이 얇아지므로 소비를 줄이게 된다. 즉 돈이 잘 돌지 못 하게 되며, 그로 인해 경기침체가 발생하게 되는 것이다.

정리하자면 2020년의 시즌 1이 코로나로 인한 경기침체였다면, 2022년의 시즌 2는 물가 폭등과 이를 잡기 위한 엄청난 금리인상으로 인한 경기침체가 찾아온 것이라 할 수 있다. 시즌 1이 천재지변(그럼에도 인재라 할 수 있겠지만)에 가깝다고 본다면, 시즌 2는 확실한 인재人災라 할 수 있겠다.

하지만 진짜 문제는 여기서 끝이 아니라는 것이다. 아직 물가는 잡히지 않았기 때문에 2023년 상반기까지도 계속 금리인상이 이어질 가능성이 높다. 즉 경기침체가 2023년에 더 본격화될 수 있으며, 그로 인해 앞으로 더 힘든 시간들이 지속될 수 있다는 것이다. 동굴로 따진다면 2022년 12월은 동굴 입구에 해당된다고 볼 수 있다. 우리는 아직 본격적인 경기침체의 동굴 속에 들어와 있지 않으며, 앞으로 힘든 동굴 탐험을 해야만 한다. 금리와 함께.

왜 투자를 해야 하는가

동학개미의 선전과 몰락의 이유

2020년 코로나 사태로 인해 주식시장이 폭락을 거듭하며 주가 지수가 1,400포인트까지 추락했을 때, 이를 구하기 위해 호기롭게 등장한 개미들이 있었으니 그들의 이름은 바로 '동학개미'였다. 평민의 신분임에도 불구하고 나라를 살리기 위한 목적으로 과감히 투자시장에 뛰어든 그들의 행동은 마치 주식시장의 구세주처럼 비쳐졌다.

동학개미들은 나라가 흔들릴지라도 이 회사만큼은 망하지 않을 것이란 굳은 믿음을 가지고 S전자 주식을 자신의 계좌에 담았다. 비록 주식 초보지만 대한민국 제1의 기업에 투자함으로써 실패하지 않을 것이라 생각했던 것이다. 그들의 생각은 적중했고 당시 4만 원대까지 하락했던 주가는 상승하여 불과 1년도 안 된 2021년 1월 9만 원을 돌파했다. 짧은 시간에 엄청난 수익을 거둘 수 있었던 것이다.

그리고 약 2년여가 흐른 2022년 12월, 동학개미들은 어떻게 되었을까? 아쉽게도 대부분의 동학개미들은 큰 상처를 입고 말았다. 왜일까? 사실 동학개미뿐만 아니라 거의 모든 초보 투자자들이 일정 시간이 지나면서부터는 손실을 보는 경우가 많다. 여러 가지 이유가 있겠지만 가장 큰 부분은 역시나 준비가 안 되어 있기 때문이라 할 수 있다. 또한 주식 초보의 경우 초반에는 돈을 버는 경우가 많은데, 그 이유는 모든 주식이 상승하는 상승장에 투자를 시작하기 때문이다. 뜨거운 상승장에서는 거의 모든 사람들이 돈을 번다. 아니 돈을 잃기조차 힘들다. 심혈을 기해 종목을 선택하지 않더라도 대부분의 종목들이 상승하기 때문이다.

하지만 하락이나 조정이 시작되면 이들은 벌었던 수익을 반납하고, 이후에는 원금마저도 잃게 되는 경우가 흔하다. 사실 투자란 무척이나 어려운 일이다. 강의를 할 때마다 아무리 경제 공부 열심히 한다 해도 돈을 벌기란 쉽지 않다고 강조한다. 왜 그럴까? 사실 경제 공부는 경제를 알기 위한 기초를 다지는 것이라 할 수 있다. 그리고 투자는 그것에 대한 응용이라 할 수 있고. 그렇기 때문에 경제 공부를 열심히 한다고 해서 반드시 투자까지 잘할 것이라고는 아무도 장담할 수 없는 것이다.

만약 경제 공부를 열심히 하는 정도에 따라 투자 실적이 따라온다면 수많은 사람들 특히, 젊은 친구들은 만사 제쳐놓고 경제 공부를 할 것이고, (나름 공부를 열심히 한 필자는) 어느 정도 이상의 부를 축적했을 가능성이 크다. 하지만 (명백히) 그렇지 못한 걸 보면 분명 경제지식과 투자 성과는 비례 관계에 있다고 단언하기는 어려울 듯싶다. 대단히 아쉽지만 말이다.

또한 투자란 경제의 영역이라기보다는 심리 쪽에 가깝다 볼 수 있다. 특히 수많은 사람들의 심리를 모아 놓은 대중심리 분야이기 때문에 어느 방향으로 움직일 것인지 예측한다는 것은 거의 불가능에 가깝다. 그렇기 때문에 모든 전문가들이 다 오를 것이라 예측하는 시장에서 갑자기 폭락하는 사태가 발생하기도 하는 것이다. 대중심리는 비 오는 날 구슬피 울어대는 청개구리처럼 어디로 튈지 아무도 모른다.

다만 그럼에도 경제와 투자공부를 해야만 하는 이유가 있다. 이를 통해 확실하게 돈을 벌 수는 없겠지만, 반대로 돈을 잃지 않을 수는 있기 때문이다. 예를 들어 금융상품에 대한 공부를 할 경우 어떤 구조 때문에 수익이 발생되는지, 어떠한 환경에서 수익을 올릴 수 있는지를 배움과 동시에 그 상품이 가진 리스크까지 알게 된다. 중요한 것은 리스크로서, 이것을 모르면 돈을 잃게 된다. 반대로 리스크를 알고 투자하면 몰라서 돈을 잃게 되는 최악의 경우는 피할 수 있다.

시간이 갈수록 내 자산이 자꾸 쪼그라드는 이유

많은 사람들이 물가가 급격하게 오를 때 이구동성으로 하는 말이 있다. '다 오르는데 내 월급만 오르지 않는다.' 그럴 수밖에. 회사는 오르는 물가만큼 연봉을 인상시켜 줄 생각이 별로 없기 때문이며, 그래서 물가상승은 오롯이 내 자신의 문제가 될 수밖에 없다.

물가가 많이 오르면 내 (알량한) 자산은 계속 줄어들게 되어 있다. 실제 그렇다는 것이 아니라 그 가치가 하락한다는 것이다. 예를 들어보자.

10억의 현금을 보유한 사람이 있다. 은행에 맡겨 놓는 것도 탐탁지 않고 해서 자신의 넓은 안마당에 묻어 두기로 한다. 그리고 10년 후 꺼내보기로 한다. 시간이 흐른 후 마당에서 꺼낸 돈은 얼마일까? 도둑맞지 않은 이상 당연히 10억 원일 것이다. 하지만 과연 그 가치는 그대로일까?

돈의 가치는 시간에 따라 변한다. 특히 물가가 오름에 따라 그 영향을 받을 수밖에 없는데, 돈이란 물건을 구입하는 데 필요한 교환 수단의 일종이기 때문이다. 예를 들어 기존에 1,000원 주고 샀던 물건이 물가가 올라 1,500원이 되었다고 가정해 보자. 이 경우 내 돈의 가치는 50% 줄어든 것이라 할 수 있다. 1,000원이 아닌 1,500원으로, 500원의 돈을 더 부담해야만 그 물건을 손에 넣을 수 있기 때문이다.

이처럼 물가가 오르게 되면 내 돈의 가치는 계속 떨어지게 되어 있다. 즉 가만히 있어도 내 소중한 자산이 줄어드는 마법과도 같은 일이 벌어지는 것이다. 물론 물가가 오르지 않거나 마이너스가 되는 일도 발생한다. 이는 특히 경기침체일 경우를 볼 수 있는데, 그렇지 않은 경우 대부분의 물가는 우상향으로 오르게 되므로 우리는 스스로의 자산이 마이너스가 되지 않도록 잘 지켜야만 한다. 지구는 지구방위군이 잘 보호하겠지만, 내 돈은 내가 지켜야만 하는 것이다.

장기로 수령하는 사적연금 또한 마찬가지다. 현재 매월 100만 원의 연금을 받고 있고 10년 후에도 계속 같은 금액이 입금된다고 할 때, 그 100만 원은 같은 돈일까? 절대 아닐 것이다. 만약 10년간 물가가 매년 2%씩 올랐다고 가정하면, 10년 후 100만 원의 가치는 20만 원(20% 물가상승률 감안 시)이 줄어든 80만 원으로 줄어들게 된다.

우리가 투자를 해야 하는 이유가 바로 여기에 있다. 바로 내 자산의 가치를 지키기 위해서다. 가치를 유지하기 위해서는 물가상승률에 상응하는 수익을 창출해 내야만 한다. 즉 현재의 연금 100만 원이 10년 뒤에는 20%가 더 많아진 120만 원으로 커져야만 10년 전 100만 원의 가치를 그대로 유지하게 되는 것이다. 그렇기 때문에 일반적인 투자뿐 아니라 최근에는 연금도 투자해야만 한다는 이야기들이 계속 나오고 있는 것이다.

경제공부와 투자, 이 2가지를 제대로 공부해 두지 않는다면 물가로 인해 우리의 노후와 보유 자산은 계속 쪼그라들 수밖에 없다.

투자 수익률의 기본은 '○○○○○+α'이다

노후 플랜을 강타한 저금리의 공습

최근 강의를 하러 가보면 코로나 이전과 많이 달라졌음을 실감하게 되는데, 그 중에 하나가 바로 어르신들이 눈에 띈다는 점이다. 자산관리나 투자에 관심이 많은 30대부터 40대, 50대까지야 그렇다 치겠지만, 최근에는 60대를 넘어 간혹 70대 분들도 강의를 듣기 위해 온다는 게 과거와 많이 달라진 점이라 할 수 있다.

70대라면 이미 안정적인 노후를 보내고 있어야 할 연령대라 할 수 있는데, 왜 어르신들이 어렵다고 알려진 경제, 재무 강의를 수강하기 위해 강의장까지 찾아오시는 걸까? 그래서 질문을 해보았더니 그분들의 답은 이랬다.

'과거에는 경제를 잘 몰라도 사는데 아무런 지장이 없었는데, 지금은 경제를 모르면 자꾸 사는 게 힘들어 진다.'

맞다. 사실 IMF 외환위기 전까지만 하더라도 굳이 경제 공부를 하지 않아도 경제적으로 아무런 문제가 없었다. 회사들은 실적이 좋아 꼭 공기업이 아니더라도 대부분 정년까지 다닐 수 있었고, 그러다보니 매년 연봉 또한 꼬박꼬박 올랐다. 거기에 아파트를 비롯한 주택 가격까지 저렴했으니 딴 생각하지 않고 열심히 회사를 다니며 모으는 것만으로도 집은 물론 노후 자금까지 마련할 수 있었던 거다. 돌이켜 보면 경제적으로 참 편한 세상이었다고 할 수 있다.

하지만 IMF 외환위기, 글로벌 금융위기 그리고 코로나 사태까지 이어지며 세상은 크게 변하기 시작했다. 특히 경제적으로 더 살기 어려워졌는데, 그 이유는 바로 돈 벌기가 점점 더 힘들어졌기 때문이다. 굳이 갑과 을, 비정규직, 계약직, 청년실업과 같은 사회 경제적 용어들을 나열하지 않아도 될 것이다.

여기에 더해 돈의 가치가 떨어지며 금리가 낮아지기 시작했는데, 저금리와 물가는 연금과 저축 이자로 노후를 대비했던 어르신들의 안정적인 삶을 더욱 어렵게 만들었다고 볼 수 있다. 특히나 저금리 추세는 상당히 심각했는데 아래의 그림을 보면 짧은 기간 동안 한국의 금리가 얼마나 낮아졌는지를 확인할 수 있다.

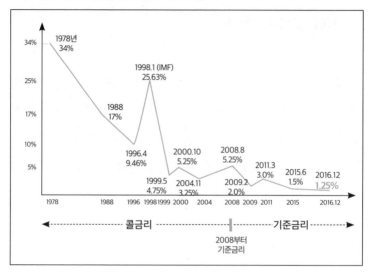

한국의 기준금리 변천사(1978년 ~ 2016년)

1978년 한국의 기준금리는 무려 34%였다. 이를 정기예금 금리로 생각한다면 당시 돈의 가치가 얼마나 높았는지를 알 수 있는데 1,000만 원으로 얻을 수 있는 이자만 340만 원이었으니 투자고 뭐고 상관없이 그저 저축만 해도 엄청난 돈을 모을 수 있었던 거다. 하지만 이후 금리는 점점 낮아지기 시작하는데 10년 후인 1988년 서울올림픽 시절에는 17%를 기록했다. 그러나 그럼에도 두 자릿수의 금리는 유지되었기 때문에 여전히 저축으로 돈을 불리는 방법은 유효했다.

그리고 마침내 1996년에 들어서며 금리는 한 자릿수까지 떨어지게 된다. 한때 IMF 외환위기라는 국가 위기를 맞아 금리(25.6%)가 엄청나게 오르긴 했지만 이후 다시 안정(?)을 찾은 금리는

4~5% 그리고 2004년 3%대를 거쳐 2015년에는 1%대의 초저금리 시대를 맞이하게 된다.

이는 무엇을 의미할까? 더 이상 저축이자만 가지고는 생활할 수 없는 시대가 도래되었음을 의미한다. 과거 금리 두 자릿수 시절에는 보유 자산으로 3억 정도만 가지고 있었어도 얻을 수 있는 이자 금액만 최소 3천만 원에 이르렀다. 거기에 연금까지 더하면 돈 걱정 없는 노후가 그려졌던 거다. 하지만 더 이상 그런 생활은 꿈에서만 가능하다. 금리 1%라면 고작 300만 원밖에 안 되니 말이다.

실질 금리 마이너스의 시대

그렇다면 금리가 이렇게 낮아진 이유는 뭘까? 가장 단순하게 본다면 국가에서 경기 부양을 위해 돈의 공급을 비약적으로 늘렸기 때문이라 할 수 있다. 경기 침체가 찾아오게 되면 국가에서는 의도적으로 금리를 낮춤과 동시에 시중에 돈의 공급을 늘림으로써 국민들의 소비와 기업의 투자를 유도한다. 금리, 즉 돈의 가치가 떨어짐으로 인해 소비와 투자가 늘어나게 되며 서서히 경기는 침체를 벗어나 점점 좋아지게 된다.

2008년 글로벌 금융위기와 2020년 코로나가 대표적인 사례라 할 수 있다. 문제는 이렇게 풀린 돈이 다 회수되지 못한 채 그대로 시중에 남아 있음으로 인해 돈의 가치는 여전히 낮은 상태에 머물러 있다는 것이다. 그렇기 때문에 정부의 일시적 정책이나 조치로 인해 금리가 올라갈 수는 있겠지만 과거와 같은 두 자릿수 금리 시대가 오기는 이제 거의 불가능에 가깝다고 봐야만 한다.

저금리 시대가 온 이유에 대해서는 이해했다고 치자. 문제는 여기에서 그치지 않는다. 금리, 즉 돈의 가치가 떨어짐으로 인해 반대 급부로 물가가 오를 수밖에 없다. 이것이 바로 매년 물가가 오르는 이유다. 이 물가가 우리의 노후의 경제적 삶을 위협하고 있는데, 물가가 오름에 따라 내가 가진 자산 그리고 연금의 가치가 계속 줄어들 수밖에 없기 때문이다.

우리가 거의 리스크 없이 수익을 낼 수 있는 방법 중 하나가 바로 저축이다. 물론 저축 또한 돈을 맡긴 금융기관이 망하게 될 경우 원금을 잃게 될 수도 있다. 예금자보호법을 통해 5,000만 원까지는 보전이 되지만 그 이상의 금액에 대해서는 보호받지 못 하는 것이다. 그럼에도 저축은 가장 안정적으로 이자를 창출해 낼 수 있는 방법임에는 틀림없다. 또한 가장 쉽고 간단하게 내 돈을 늘릴 수 있는 방법이기도 하고.

예금 금리가 높았던 과거에는 대부분의 경우 물가상승률을 상회했다. 그렇기 때문에 은행에만 내 자산을 넣어 두어도 높은 이자를 챙김으로써 내 자산이 줄어드는 것을 막을 수 있었다. 하지만 초저금리 시대가 오고, 더불어 물가상승률이 올라가자 더 이상 저축만으로는 내 자산의 가치하락을 막을 수 없게 되었다. 즉 실질금리(저축예금 - 물가상승률) 마이너스 시대가 온 것이며 채권, 펀드, 부동산과 같은 투자를 통해 물가가 오르는 것 이상의 수익을 내야만 내 돈의 가치를 유지할 수 있게 된 것이다.

투자 수익률의 기본은 'OOOOO+α'이다

이제 막 투자를 시작한 초보 투자자들에게 목표수익률을 물어보면 대부분 저축 이율보다 약간 높은 수준인 약 4~5% 정도를 언급한다. 하지만 어느 정도 투자 경력이 쌓이게 되면 이 수익률은 대부분 상향되고, 이후 20%, 30%, 50% 정도의 수익을 경험하고 나면 그때부터 목표수익률은 기본적으로 20% 이상이 된다.

사실 그럴 수밖에 없다. 목표는 높게 잡으라고 하지 않았던가? 목표가 높아야 수익도 크게 얻을 수 있을 테니까. 하지만 틀린 말이다. 투자에서의 목표는 낮게 잡을수록 유리하다. 투자에서는 '하이 리턴'에 따른 '하이 리스크'가 존재하기 때문이다.

투자는 열 번 중 한 번만 성공하면 되는 게임이 아니다. 프로야구 선수처럼 3할 타율을 유지한다고 해서 잘한다는 칭찬을 들을 수도 없다. 실패란 손실을 의미하며, 때에 따라 한 번의 실수에 따라 나의 투자금이 몽땅 다 날아갈 수도 있기 때문이다.

가장 기본적인 투자에 대해 생각해 보자. 당신은 왜 투자를 하는가. 수익을 많이 내기 위해? 그래서 부자가 되기 위해? 물론 맞는 말이다. 하지만 투자란 양궁 선수가 과녁을 쏘는 경기와도 같다. 과녁 안에 포인트를 맞춰야만 내가 수익을 거둘 수 있는 거다. 만약 10점 만점에 8점 이상을 내지 못하면 돈을 잃는 게임을 한다고 생각해 보자. 당신은 이 경기에 참가하겠는가? 7점이라면 어떨까? 글쎄… 당신이 20% 이상의 목표수익률을 가지고 투자를 한다는 것이 바로 이런 게임에 참여하는 것과 같다 볼 수 있다. 그만큼의 위험을 안고 게임에 임하고 있는 것이다.

기본적인 투자의 목적은 내 돈의 가치를 미래에도 그대로 유지하는 것에서 출발한다. 정기예금이나 적금과 같은 저축을 통해 가치 보전을 할 수 있으면 최선이겠지만, 실질금리 마이너스의 시대에서는 그것이 불가능하기 때문에 어쩔 수 없이 투자를 하는 것이다. 그렇기 때문에 사실 투자에서의 목표수익률은 물가상승률 정도만 올릴 수 있다면 그것으로 이미 충분하다 할 수 있다.

투자시 목표수익률 = 물가상승률 + α

필자는 '물가상승률+α'를 5% 수준이라 생각한다. 어떤가, 너무 낮은가? 하지만 이 정도의 수익을 올리기 위해서도 경제 흐름을 분석하고 상품에 대한 공부까지 해야 한다. 낮은 수익률이라 할지라도 여전히 리스크는 존재하기 때문이다. 그러나 분명한 건 확실히 높은 수익률을 추구할 때보다 훨씬 안정적이며 비교적 꾸준한 수익을 올리는 것이 가능함과 동시에 손실의 가능성은 훨씬 줄어든다는 것이다.

투자는 장기전이다. 한두 번, 혹은 단기간 투자를 하고 빠질 생각이면 타이밍만 잘 보면 된다. 소위 게릴라 전술처럼 치고 빠지면 되는 거다. 하지만 오랜 기간 투자를 하려면 높은 수익률보다는 낮은 수익률로 안정적으로 가는 게 맞다. 필자의 경우 최소 70대 중반까지 할 생각을 가지고 있다. 앞으로도 20년 이상 투자를 해야만 하는데, 수익을 많이 내기 위한 목적보다는 내 돈의 가치를 보전하기 위함이라 할 수 있다. 즉 '물가상승률+α'를 꾸준히 창출해 냄으로써 미래에도 내 자산이 줄어드는 일이 없도록 만드는 것이 내 투자의 목적이라 할 수 있겠다.

투자와 투기의 차이점

묻지마 투자?

주식시장이 과열될 때면 뉴스에 항상 등장하는 용어가 있다. '묻지마 투자'가 그것으로, 투자에 대해 잘 모르는 사람들도 한 몫 챙기기 위해 증권사를 방문해서는 '뭉텅이 돈'을 맡기고 간다는 것이다. 소개받은 직원에게 자신의 투자금을 맡기는 경우도 있고, 증권사 자체에 위탁을 하는 경우도 있다.

어찌되었든 자신의 돈이 어디에 투자될지 잘 모른다는 공통점이 있다. 이들에게 그것은 중요하지 않다. 내가 바라는 수익만 잘 챙겨주면 만사 오케이다.

'묻지마 투자'는 과연 투자일까, 투기일까? 아니 그 전에 투자와 투기의 차이점에 대해 한번 생각해 보자. 많은 사람들이 투자는 좋은 것이고, 투기는 나쁜 것이라 생각한다. 또한 투자^{投資}는 자산^(資)을 보고 하는 것임에 비해, 투기^{投機}는 기회^(機)만 노리고 하는 것이라 생각한다. 맞다. 일반적 정의에 의하면 투자와 투자는 다음과 같이 구분될 수 있다.

투자와 투기의 차이점

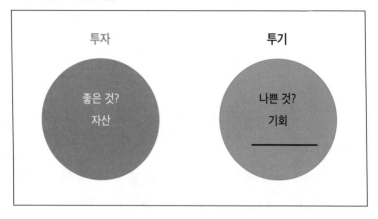

- 투자 : 미래에 더 큰 구매력을 얻기 위해 현재의 구매력을 일부 포기하는 행위로서 경제 주체가 예금, 적금, 주식, 채권, 파생상품, 원자재, 부동산 및 기타 실물자산/금융자산을 구입하여 보유하는 것
- 투기 : 시세 변동같은 기회에 맞춰 매수나 매매를 하여 이익을 보려고 하는 것

(출처 : 나무위키)

위 정의에 의하면 사실 투자에도 투기의 속성이 포함되어 있다고 볼 수 있다. 어찌되었든 수익을 얻기 위해서는 시세 변동을 잘 활용해야 하기 때문이다. 예를 들어 S전자에 투자한다고 할 때 아

무래도 주가가 많이 하락했을 때 매수하는 것이 장기적으로도 더 큰 수익을 낼 수 있지 않겠는가. 그렇게 본다면 투자와 투기의 차이점은 다소 애매한 부분이 있다 하겠다.

필자는 투자와 투기의 차이점을 좀 더 간단명료하게 구분하고 있다. 투자는 '알고 하는 것'이고 투기는 '모르고 하는 것'이라 정의한다. 무엇을 알고, 무엇을 모른다는 것일까? 그것은 바로 '리스크'다. 예를 들어 펀드에 투자한다고 할 때 그 펀드의 리스크가 무엇인지 확실하게 알고, 그럼에도 하는 것이 바로 투자라 정의하는 것이다. 즉 어떤 상황이나 변화에 따라 원금 손실이 날 수 있는지를 정확하게 인지하고 있고, 공부하고 분석한 결과 그 가능성이 상당히 낮다고 판단될 때 그 상품을 매수하는 것이 바로 투자라는 거다.

투기는 리스크 자체를 모르는 행위다. 리스크보다는 수익에만 포커스를 두고 있기 때문에 원금 손실에 대해 깊이 생각하지 않는다. 아니, 아예 모르거나 회피한다는 표현이 더 맞을 듯싶다. 그러다보니 나중에 손실이 발생하게 되면, 리스크를 분석하며 진짜 투자를 실행한 사람들보다 더 크게 분노하고 억울해 하는 거다. 수익만 기대했는데 손실이라니! 하지만 자승자박自繩自縛, 스스로 만든 결과라 봐야 한다. 그런 의미에서 '묻지마 투자'는 투자가 아닌 투기라 하겠다.

독일 국채 금리에 투자하는 DLF(파생결합펀드)

2019년 실제 두 은행에서 판매했던 파생상품 하나를 소개해 보겠다.

독일금리 DLF 투자 안내서

DLF란 Derivative Linked Fund의 약자로서, 파생결합펀드라 부른다. 일단 펀드는 주머니로 생각하면 쉬운데, 주머니 안에 어떤 내용물을 넣느냐에 따라 펀드의 종류가 결정된다. 만약 주식을 넣으면 주식형 펀드, 채권을 넣으면 채권형 펀드가 되는 식이다. DLF는 주머니 안에 파생결합상품을 넣었다는 의미인데, 위에 소개한 독일금리 DLF는 독일 국채 10년물이 내용물로 들어가 있다고 보면 된다.

파생이란 말이 있으면 무조건 조건이 붙어 있다고 생각하면 된다. 즉 이러이러한 조건을 충족하면 제시한 수익률을 준다는 것이다. 하지만 반대로 생각해 보면 조건 미달성 시에는 수익은커녕 원금 손실이 발생할 수 있다는 것이 바로 파생(결합)상품의 특징이다.

위 독일금리 DLF의 만기는 6개월로 조건 충족 시 4.2%의 수익률을 준다고 적혀 있다. 펀드 안 내용물은 독일연방정부에서 발행한 독일국채 10년물로서, 수익률 달성 조건은 6개월 만기 시점에 국채 금리 −0.2% 이상일 경우이다. 즉 가입 후 6개월이 지난 시점에 독일국채 금리가 −0.2% 밑으로 떨어지지만 않는다면 4.2% 수익을 주겠다는 상품이었다.

안내서 아래쪽에는 독일국채 금리에 대한 전망이 실려져 있는데 2019년 하반기 채권금리가 0.3% 내외로 상승될 전망이며, 추가적으로 2000년 1월 1일 이후 지금까지 단 한번도 −0.2% 밑으로 떨어진 적이 없다 강조하고 있다. 한마디로 괜찮으니 걱정 말고 매수하라는 거다. 여기에 결정타가 될 설명이 하나 더 첨부되어 있다. 6개월 뒤 금리 전망에 대해 무려 6,823회나 시뮬레이션(백테스트)을 했는데, 100%의 확률로 4.2%의 수익률을 얻을 수 있다고 한다. 100%가 무엇을 뜻하는가? 무조건이라 보면 된다는 거다.

이 설명에 많은 사람들이 상품에 가입했다. 솔직히 안 하면 바보 아닌가? 100%라는데 말이다. 하지만 최종 결과는 어떻게 되었을까? 가입자들의 대부분이 4.2% 이자는 고사하고, 무려 44%의 원금 손실 폭탄을 맞고 말았다. 6개월 뒤인 2019년 8월 독일국채 금리가 −0.7%까지 떨어졌던 것이다.

뒤늦게 은행을 찾아가 상품을 소개한 직원의 멱살을 쥐고 호통을 친 사람들도 많았지만, 결과는 바뀌지 않았다. 상품에 가입할 때 "손실 발생에 대한 책임은 내가 진다."라는 서류에 사인한 상태였기 때문이다.

진짜 문제는 무엇이었을까? 독일금리 DLF에 투자한 사람들은 과연 투자를 한 것일까? 아니다. 그들은 투기를 한 것이라 봐야 한다. 왜? 독일 국채에 대해 잘 몰랐고, 더불어 이 상품의 리스크에 대해 정확히 파악하지 못했기 때문이다. 그저 은행 직원이 설명한 수익률과 내용에 솔깃했기 때문이었고, 그 결과는 그야말로 참혹할 수밖에 없었다. 대한민국 국채도 잘 모르는 판국에 독일 국채라니…. 잘 모르는 분야라면, 그리고 리스크를 내가 정확히 이해할 수 없다면 아예 투자를 하지 말았어야 했다. 수익률이 아까울 수는 있겠지만, 그래도 무엇보다 먼저 내 돈부터 잘 지켜야 하지 않겠는가.

리스크를 잘 모를 때는 매수하지 않는 것, 이 또한 소극적이지만 투자의 한 부분이라 할 수 있겠다.

안정적 투자상품, ETF 공부는 기본

ETF는 주식과 펀드의 결합체

아마 투자에 관심이 있는 사람이라면 ETF란 단어를 많이 들어 보았을 것이다. 필자 또한 2000년 중반 ETF를 처음 접하고 난 후, 이것이야말로 개인이 투자할 수 있는 최고의 상품이 아닐까 하는 생각이 들 정도였다. 미국의 대표적 신용평가기관 중 하나인 S&P 사에서는 ETF를 "21세기 최고의 금융상품"이자 "금융투자를 민주화한 혁신적 발명품"이라는 아주 낯간지러운 표현까지 동원할 정도로 극찬하고 있다.

필자는 주위에서 주식투자를 하고 있다는 이야기를 들으면, 가능하면 하지 말라고 말리는(도시락까지 싸들고 말리는 정도는 아니지만) 편이다. 왜냐하면 주식투자는 아무리 공부를 열심히 한다 할지라도 투자에 성공할 가능성보다는 오히려 손실을 볼 가능성이 훨씬 더 크기 때문이다.

하지만 반대로 ETF는 웬만하면 하라고 추천하는데, ETF는 열심히 공부하면 할수록 그리고 제대로 된 투자법만 익히게 되면 개인도 충분히 수익을 낼 수 있는 금융상품이기 때문이다. 그만큼 개인투자에 최적화된 상품이라 할 수 있다.

ETF가 정확히 어떤 상품인지 알아보자. ETF는 'Exchange Traded Fund'의 약자로 '상장지수펀드'라 불리는데, 사실 우리말이 더 어렵다. 그냥 영문으로 이해하는 게 훨씬 쉽다.

먼저 Exchange는 일반적으로 교환, 주고받음, 환(換)의 의미를 가지고 있지만, 거래소라는 뜻으로도 사용되는 단어다. 여기서는 주식이 거래되는 장소, 즉 거래소란 의미로 쓰이고 있다.

Traded는 Trade의 수동형으로서 거래, 교역, 무역 등을 의미하며, 마지막으로 Fund는 우리가 잘 알고 있는 펀드를 가리킨다.

이렇게 본다면 ETF, 'Exchange Traded Fund'란 '주식 거래소에서 거래되는 펀드'라는 뜻이 된다. 즉 거래의 편의성을 추구하기 위해 펀드(정확히는 인덱스펀드[지수를 추종하도록 만들어 놓은 펀드])를 주식의 형태로 만들어 주식시장에서 쉽게 매매할 수 있도록 만들어 놓은 상품이 바로 ETF라 하겠다.

ETF가 시장에 첫 선을 보인 이유

금융시장에는 다양한 금융상품들이 거래되고 있다. 여기에는 우리가 익히 잘 알고 있는 예금, 적금, 청약저축, CMA, 펀드, 보험 외에도 ELS Equity-Linked Securities, 주가연계증권, ELD equity linked deposit, 주가연계예금, ELF equity linked fund, 주가연계펀드, ETF Exchange Traded Funds, 상장지수펀드, ETN Exchange Traded Note, 상장지수채권 등 용어만 봐서는 도저히 이해하기 어려운 상품들도 상당히 많이 포함되어 있다. 어디 이뿐인가? 변화하는 금융 트렌드에 맞춰 더 복잡한 상품들도 계속해서 출시되고 있다.

왜 이렇게 많고 다양한 금융상품들이 쏟아져 나오는 걸까? 그냥 알기 쉽게 예금, 적금, 보험 그리고 펀드 정도만 있으면 안 되는 걸까?

아마도 중세 시대에 처음으로 은행이란 금융기관이 만들어졌을 때는 거래되는 상품도 매우 단순했을 것이다. 사람들로부터 저축의 형태로 돈을 받고, 그 돈에 적당한 금리를 붙여 대출해 주는 것이 전부였을 테니까.

하지만 근대에 들어오면서 거래되는 돈의 규모가 커짐과 동시에 주식시장, 채권시장 등이 더 복잡해지고, 더불어 투자가 본격화됨으로써 상황은 확연히 달라지게 된다. 여기에 더해 투자를 돕기 위한 기관들, 즉 종합금융회사, 증권사, 자산운용사, 투자은행 등이 발족되면서 금융시장은 한층 더 복잡해졌다.

금융시장이 복잡화됨에 따라 생겨난 금융기관들이 수익을 올리는 방법은 대개 2가지이다. 하나는 직접 투자를 통해 수익을 창출하는 방법이고, 다른 하나는 새로운 금융상품 출시를 통해 고객의 투자금을 유치함으로써 운용 수수료를 얻는 방법이다. 금융기관들은 대개 이 2가지를 병행하고 있다. 하지만 직접투자보다는 운용 수수료 쪽의 비중이 높은 편인데, 아무래도 리스크 측면에서 훨씬 안정적이기 때문이다. 또한 우리가 잘 알고 있는 바와 같이 금융상품 운용을 잘못해서 고객의 투자금에 손실이 발생하더라도 수수료 수입이 없어지는 것은 아니기 때문이다.

이러한 이유로 새로운 금융상품은 쉼 없이 계속해서 만들어지고 있다. 우리가 지금 살펴보고 있는 ETF 또한 그러한 목적으로 만들어진 상품 중의 하나라고 볼 수 있다. 사실 ETF는 인덱스 펀드의 한 유형이라 할 수 있기 때문에 굳이 새로운 상품의 형태로 만들어지지 않아도 되었었다. 하지만 운용 수수료 수익을 극대화해야 하는 금융기관의 입장에서는 신상품 출시를 통해 새로운 수입을 창출해내야만 했고, 그런 연유로 인덱스 펀드의 단점들을 보완하고, 장점을 추가한 신상 ETF를 탄생시키게 된 것이다.

국내 ETF의 역사

ETF는 미국에서 가장 먼저 출시한 것으로 알려져 있다. 자료에 의하면 1989년 미국 S&P 500지수(미국의 스탠더드 앤드 푸어[Standard & Poor]사가 작성해 발표하는 주가지수. 기업규모 · 유동성 · 산업 대표성을 감안하여 선정한 보통주 500종목을 대상으로 작성해 발표하는 주가지수로 미국에서 가장 많이 활용되는 대표적인 지수)를 추종하는 상품을 만들어 미국 증권 거래소와 필라델피아 증권거래소에 상장한 것이 시초라 한다. 하지만 보다 구체적으로는 1993년 1월에 출시된 미국 S&P 500지수를 추종하는 SPDRs Standard & Poor's Depository Receipt, S&P500 위탁 증권, 흔히 '스파이더'라고 부름를 ETF의 효시라고 보는 사람들도 있다.

어쨌든 1990년대 초반 이후 미국 시장에서는 각종 지수를 매개로 한 다양한 ETF 상품들을 선보였고, 약 30년 정도가 흐른 지금은 하나의 산업을 형성할 정도로 자리 잡았다. 2022년 9월 기준 미국 ETF 시장의 규모는 무려 6조 3천억 달러(약 9,000조 원)로 대한민국 ETF 시장 규모인 76조 원과 비교했을 때 거의 120배에 이른다고 한다. 대한민국 1년 예산인 600조 원과 비교해 봐도 15배에 해당되니 엄청난 규모라 하지 않을 수 없다.

국내에서 ETF가 처음으로 선을 보인 시기는 미국에 비해 약 10년 정도가 뒤진 2002년으로 당시 4개 종목이 출시되었다. 아마도 ETF에 조금이라도 관심을 가지고 있는 사람이라면 대부분 삼성투자신탁운용(현 삼성자산운용)에서 출시한 KODEX200을 ETF의 효시라고 생각할 것이다. 제일 널리 알려져 있으니 말이다.

하지만 실제 국내에서 제일 먼저 출시된 ETF는 LG투자신탁(현 키움자산운용)의 KOSEF200이다. 뭐 그렇다고 해서 많은 차이가 나진 않는다. KOSEF200이 2002년 10월 11일에 출시되고, 3일 후인 14일에 KODEX200이 세상에 나왔으니까. 하지만 한날 한시에 태어난 쌍둥이도 형, 동생이 있듯 인정할 건 인정해야 하지 않을까?

　2002년 4개 종목, 약 3,500억 원 규모로 시작된 국내 ETF 시장은 약 20년 정도가 흐른 2022년 9월 현재 약 76조 원의 규모로 성장했다. 종목수는 622개(미국은 2,690개)까지 늘어났고. 금액 면에서 약 224배, 종목 면에서는 155배가 증가한 것으로 그야말로 대단한 성장이라 하지 않을 수 없다. 중요한 것은 여기서 끝이 아니라는 거다. 유사한 상품유형이라 할 수 있는 ETN^{Exchange Traded Note,} 상장지수채권까지 ETF 시장 범위에 포함시킨다면, ETF의 성장 가능성은 그야말로 무궁무진하다 할 것이다.

ETF에 관심을 가져야 하는 5가지 이유

　ETF는 펀드, 그 중에서도 지수를 따라 움직이도록 설계해 놓은 상품인 인덱스펀드의 한 유형이며, 보다 쉽고 편리하게 투자할 수 있도록 만들어 놓은 상품이라 할 수 있다. 그렇다면 ETF는 인덱스 펀드에 비해 어떤 점이 더 낫다고 할 수 있을까? 총 5가지 장점에 대해 간단하게 알아보자.

첫째, 실시간 매매가 가능하다

　ETF의 가장 큰 장점은 인덱스 펀드를 주식의 형태로 만들어 놓았기 때문에 일반 주식처럼 사고파는 것이 가능하다는 것이다. 즉 일반 펀드처럼 하루 한번 정해지는 기준가에 의해 가격이 변동되는 것이 아니라, 주식과 같이 실시간 거래에 의해 가격이 변동되는 특징을 가지고 있다. 이러한 특성 때문에 ETF는 일반 펀드가 환매 시 가지고 있는 여러 가지 문제점을 완벽하게 개선했다 할 수 있다. 생각해 보라. 시장에 가서 아주 싱싱한 생선을 직접 보고 고르는 것과 하루 전 혹은 몇 시간 전에 본 생선을 사는 것, 과연 어느 쪽이 고객의 입장에서 더 좋은 걸까?

둘째, 빠른 현금화가 가능하다

펀드투자를 하다가 자금이 필요할 때, 그리고 자금조달을 위한 다른 방법이 없을 때 우리는 현금 확보를 위해 보유한 펀드계좌를 해지하게 된다. 하지만 펀드를 판다고 해서 현금이 바로 자신의 계좌로 입금되진 않는다. 최소 2~3일 이상을 기다려야만 한다. 이렇게 시간이 걸리는 이유는 펀드라는 주머니 안에 들어 있는 상품이 주식이나 채권으로 펀드매니저가 이들을 팔아야만 현금이 확보될 수 있기 때문이다. 이때 걸리는 시간이 최소 2~3일 이상인 거다. 만약 매도하려는 펀드가 해외펀드일 경우에는 더 많은 시간이 소요되는데 약 7~10일, 심지어는 15일이 걸리는 것도 있다. 이는 주식, 채권 매도를 위한 시간 외에도 외화를 원화로 바꾸는 데 걸리는 시간이 더 추가되기 때문이다.

반면에 ETF는 주식처럼 거래되기 때문에, 주식을 현금화하는 데 걸리는 시간만큼인 딱 2일, 정확히는 D+2일이면 현금화가 가능하다. 즉 매도 주문을 하고 2일 뒤면 자신의 계좌에 현금이 들어오게 된다. 이는 펀드와 비교할 때 가장 최소한의 시간에 현금화가 가능하다고 할 수 있는데, 그런 만큼 자금이 급한 사람에게는 ETF가 훨씬 유리하다고 볼 수 있다.

셋째, 필요한 금액만큼 현금화할 수 있다

펀드 계좌에 500만 원이 들어 있고, 당장 100만 원이 필요한 상황이라고 가정해 보자. 더 오를 수 있는 상황일지라도 그냥 아쉬움을 뒤로 한 채 펀드 자체를 팔아야만 할 것이다. (펀드에 따라서는 부분 매도를 허용하는 펀드도 있긴 하지만 일반적으로는 그렇지 않은 경우가 대부분이다.) 하지만 ETF라면 상황이 달라진다. ETF는 주식처럼 거래되기 때문에 1주씩 거래가 가능하다. 예를 들어 1주당 1만 원의 ETF 500주(약 500만 원)를 보유하고 있다고 생각해 보자. 만약 여기서 100만 원이 필요하다면 100주(약 100만 원)만 팔면 된다. 200만 원이 필요하다면 200주만 팔아 현금화 하면 되고. 이처럼 ETF는 자신이 필요한 금액에 맞추어 현금화가 가능하다는 장점을 가지고 있다.

넷째, 매우 저렴한 펀드 보수

일반적으로 펀드 운용에 따라 펀드매니저가 가져가는 보수는 투자금액의 약 1~3% 수준이다. 지수를 따라 움직이는 인덱스 펀드는 조금 더 저렴한데, 보통 0.6~1.0% 정도 된다. 하지만 ETF는 이보다 더 낮은 보수 체계를 가지고 있다.

그림. 주요 ETF 보수 비교(출처 : 중앙일보)

4개 자산 운용사 주요 ETF 총보수			
단위 : %	코스피 200	코스피 200 TR	나스닥 100
삼성(KODEX)	0.15	0.05	0.45
미래에셋(TIGER)	0.05	0.09	0.07
KB(KBSTAR)	0.017	0.012	0.021
한국투자신탁(KINDEX)	0.09	0.03	0.07

※ 2월 1일 기준. TR은 배당금 재투자 상품   자료 : 각 증권사

가장 대표적인 ETF라 할 수 있는 코스피200 지수를 추종하는 ETF의 보수만 살펴보자. 삼성자산운용의 KODEX가 0.15%로 가장 비싼 편인데, 기본 인덱스펀드의 최저치라 할 수 있는 0.6%와 비교해도 고작 1/4밖에 되지 않는다.

미래에셋자산운용 TIGER의 경우에는 0.05%로 100만 원을 투자할 경우 1년에 보수로 나가는 비용이 고작 500원밖에 되지 않는다. 한마디로 보수 걱정하지 않고 투자할 수 있다는 이야기다. KB자산의 KBSTAR는 보수에 관한 한 땅굴을 파고 들어간다. 0.017%로 100만 원 대비 170원이니 더 말해 무엇 하겠는가. ETF 보수의 결론, 보수 신경 쓰지 않고 투자해도 된다!

다섯째, 별도 수수료가 없다

일반 펀드의 수수료 체계는 크게 2가지로 구분된다. 가입할 때 혹은 매도할 때 내게 되는 수수료(선취/후취, 중도 환매 수수료)와 1년 기준으로 내게 되는 운용 보수가 바로 그것이다. 운용 보수는 바

로 위에서 이야기했으니 통과하고, 이번엔 수수료에 대해 알아보자. 펀드에 따라 다소 차이가 있긴 하지만 선취 혹은 후취 수수료가 있는 펀드도 있고, 또 어떤 펀드들은 가입 후 3개월이 경과되지 않았을 때 매도할 경우 수익금의 70%를 펀드 환매 수수료로 물리는 펀드도 있다. 이는 짧은 기간 내 펀드 환매를 하지 못하게 하기 위한 강제조항이라 할 수 있다.

하지만 안타깝게도(?) ETF에는 이러한 수수료 조항이 없다. 아예 없다. 오직 운용보수만 있기 때문에, ETF 투자자들은 별도의 수수료에 대한 고민 없이 가뿐하게 투자할 수 있다.

이외에도 ETF 투자를 하게 되면 ETF 내 어떤 주식이나 채권 종목이 포함되어 있는지, 그리고 어떤 비율로 투자되고 있으며 성과는 어떻게 나고 있는지를 매일 해당 자산운용사 홈페이지를 통해 확인할 수 있어 일반 펀드에 비해 훨씬 더 공개적으로 그리고 투명하게 운영되고 있음을 알 수 있다. 또한 최근의 ETF는 다양한 지수에 대해 대부분 상품화 해놓았기 때문에 적은 금액으로도 테마별, 섹션별 포트폴리오를 구성할 수 있다는 장점도 가지고 있다. 한마디로 금융계의 팔방미인이 아닐 수 없으며, 그렇기 때문에 개인에게는 최적의 투자상품이라 강조하는 것이다.

실패하지 않는 투자가 중요한 이유

투자가 어려운 이유

강의, 프로그램 외에도 종종 1:1 개인재무 컨설팅을 진행하고 있다. 대개 한 번에 2회 정도 미팅을 가지는데, 첫 만남에서는 자산관리 그리고 두 번째는 투자에 관한 이야기를 나눈다. 얼마 전의 일이다. 재무 컨설팅 요청을 받았는데, 상담자가 조심스럽게 투자와 관련된 이야기는 안 했으면 좋겠다 한다. 그 이유를 물었더니 역시나 투자에 따른 손실 트라우마 때문이었다.

투자, 쉽지 않다. 경제, 금융을 주제로 밥을 먹고 사는 필자 또한 확실히 그렇게 느낀다. 심지어 노벨경제학상을 수상한 세계의 석학들 또한 투자를 통해 돈을 많이 벌기는커녕 오히려 손실을 보았다는 이야기들이 주를 이룬다. 재야고수들 또한 절대 투자가 쉽지 않다고 강조한다. 문제는 그럼에도 투자를 해야 한다는 것이다. 그놈의 물가 때문에. 어쩔 수 없이.

혹시 지금 이 책을 읽고 있는 당신도 투자를 하고 있는가? 그렇다면 어떤 투자를 하고 있는가? 주식투자? 부동산 투자? 펀드 투자? 아니면 ETF? ELS? DLF? P2P? 가상화폐? 투자의 종류는 엄청나게 많다. 특히 투자 상품의 범주로 들어가게 되면 그 종류는 셀 수 없을 정도라고 보면 된다.

하지만 어찌 보면 투자는 매우 단순하다. 그저 낮을 때 사서 비쌀 때 팔면 된다. 아주 간단명료하다. 하지만 이 간단한 것을 왜 대부분의 사람들은 잘못 하고 있는 걸까?

크게 2가지 이유 때문이라 할 수 있다. 바로 '원칙'과 '태도'다. 투자의 교과서라 할 수 있는 『현명한 투자자』의 저자이자 미국의 경제학자, 그리고 투자의 대부라 불리는 벤저민 그레이엄^{Benjamin Graham, 1894년~1976년}은 이런 투자 명언을 남겼다.

"투자는 IQ와 통찰력 혹은 기법의 문제가 아니라, 원칙과 태도의 문제다."

원칙과 태도. 결국 원칙을 세우고 그것을 잘 지키는 것이 바로 투자의 모든 것이라 할 수 있다. 그만큼 투자에 있어 원칙은 알파이자 오메가라 할 수 있다. 우리가 투자에 실패하는 이유가 바로 원칙의 유무, 그리고 원칙을 철칙처럼 사수하느냐의 문제라 할 수 있다.

물론 때에 따라서는 원칙이 어긋날 수도 있다. IMF 외환위기, 글로벌 금융위기, 코로나 사태와 같은 경제위기 상에서는 어떠한 원칙도 제대로 들어맞지 않는다. 하지만 그때는 인내할 시기라 할 수 있다. 원칙을 지키는 한 실패의 가능성은 현저히 낮아지게 된다.

상한가와 하한가를 반복한다면

우리는 솔직히 투자에 대해 잘 모른다. 특히 초보 투자자의 경우 수익의 달콤함만 생각하지 쓰라린 손실에 대해서는 신경을 쓰지 않는 경향이 있다. 이해한다. 꽃길만 걷고 싶지 누가 발바닥 물집 잡혀가며 자갈길을 걷고 싶겠는가.

하지만 중요한 건 그럼에도 손실에 대한 이해를 갖고 투자에 임해야 한다는 것이다. 그렇지 않은 경우 투자는 열심히 했는데 결국은 손실만 보게 되는 상황을 맞이하게 된다. 아픈 만큼 성숙해진다고는 하지만, 솔직히 투자에서의 아픔은 성장보다는 좌절과 실망감만 더 안겨 주는 듯싶다.

투자는 실패를 용인하지 않는다. 이 말은 곧 10번의 투자가 성공으로 마무리되었다 할지라도 1번의 실패가 앞의 성공을 뒤엎을 만큼 큰 손실을 가져올 수도 있다는 것이다. 수익만 잃게 되면 다행일지도 모른다. 원금까지 줄어들게 되면 투자자 입장에서는 큰 타격을 입을 수밖에 없다. 그렇기 때문에 투자에서의 실패는 피할 수 있다면 반드시 피해야만 한다.

쉬운 문제를 하나 풀어보자. 국내 주식시장에는 상한가와 하한가라는 것이 있다. 이는 전일 주가를 기준으로 하루 움직임의 범위를 상하 30%로 제한해 놓은 것으로, 너무 큰 변동성을 막음으로써 투자자를 보호하기 위한 조치라 할 수 있다. 자, 내가 A종목에 투자를 하는데, 하루는 +30%로 상한가, 다음날은 반대로 -30%의 하한가를 반복한다고 가정해 보자. 정신없겠지만 그래도 이런 식으로 상, 하한가 5번씩을 반복할 경우 내가 투자한 원금은 어떻게 될까? 객관식이니 맞춰 보시라.

① 원금 유지   ② 이익이다   ③ 손실이다

강의 때 이 질문을 하게 되면 약 3대 1의 비율로 ③번을 선택한다. 맞다, 정답이다. 하지만 더 중요한 건 그 이유를 아는 것이다. 그런데 물어보면 의외로 잘 모른다. 그냥 그럴 것 같다는 것이다. 혹은 거래 수수료 때문에 그렇다고 하는 경우도 있다. 그러나 수수료와 상관없이 '③ 손실이다'가 정답이다.

왜 일까? 아래 표를 보자.

상하한가 반복 투자시 수익률

구분	원금+수익	수식
첫번째	1,300만	[1,000만(원금) + 300만(수익, 1,000만 × 30%)]

두번째	910만	[1,300만(원금) - 390만(손실, 1,300만 × -30%)]
세번째	1,183만	[910만(원금) + 273만(수익, 910만 × 30%)]
네번째	828만	[1,183만(원금) - 355만(손실, 1,183만 × -30%)]
......		
열번째	624만	[891만(원금) + 267만(손실, 891만 × -30%)]

1,000만 원을 투자한다고 가정해 보자. 첫 투자를 통해 상한가 30%를 기록하면 내 투자원금과 수익금은 총 1,300만 원이 된다. 그리고 다음날 하한가 -30%를 맞게 되면 어제 낸 수익 300만 원만 사라지지 않는 것이 아니라 원금까지 줄어들게 되는데, 여기에 투자의 묘미(?)가 있다. 표에서 보는 것처럼 투자금은 910만 원으로 줄어들어 있다. 왜 그럴까?

우리는 흔히 복리複利, Compound Interest를 좋은 것이라 생각한다. 이자에 이자가 붙으니 내 돈이 더 빨리 불어나게 되는 복리효과 때문이다.

하지만 반대로 생각해 보자. 마이너스 수익이 나는데 원금뿐 아니라 이자까지 결합되어 손실이 나면 어떻게 될까? 당연히 손실의 규모가 더 커질 것이다. 이것이 바로 역복리易複利다. 투자의 산식에는 복리뿐 아니라 역복리도 적용된다.

두 번째 투자에서 복리로 진행되었다면 더 빨리 투자금이 커졌겠지만, 반대인 역복리로 흘렀기 때문에 손실이 발생하게 되는 것이다. 이러한 식으로 투자를 반복하게 되면 표에서 보는 것처럼 손실의 폭은 계속 커질 수밖에 없다. 열 번을 반복하니 어떻게 되었는가? 624만 원으로 원금 대비 −38%의 손실을 기록했으며, 20번을 반복하게 되면 투자금은 389만 원(-61%)까지 줄어들게 된다. 한마디로 손실 정도가 아니라 '쪽박'을 차게 되는 것이다.

실패하지 않는 투자가 중요한 이유

투자를 할 때 같은 비율로 수익과 손실을 반복하게 된다면 결국 역복리로 인해 원금손실로 이어진다는 것을 알게 되었다. 그렇다면 수익을 조금이라도 더 내면 되는 것 아닐까, 하는 생각을 해볼 수 있다.

자, 그렇다면 이번에는 12%의 수익과 10%의 손실을 반복하는 경우를 가정해 보자. 만약 이런 식으로 반복하게 되면 얼마나 수익을 거둘 수 있을까?

수익 12% & 손실 10% 반복 투자시 수익률

구분	원금+수익	수식
첫번째	1,120만	[1,000만(원금) + 120만(수익, 1,000만 × 12%)]
두번째	1,008만	[1,120만(원금) - 112만(손실, 1,120만 × -10%)]
세번째	1,129만	[1,008만(원금) + 121만(수익, 1,008만 × 12%)]
네번째	1,016만	[1,129만(원금) - 113만(손실, 1,129만 × -10%)]
......		
열번째	1,040만	[1,156만(원금) - 116만(손실, 1,156만 × -10%)]

1,000만 원 투자 시 첫 번째에는 위의 표처럼 12%의 수익을 올릴 수 있다. 하지만 두 번째에는 -10%의 역복리가 적용됨으로써 대부분의 수익이 사라지게 되는데, 그럼에도 원금 손실로 이어지진 않는다. 수익이 손실보다 2%p 더 높기 때문이다. 자, 이런 식으로 열 번째까지 투자를 반복하게 되면 최종 수익은 40만 원, 그리고 수익률은 4%가 된다. 다행스럽게도 원금 손실은 나지 않았다. 하지만 10회의 투자를 연간 투자라 가정할 경우 연간수익률은 고작 0.4%(4% ÷ 10년)밖에 되지 않는다. 정기예금에 넣어 두는 것보다 훨씬 못하다.

만약 15%의 수익과 10%의 손실의 반복이라면 어떨까? 조금 더 낫지 않을까? 이 경우 10회 반복에 따른 최종 수익률은 18.7%이다. 괜찮아 보이는가? 아니다. 연간수익률로 환산하게 되면 채 1.9%(18.7% ÷ 10년)가 되지 않는다. 웬만한 정기예금보다 못하다. 이런 식으로 투자할 바엔 그냥 정기예금만 하는 게 낫다.

세 번째 케이스를 보자. 이번에는 매년 일정 수익을 올리다가 세계적 경제위기나 예기치 못한 국내 시장의 문제로 인해 큰 손실이 발생하는 경우를 생각해 보자.

매년 수익 10% & 5년 째 손실 30% 투자시 수익률

구분	원금+수익	수식
첫번째	1,100만	[1,000만(원금) + 100만(수익, 1,000만 × 10%)]

두번째	1,210만	[1,120만(원금) + 112만(손실, 1,120만 × 10%)]
세번째	1,331만	[1,210만(원금) + 121만(수익, 1,210만 × 10%)]
네번째	1,464만	[1,331만(원금) + 133만(손실, 1,331만 × 10%)]
다섯번째	1,025만	[1,464만(원금) - 439만(손실, 1,464만 × -30%)]

1,000만 원을 투자, 매년 10%씩 네 번에 걸쳐 무려 46.4%의 수익을 올렸다. 복리까지 적용됨으로써 수익은 더 늘었다. 하지만 호사다마라고 했던가, 5년 째 전혀 예상치 못한 경제위기가 찾아옴으로써 -30%의 손실을 기록하게 되었다. 이렇게 되자 역복리와 함께 벌었던 수익의 대부분이 사라지게 된다.

실제 이런 사례가 투자의 세계에서는 빈번하게 일어난다. 투자를 잘 하다가 갑자기 경제상황이 악화됨으로 인해 어쩔 수 없는 손실을 맞게 되는 것이다. 코로나 때 동학개미들이 주식 투자를 처음 시작하면서 수익을 올렸다는 이야기는 잘 알고 있을 것이다. 하지만 그전부터 투자하던 사람들은 이미 투자금이 물린 상태였기 때문에 더 이상 투자를 할 여력이 없었다. 즉 장기투자를 하게 되면 주가 하락으로 인한 투자 타이밍이 찾아오더라도 더 이상 투자할 총알이 없는 것이다.

세 케이스를 통해 투자가 쉽지 않음을 수치로 확인했다. 여기서 확실히 해야 할 핵심 포인트는 바로 실패다. 투자에서 실패를 하게 될 경우 역복리로 인해 열심히 모은 수익금은 물론이고, 여

차하면 원금 손실까지도 이어진다는 것이다. 그렇기 때문에 장기
적 투자를 통해 꾸준히 수익을 올리기 위해서는 실패를 하지 않
는 것이 무엇보다 중요하다.

실패하지 않는 3가지 투자법

느리지만 오히려 빠른 거북이 투자법

투자에서 실패하지 않기 위해서는 어떻게 해야 할까?

정답은 없다. 다만 실패의 가능성을 낮출 수는 있다. 바로 목표수익률 혹은 기대수익률을 낮추는 것이다.

'하이 리스크 하이 리턴High Risk High Return'은 반대로 '로우 리스크 로우 리턴Low Risk Low Return'이라 할 수 있다. 즉 낮은 수익을 목표로 한다면 리스크 또한 낮아지는 것이다.

그렇다면 목표수익률을 얼마 정도로 잡으면 될까? 앞부분에서 투자를 하는 가장 기본적 이유는 내 돈의 가치를 유지하기 위함이라 했다. 이를 목표로 장기투자를 한다면 최소한 내 자산의 미래 가치가 줄어드는 일은 없을 것이고, 여기에 더해+α 정도의 수익을 추가할 수 있다면 조금씩 그리고 꾸준히 자산을 증식시켜 나갈 수 있다.

매년 수익 5%씩 투자시 수익률

구분	원금+수익	수식
첫번째	1,050만	[1,000만(원금) + 50만(수익, 1,000만 × 5%)]
두번째	1,103만	[1,050만(원금) + 53만(수익, 1,050만 × 5%)]
세번째	1,158만	[1,103만(원금) + 55만(수익, 1,103만 × 5%)]
네번째	1,216만	[1,158만(원금) - 58만(수익, 1,158만 × -5%)]
......		
열번째	1,629만	[1,551만(원금) - 178만(수익, 1,551만 × 5%)]

위의 표는 목표수익률을 5%로 잡고 투자했을 때의 결과치이다. 사실 5%란 수익률이 투자자의 입장에서 본다면 다소 낮은 수치임을 인정하지 않을 수 없다. 소위 '뽀대'가 나지 않는 수익률인 거다.

하지만 단기적으로는 그럴 지라도 장기적으로는 결코 그렇지 않다. 더군다나 5%를 목표로 할 경우 실패의 확률이 지극히 낮아지기 때문에 작은 수익이라도 오랜 기간 적립할 수 있다는 장점이 있다.

필자는 이 투자법을 동화 '토끼와 거북이'에서 차용해 '거북이 투자법'이라 이름 붙였다. 동화에서처럼 달리기 경주가 아니라 투자수익률 경주를 한다. 높은 수익률을 추구하는 토끼는 미친 듯이 질주한다. 그래야만 높은 수익을 올릴 수 있을 테니까. 하지만 낮은 수익률을 바라보는 거북이는 느릿느릿 자신의 우직한 발걸음을 뗀다.

폭주하던 토끼는 돌부리에 걸려 넘어지기도 하고, 늪에 빠지기도 한다. 소위 크고 작은 실패를 경험하는 것이다. 그러나 거북이는 돌부리는 피해가고, 늪은 돌아서 간다. 그러면서 실속 있게 작은 수익이라도 꼬박꼬박 챙긴다. 자, 이러한 경주가 10년 동안 이어진다면 최후의 승자는 과연 누가 될까? 답은 빤하다.

표를 보면 5%씩 수익이 늘어남으로 인해 처음에는 더딘 행보를 보일 수밖에 없다. 하지만 시간이 누적되며 수익률은 복리의 힘을 받아 점점 커지게 된다. 그 결과 10년 후에는 누적 62.9%의 수익률(연 6.3%)을 기록한다. 만약 15년을 투자한다면 수익률은 누적 108%(연 7.2%)로 커지고, 20년으로 기간이 더 늘어나면 누적 165%(연 8.3%)까지 수치는 오르게 된다. 누적 수익률이 낮아 보인다면 연환산 수익률인 8.3%에 집중하면 된다. 즉 8.3%란 금리로 20년 내내 내 돈을 굴릴 수 있는 것이다. 대단하지 않은가?

다시 한번 강조하지만 장기 투자란 게임에서 승자가 되는 비결은 실패하지 않고 오래 가는 것이다. 낮은 수익률이라도 괜찮다. 중요한 것은 돌부리에 넘어지지 않고 거북이처럼 천천히 꾸준하게 목표 지점을 향해 나갈 때 내 자산은 눈덩이 굴러가듯 그렇게 점점 커지게 되는 것이다.

투자의 세계에서 탐욕으로 인해 실패한 사람들이 부지기수다. 단기수익의 헛된 희망을 버리고, 그냥 거북이처럼 느릿느릿 앞으로 전진하면 된다. 투자는 인내와의 싸움이기도 하다. 인내는 쓰지만, 결국 달콤한 수익으로 돌아온다.

실패하지 않는 3가지 투자법

필자는 2000년부터 투자를 시작했다. 지금까지 20년이 넘는 시간 동안 그야말로 육해공 전투를 다 겪었다. 상승장에서는 기쁨의 희열을, 하락장에서는 좌절의 절망을 그리고 조정장에서는 고뇌의 시간을 견뎌야만 했다. 그러면서 느낀 점은 '역시 투자는 어렵구나'였다. 그래서 지금은 기본과 원칙을 추구한다. 왜? 투자의 세계에서 또한 강한 자가 살아남는 것이 아니라, 오래 살아남는 자가 강한 것이기 때문이다. 그런 의미에서 거북이 투자법은 일반인들 또한 오래 꾸준히 적용할 수 있는 방법이라 할 수 있다. 거북이 투자법을 기본으로 한 3가지 투자법을 소개하고자 한다.

① 대형 우량주 장기투자
② 인덱스 펀드(혹은 ETF) 장기투자
③ 자산배분 투자

이 투자법들은 기본적으로 10년 이상의 기간을 생각하고 투자해야만 한다. 즉 장기투자에 최적화되어 있는 투자란 이야기다. 짧은 기간만 투자할 경우, 시장상황이나 환경에 의해 손실을 볼 수도 있기 때문에 느긋한 마음으로 장기투자를 한다 생각하고 시작해야만 한다. 구체적으로 하나씩 알아보자.

첫째, 대형 우량주 장기투자

먼저 대형 우량주의 선두주자이자, 동학개미들뿐 아니라 주식투자를 하는 전 국민의 최애주라 할 수 있는 삼성전자의 주가를 살펴보자.

삼성전자 주가 추이(2011년-2021년, 출처 : 네이버)

만약 삼성전자를 2011년부터 2021년까지 약 10년 동안 보유하고 있었다면 어느 정도의 수익을 거둘 수 있었을까? 위 그림에서 보는 것처럼 무려 620%다. 그야말로 어마어마한 수익률이라 할 수 있다. 대한민국 1등 주가 수익률까지 하늘을 찌르니 당연히 최애 주가 될 수밖에 없는 거다. 그렇기 때문에 수많은 사람들이 삼성전자 주식을 적금 넣듯 매달 매수하고 있는 것이다.

대형 우량주 장기투자는 주식투자를 통해 수익을 낼 수 있는 좋은 방법이라 할 수 있다. 투자의 귀재라 할 수 있는 미국 투자자 워렌 버핏Warren Buffett, 1930년~ 또한 오랜 기간 대형 우량주 장기투자를 통해 큰 부를 축적했으며, 여전히 동일한 방법으로 전 세계 부자 순위를 유지하고 있다.

하지만 대형 우량주라고 해서 모든 종목이 장기적으로 큰 수익을 안겨주는 것은 아니다. 과거 삼성전자를 능가하는 대한민국 최대 우량주라 불리던 포스코舊 포항제철, 現 포스코홀딩스를 기억하는가? 만약 포스코를 10년 간 보유하고 있었다면 그 수익은 어떻게 되었을까?

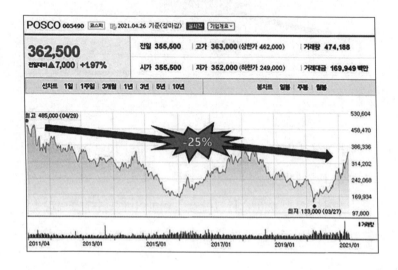

안타깝게도 수익은커녕 손실이 나고 있는 상황이라 할 수 있다. 왜 그럴까? 삼성전자와 포스코의 차이는 무엇일까?

주가라는 것은 현재 가치가 아닌 미래 가치를 반영한다. 즉 현재 주가는 지금의 매출, 이익에 의한 수치가 아닌, 미래에 나게 될 이익을 이미 반영한 가격이라 할 수 있다. 그렇기 때문에 뉴스에서 사상 최대 실적이 났다고 하는데도 주가가 하락하는 것이다. 단기적 미래에 다시 그 이상의 수익을 내기란 쉽지 않다고 보기 때문에 투자자들이 주식을 파는 것이다.

포스코의 주 업종은 철강이다. 철강산업은 전 세계적으로 레드오션이라 할 수 있다. 더군다나 중국 철강회사들의 공격적인 시장 진출로 인해 품질은 다소 떨어질지라도 가격적으로 메리트가 있기 때문에 포스코는 고전하고 있으며, 미래 전망 또한 좋지 못한 상태다. 그렇기 때문에 주가가 계속해서 빠지고 있는 것이며, 획기적인 터닝 포인트가 나오지 않는 이상 계속 낮은 주가를 유지할 가능성이 높다.

그렇다면 삼성전자의 미래는 어떻게 될까? 주가를 미래가치라 본다면, 사실 삼성전자의 주가가 지금까지처럼 그렇게 계속 약진할 것인가에 대해서는 의문이 생길 수밖에 없다. 앞으로 10년 뒤 삼성전자 주가가 20만 원을 돌파할 수 있을까? 아무도 모른다. 하지만 다소 의심이 들긴 한다.

삼성전자의 주가가 지난 10년간 엄청난 상승을 한 배경에는 핸드폰과 반도체의 엄청난 성장 때문이라 할 수 있다. 그러나 지금 두 산업군이 주춤하고 있는 가운데, 다시 삼성전자가 큰 성장을 이루기 위해서는 반드시 제3, 제4의 성장동력이 나와 줘야만 한다. 하지만 안타깝게도 아직 뚜렷한 방향성이 보이지 않는다는 것이 현 삼성전자의 가장 큰 약점이라 하겠다.

대형 우량주 장기투자는 그 회사의 성장과 함께 큰 수익을 가져다 줄 수 있는 좋은 투자법임에는 틀림없다. 하지만 투자 대상 기업을 분석하고 그 성장성을 믿고 함께 갈 수 있는 안목이 필요하다. 무조건 대한민국 1등 기업 삼성전자니까, 하는 식의 투자는 문제가 있다는 것이다. 만에 하나, 삼성이 의욕적으로 도전한 미래 산업의 전망이 불투명해지거나 혹은 실패하게 된다면 주가는 오르는 것이 아닌 하락할 수도 있기 때문에 심층적인 종목 분석은 필수적이라 하겠다.

둘째, 인덱스 펀드(혹은 ETF) 장기투자

두 번째는 인덱스 펀드, 혹은 ETF에 장기적으로 투자하는 것이다. 오히려 이 투자법이 일반인들에게는 더 쉬울 수 있다. 왜냐하면 하나의 기업에 몰빵을 하는 것이 아닌, 주가지수에 투자함으로써 모든 대형 우량주에 분산투자하는 것과 같은 효과가 발생하기 때문이다. 그렇기 때문에 한두 회사가 안 좋아질지라도 내 투자수익률에 큰 영향을 미치진 않는다는 장점이 있다.

인덱스^{Index, 지수} 펀드란 지수를 따라 움직이도록 구조화한 펀드라고 생각하면 된다. 예를 들어 우리나라 대표적 지수라 할 수 있는 코스피지수를 따라 움직이는 인덱스 펀드를 매수하게 되면 우리나라 대기업 모두에 투자하는 것과 동일한 효과를 얻을 수 있다.

한국 코스피 지수 추이(1981년~2022년, 출처 : 인베스팅닷컴)

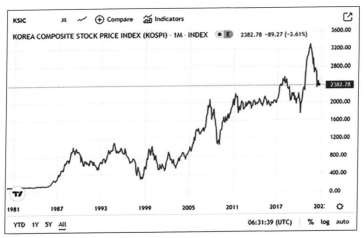

위의 그림은 1981년부터 2022년까지의 국내 코스피지수 추이로서, 주가가 시기에 따른 굴곡은 있지만 그럼에도 꾸준히 우상향하고 있음을 알 수 있다. 종목 고민할 필요 없이 그저 주가지수를 추종하는 인덱스 펀드에만 투자하더라도 장기적으로 꾸준하

게 상승함을 보여주는 것이다. 만약 인덱스 펀드에 장기적 투자를 계획하고 있다면 적립식을 추천한다. 단순히 매달 일정한 금액을 계속 불입하면 된다. 그러면 장기적 우상향으로 약 5% 수준의 수익은 자연스레 붙게 된다. 여기에 + α의 수익을 원한다면 IMF 외환위기, 글로벌 금융위기, IT 버블사태 등 주가가 크게 하락하는 시점에 추가 불입까지 하게 되면 보다 높은 수익률을 만들어낼 수 있다.

인덱스 펀드가 아닌 ETF를 활용하면 더 유리하다. 앞에서 이야기한 것처럼 인덱스 펀드를 주식의 형태로 만들어 놓은 것이 ETF이기 때문에 매수하기도 쉬우며, 보수는 펀드보다 훨씬 더 저렴하다는 장점이 있다. 적립식으로 투자한다면 매월 일정한 날짜에 정기적으로 코스피지수를 추종하는 ETF^{예, KODEX200, TIGER200 등}를 매수해 주면 된다.

추가적으로 한 가지 더 보태자면, 군이 국내 ETF만 투자할 필요는 없다. 애국심으로 똘똘 뭉쳐 국내기업만 고집한다면 모를까, 그렇지 않다면 눈을 미국으로 넓히는 것을 추천한다. 즉 국내 ETF가 아닌 미국 ETF에 투자하는 것이다. 여기서 착각하면 안 되는 것이 국내 자산운용사에서 출시한 해외 ETF에 투자하는 것이 아니라 미국 주식시장에서 직접 미국 ETF를 매수해야 한다.

미국의 주식시장은 크게 3가지가 있다. 제조 대기업 위주의 다우존스지수, 일반 대기업 위주의 S&P500지수 그리고 IT, 벤처 기업 위주의 나스닥지수가 그것이다. 당연히 이런 지수들을 추종하는 ETF들이 있는데, 대표적인 것이 SPY(S&P500 지수를 추종하는 미국 ETF)와 QQQ(나스닥 지수를 추종하는 미국 ETF)와 같은 ETF들이다.

왜 직접 미국 ETF에 투자하는 것이 좋을까? 그 이유는 2가지 면을 동시에 충족할 수 있기 때문이다.

하나는 미국 주식시장 자체의 변동성이 한국보다 훨씬 작기 때문이며, 여기에 더해 꾸준한 성장을 계속해서 보여주고 있기 때문이라 할 수 있다. 전 세계 주식시장의 규모로 볼 때 한국시장은 약 3~4%밖에 되지 않는다고 한다. 그러다보니 엄청난 자본력을 자랑하는 국적 불명의 헤지펀드가 국내에 들어와 시장을 헤집어 놓을 경우 시장이 크게 흔들릴 수 있다. 즉 전반적인 시장 환경과는 상관없이 주가가 오를 수도, 또 빠질 수도 있는 것이다.

하지만 미국 시장의 규모는 전 세계의 절반에 가까운 44% 정도를 차지하고 있기 때문에 아무리 자금이 많은 펀드라도 시장 자체를 뒤흔들 수 없는 것이다. 바위에 달걀로 때리는 격이나 마찬가지인 거다.

또한 미국 주식시장에 있는 기업들은 미국 회사들만 해당되지 않는다. 전세계 굴지의 순위를 다투는 기업들이 다 포함되어 있다. 그렇기에 수익성뿐 아니라 성장성, 그리고 탄탄함까지 다 갖추고 있다 보면 된다.

미국 S&P500 지수 10년[2013년~2022년] 추이와 수익률(출처 : 인베스팅닷컴)

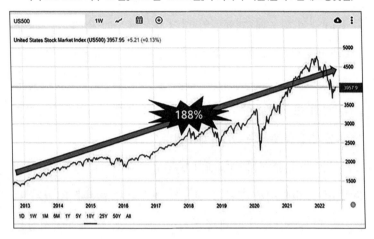

    2013년 미국 S&P500 지수에 10년간 투자했을 경우 무려 188%의 수익률을 거둘 수 있었다. 물론 과거의 수익률이 미래까지 보장하지는 않겠지만, 그럼에도 미국 시장의 성장성과 탄탄함은 증명되고 있다 하겠다. 더군다나 변동성 측면에서 봐도 한국의 코스피지수처럼 그렇게 큰 굴곡은 보이지 않는데, 이는 시장 환경이 웬만한 변화에도 쉽게 흔들리지 않는다는 의미라 할 수 있다. 미국이 기침하면, 한국은 감기 몸살에 걸린다는 투자계의 격언도 있지 않은가.

    미국 ETF에 직접 투자하는 것이 좋은 이유 또 한 가지는 바로 달러를 보유하게 된다는 것이다. 경기에 민감하게 작용하는 주식과 달리, 달러는 안전자산으로 경제 위기나 전쟁 등 시장 상황이 나빠질 때 오히려 그 가치가 오르는 자산이다. 즉 보유하게 되면 자연스레 내 자산에 대한 분산 투자도 병행된다는 것이다. 이는 주가에만 투자했을 경우보다 투자의 안정감까지 더해 주게 된다.

투자의 대가 워렌 버핏은 개별 종목 투자에만 관심 있는 것으로 비춰지지만 실제적으로는 인덱스 펀드에도 상당한 자금을 운용하고 있다. 그는 아내에게 남긴 유언장에 이렇게 써 놓았다고 한다.

'내가 갑작스럽게 죽는다면 모든 자산의 90%를 꼭 인덱스 펀드에 투자하세요.'라고.

셋째, 자산배분 투자

투자가 어려운 이유는 원금 손실의 가능성 때문이다. 하지만 팔지만 않으면 평가상 마이너스라 할지라도 이는 숫자에 불과하다. 기다리면 언젠가 다시 오를 가능성이 있기 때문이다. 그러나 아무리 평가금액이라도 손실이 난 숫자를 보는 것 자체가 불편한 일임에는 틀림없다. 내가 투자한 자산이 −30%, -50%를 기록하고 있는데, 절대 기분이 좋을 리는 없는 거다.

자, 그렇다면 하락을 최대한 막아주는 투자법이 있다면 어떨까? 손실이 날 수는 있지만, 일반 주식이 30~50%가 빠지는 시장에서도 고작(?) 10%대 손실에 그친다면 훨씬 마음 편하게 투자할 수 있지 않을까? 시장이 하락을 멈추고 다시 상승으로 전환하게 되면 빠른 시간 내에 플러스로 전환될 테니까 말이다.

레이 달리오의 〈올 웨더 포트폴리오〉

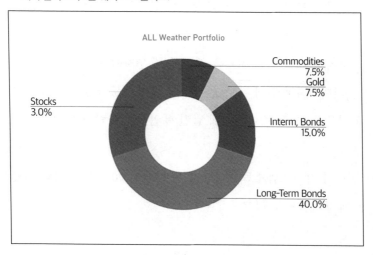

위 그림은 자산배분 투자의 일종인 〈올 웨더 포트폴리오〉이다. 이 투자법은 미국의 투자전략가이자 펀드 운용자인 레이 달리오 Ray Dalio, 1949년~가 고안한 것으로, 투자금을 하나의 자산이 아닌, 다양한 자산에 투자하는 것이 특징이다. 위에서 보는 것처럼 100이란 투자금에 대해 30%는 주식Stock 관련 상품에, 40%는 10년 이상의 장기채권(Bond)에, 15%는 3~5년의 중기채권Bond에, 그리고 각 7.5%씩 금Gold과 원자재Commodities에 투자한다.

왜 이런 식으로 투자할까? 보다 쉽게 예를 들어보자.

자산배분 예시(시소)

두 소녀가 시소를 타고 있다. 한 아이가 내려가면 다른 쪽 아이는 올라간다. 반대쪽 아이가 내려가게 되면 상대편 아이는 올라간다. 시소의 특징이다. 자, 이런 식으로 서로 반대 방향으로 움직이는 자산이 있다고 생각해 보자. 한 자산의 가격이 올라가게 되면 다른 자산은 하락할 것이다. 반대로 하락하면 다른 자산은 상승하게 될 것이고. 두 가지의 자산을 하나로 생각하면 수익률은 어떻게 될까? 플러스 마이너스 제로가 될 것이다. 즉 두 자산을 함께 보유하고 있다면 어떤 시장 상황의 충격이나 변화가 올지라도 내 자산은 크게 영향 받지 않는다고 볼 수 있다. 하방 경직성(잘 하락하지 않는 성질)이 생기는 것이다.

자산배분 투자의 기본은 여기에서 출발한다. 어떤 상황에도 크게 하락하지 않도록 구성해 놓은 것이다. 그렇기 때문에 모든 투자자들을 낙심하게 만드는 하락장에서도 그럭저럭 큰 외상 없이 버틸 수 있다. 이렇게 자산배분을 구성할 수 있는 이유는 바로 주식과 채권처럼 서로 반대의 상관관계의 움직임을 보여주는 자산이 있기 때문이고, 이렇게 자산을 배분해 놓음으로써 하방 경직성을 가지게 되는 것이다.

그렇다면 한 가지 의문이 생길 것이다. 떨어지진 않겠지만 대체 수익은 어떻게 내느냐고. 다 방법이 있다. 대개 자산배분 투자법은 2가지 방법에 의해 수익이 나게 되는데, 첫 번째는 오르는 자산의 일부를 팔아, 떨어진 자산을 매수함으로써 수익을 내게 된다. 즉 높은 가격에 팔아 떨어진 가격의 자산을 사들이는 것이다. 싸게 산 만큼 한두 주라도 더 살 수 있고, 이것이 조금씩 누적됨으로써 연간으로 수익을 내게 되는 것이다. 이것을 리밸런싱(자산 가격 변동에 따른 비중을 원래의 비중으로 되돌리는 것)이라 한다.

두 번째는 장기투자에 의한 수익이다. 주식, 채권, 금, 원자재 등은 장기적으로 보유하게 되면 대개 우상향으로 꾸준히 가격이 오르는 성질(매년 물가가 오르는 것을 생각하면 된다)을 가지고 있다. 오래 보유할수록 그 효과는 커지는데 이것이 수익에 녹여지며 리밸런싱 효과와 함께 연간 5~8%의 수익이 만들어지게 된다. 즉 자산배분 투자의 수익은 단번에 급등하거나 급락하는 일 없이 일년 내내 야금야금 수익을 적립하는 방식이라 보면 된다.

자산배분 투자의 최대 장점은 역시나 하방 경직성이라 볼 수 있는데, 여기에 더해 정말 매력적인 장점 한 가지가 추가된다. 주식이든 펀드든 투자를 해서 수익을 보게 되면 매도를 통해 현금화를 한다. 그리고 나면 새로운 투자에 나서야 하는데, 이때 많은 고민을 하게 된다. 어떤 종목이나 펀드를 골라야 할지 다시 선택의 기로에 서는 것이다.

문제는 여기서 발생된다. 소위 종목이나 펀드를 변경할 때 잘못된 선택을 하게 되면 손실을 보게 되는 것이다. 이는 한 번에 그치는 것이 아닌 투자하는 내내 딜레마로 다가올 수밖에 없다.

사실 많은 사람들이 투자에 실패하는 이유가 여기에 있다. 코로나 시절 동학개미들의 선택은 삼성전자였는데, 이 회사가 바로 대한민국 1등 기업이기 때문이었다. 이후 주가가 올라 큰 수익을 볼 수 있었는데, 문제는 다음이었다. 삼성전자를 팔아 수익을 낸 동학개미들은 후속으로 무엇을 해야 할지 방향을 잡기 어려웠다. 즉 삼성전자만 보고 투자를 시작했는데 팔고 나니, 다시 동일 기업의 주식을 살 수 없었던 것이다.

이들에게는 2가지 선택지가 있었는데, 대개는 다음 스텝으로 다른 대형 우량주에 투자하는 것이었다. 하지만 그럼에도 삼성전자만 고집한 사람들은 정한수를 떠놓고 기도를 해야만 했다. 제발 삼성전자의 주가가 좀 빠지게 해달라고, 그래야 내가 살 수 있다고 말이다.

자산배분 투자는 종목 변경에 따른 리스크가 없다. 웬만한 자산에 모두 투자해 놓고 오른 자산의 일부만 팔고, 그 돈으로 떨어진 자산의 일부만 사는 식으로 리밸런싱을 진행하기 때문에 종목 변경이란 것 자체가 아예 없는 것이다. 그러니 당연히 그에 따른 리스크가 없다. 투자에 있어서 종목 변경을 하지 않는다는 것은 그야말로 대단한 장점이라 하지 않을 수 없다.

자산배분 투자는 2가지 방법을 통해 할 수 있다. 하나는 자산운용사에서 직접 운용하는 자산배분 펀드를 매수하는 것이고, 다른 하나는 ETF를 통해 개인이 직접 자산배분 투자를 할 수 있다.

먼저 ETF를 활용한 자산배분 투자부터 이야기해 보자. ETF 상품은 현재 주가뿐 아니라 금, 환율, 채권, 유가, 섹터, 배당 등 없는 게 없을 정도로 다양한 구색을 갖추고 있다. 그러다보니 예전에는 기관 투자자들이나 할 수 있었던 자산배분을 이제는 개인들도 ETF를 통해 얼마든지 할 수 있게 되었다. 즉 레이 달리오의 〈올웨더 포트폴리오〉 식의 자산배분을 개인 스스로가 ETF를 개별적으로 매수함으로써 구성할 수 있게 된 것이다.

ETF를 활용한 자산배분 구성(예시)

자산성향	자산군	투자상품	공격형		중립형		안정형	
위험자산	국내주식	TIGER 200		20%		15%		10%
	해외주식	KODEX 미국 S&P 500선물(H)	70%	20%	50%	15%	30%	10%
	대체주식	KODEX 골드선물(H)		30%		20%		10%

안전자산	국내채권	KOSEF 국고채10년		10%		20%		30%
	해외채권	KOSEF 미국달러 선물	30%	10%	50%	15%	70%	20%
	현금성 자산	KODEX 단기채권		10%		15%		20%

위는 『마법의 돈 굴리기』(김성일 지음)에서 소개하고 있는 실제 자산배분 투자법에 대한 예시이다. 국내외 주식, 금, 장단기 채권, 금 등으로 자산배분을 하고 있는데 모두 ETF이기 때문에 개인이 직접 매수함으로써 포트폴리오를 구성할 수 있다. 또한 비중에 따라 공격형, 중립형 그리고 안정형으로 구분해 놓음으로써 자신의 성향에 따른 투자를 선택할 수 있다는 장점이 있다.

물론 기본적으로 자산배분이기 때문에 하방 경직성을 유지하는 것은 맞지만, 주식에 대한 비중이 높을수록 수익의 변동성이 조금 더 크다 볼 수 있다. 즉 주식시장의 상황이 좋을 때는 조금 더 수익을 낼 수 있지만, 반대로 하락장에서는 중립형이나 안정형에 비해 손실의 폭이 조금 더 커질 수 있다는 것이다. 나이에 따라 20~30대는 공격형을, 40~50대는 중립형 그리고 60대 이상은 보수적인 안정형을 택하는 것이 괜찮아 보인다.

추가적으로 유튜버로 활동하고 있는 박곰희의 『한 번 배워서 평생 써먹는 박곰희 투자법』이란 책도 자산배분 투자에 대해 잘 설명하고 있으니 참고하기 바란다.

다음으로 자산배분 펀드의 경우는 증권사 어플을 통해 매수하면 된다. 펀드 검색창에서 '자산배분'이라 치면 여러 자산운용사에서 출시한 다양한 자산배분 펀드들이 뜨니, 수익률이나 보수 등의 비교를 통해 자신의 성향에 맞는 펀드를 선택하면 된다.

이 방법은 ETF를 직접 매수해야 하는 것보다 훨씬 단순하고, 또 매달 한 번씩 리밸런싱하는 수고까지 덜 수 있다는 장점이 있다. 다만 ETF보다 보수는 다소 높은 편이다.

연금저축 & IRP 투자법

연금도 투자가 필요하다

필자는 강의에서 장기투자를 강조한다. 살아가는 데 있어 내 돈의 가치를 보전하기 위해 투자는 거의 필수적이라 보기 때문이다. 그렇다면 언제까지 투자해야 할까?

아무리 못해도 70대까지는 해야 한다. 왜냐하면 우리가 노년에 받는 연금 또한 투자를 해야 하기 때문이다. 필자가 장기투자를 빗대어 '치매에 걸리기 전까지는 투자를 해야 한다.' 라고 강조하자, 한 분이 이의를 제기하셨다. '치매'라는 표현이 살짝 거부감을 준다는 것이다. 그러면 어떤 표현으로 바꾸면 좋을지 묻자, 그 분은 친히 이렇게 말씀해 주셨다.

'관에 들어가기 전까지….'

뭐 이 정도까지는 아니더라도 어쨌든 장기투자가 중요하다는 것에 반대 의견은 없을 것이다. 국민연금이나 공무원연금 같은 공적연금은 매년 물가상승률을 반영한다고 했다. 하지만 연금저축펀드나 IRP의 경우에는 최소 물가상승률 수준의 수익을 올려야만 내 돈의 가치를 유지할 수 있는데, 이를 위해서는 연금도 투자를 해야만 하는 것이다.

하지만 연금저축펀드나 IRP에 가입하신 분들의 대부분이 실제 상품 운용을 제대로 하고 있지 않은 경우가 많다. 어떤 상품에 가입할지 잘 모르기 때문이고, 심지어는 연금을 스스로 운용해야 한다는 사실조차 모르는 경우도 빈번하다. 물론 은행의 연금저축신탁이나 연금저축보험의 경우는 개인이 별도로 운용하지 않아도 된다. 은행과 보험사가 알아서 불입한 연금을 운용해 주기 때문이다.

하지만 앞에서 들여다본 바와 같이 그 수익률은 상당히 미미한 편으로 어떤 시기에는 저축금리만도 못한 경우가 많다. 그렇기 때문에 증권사의 연금저축펀드로 계좌이전을 하는 것이고, 이전한 후에는 펀드를 활용해 내 연금자산 증식을 위해 투자해야 하는 것이다.

연금, 어떻게 투자할까

연금상품은 대개 10년 혹은 2~30년을 불입하는 경우도 많다. 매월 일정 금액을 넣는다고 하면 누적 금액 또한 상당히 커지게 된다. 예를 들어 1년에 연금저축의 세액공제 한도인 600만 원씩 20년을 불입했다고 하면 총 금액은 1억 2천만 원이 된다. 상당한 금액이다. 세액공제에 의한 환급액(1,980만 원, 600만 원 × 16.5% × 20년)까지 포함한다면 무려 1억 4천만 원에 달한다.

여기에서 빠진 것이 투자에 의한 수익으로, 낮은 수익률일지라도 꾸준히 수익을 추가한다면 연금액은 최소 1억 5천만 원을 훌쩍 넘긴다고 해도 과언이 아닐 것이다. 공적연금과 함께 쏠쏠한 연금소득을 올릴 수 있는 것이다. 만약 퇴직금까지 퇴직연금으로 수령한다면 내가 받게 되는 연금은 국민연금, 연금저축, 퇴직연금으로 정부에서 강조하는 3층 연금을 풀로 채우게 된다.

자, 그렇다면 연금은 어떻게 운용해야 할까? 많은 연금 투자자들이 펀드를 활용한다. 문제는 펀드의 종류가 너무 많고, 또 수익이 난 후 다른 펀드로 갈아타기도 쉽지 않다는 것이다. 시장 상황뿐 아니라 투자 환경도 계속해 변하기 때문에 매번 수익이 날만한 펀드를 선택한다는 것이 상당히 어려울 수밖에 없다.

고민하지 않고 투자할 수 있는 한 가지 제안을 하겠다. 우리는 실패하지 않는 투자법에서 3가지 방법에 대해 공부했다. 대형 우량주, 인덱스 펀드(또는 ETF), 자산배분 투자가 바로 그것이다. 이 중에서 연금 운용에 적용할 수 있는 방법은 인덱스 펀드나 자산배분 투자 중 하나를 선택해 투자하면 된다.

하지만 이중에서 다시 하나를 고르라고 한다면 자산배분 투자를 추천하는데, 그 이유는 하락을 막아주는 하방 경직성이란 특징이 있어 투자자 입장에서 크게 신경 쓰지 않고도 오랜 기간 투자할 수 있다는 장점을 가지고 있기 때문이다.

자산배분 투자는 주식, 채권, 금, 달러 등의 ETF를 매수함으로써 포트폴리오를 구성하면 된다고 했다. 하지만 개별적으로 ETF를 매수하고 또 한 달에 한번 정도 리밸런싱 하는 것도 잘 모르겠다면 조금 더 편한 방법이 있다. 바로 연금용 자산배분 펀드를 매수하는 것이다.

이 경우 펀드만 가지고 있는 것으로 자산배분 투자를 하는 것과 동일한 효과를 얻을 수 있으며, 펀드 매니저가 알아서 리밸런싱까지 해 주기 때문에 신경 쓰지 않아도 된다는 장점이 있다.

TDF(Target Dating Fund)에 대해 알아보자

우리나라의 대표적인 연금용 자산배분 펀드가 바로 TDF^{Target Dating Fund}이다. TDF는 '자신의 은퇴 날짜를 정해놓고 생애주기에 맞춰 자금을 운용하는 펀드'로 알려져 있는데, 기본적으로 주식, 채권, 금, 원자재 등 여러 자산을 배분해 놓은 펀드라 생각하면 된다. 여기에 추가적으로 큰 장점이 하나 더 포함되어 있는데 바로 은퇴 날짜를 지정해 놓고, 여기에 따라 자산의 비중이 조금씩 달라진다는 것이다.

TDF의 특징 중 하나인 Glide Path(활강경로)

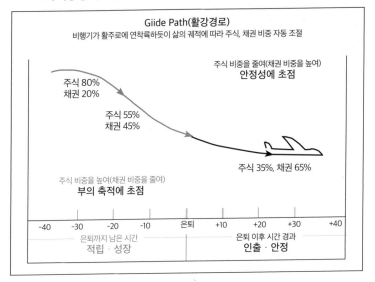

Giide Path(활강경로)
비행기가 활주로에 연착륙하듯이 삶의 궤적에 따라 주식, 채권 비중 자동 조절

주식 80%
채권 20%

주식 55%
채권 45%

주식 비중을 줄여(채권 비중을 높여)
안정성에 초점

주식 35%, 채권 65%

주식 비중을 높여(채권 비중을 줄여)
부의 축적에 초점

-40 -30 -20 -10 은퇴 +10 +20 +30 +40

은퇴까지 남은 시간
적립 · 성장

은퇴 이후 시간 경과
인출 · 안정

　연령대에 따라 자산의 비중이 조정되는 기능을 Glide Path(활강
경로)라고 한다. 즉 연금의 경우 대개 오랜 기간을 투자해야 하기
때문에 젊은 시절에는 다소 공격적인 포트폴리오를 구성해도 되
지만, 점점 나이가 들어갈수록 공격형보다는 안정형으로 가는 것
이 일반적이라 할 수 있다. 여기에 더해 은퇴를 한 이후에는 투자
패턴 또한 보수적으로 바꿔줘야만 한다.

　일반 펀드에 투자할 경우 연령대에 따라 공격형, 안정형, 보수
형 펀드로 개인 스스로 알아서 바꿔줘야만 하는데, 사실 쉽지 않
다. 너무나 많은 펀드의 홍수 속에 나에게 맞는 펀드를 고르는 것
조차도 큰일이라 할 수 있기 때문이다. 하지만 TDF의 경우는 자

산배분이 되어 있는 상태에서 연령대에 따른 투자 포트폴리오를 공격형 → 중립형 → 안정형으로 펀드 내에서 알아서 조정해 주기 때문에 별도로 신경 쓰지 않아도 된다는 장점이 있다. 즉 TDF 하나만 매수해 놓으면 다른 펀드로 갈아탈 일 없이 그냥 오랫동안 함께 갈 수 있다는 거다. 그래서 어떤 사람들은 이 TDF를 반려 펀드라 부르기도 한다.

TDF는 자산배분을 통한 안정성과 함께 생애주기에 따른 투자 비율의 조정까지 함께 해 주기 때문에 연금상품 운용에 있어 최적의 상품으로 각광받고 있다. TDF 하나만 매수해 놓으면 '열 펀드 안 부럽다'고 할 수 있다. 만약 이 펀드를 매수하고자 한다면 한 가지는 꼭 알고 있어야 하는데, TDF 상품 뒤에는 반드시 숫자가 따라 온다는 사실이다.

TDF 선택 예시

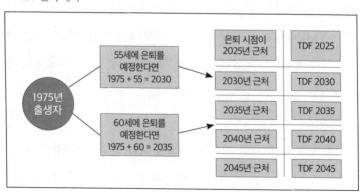

위 그림에서 보는 것처럼 TDF에는 TDF 2025, TDF 2030,

TDF 2035, TDF 2040, TDF 2045와 같이 네 자리 숫자가 붙어 있다. 이는 나의 은퇴 시기에 따라 펀드를 선택할 수 있는 옵션이라 할 수 있다.

예를 들어보자. 만약 내가 1975년 출생자라면 먼저 자신의 은퇴 시기를 생각해야 하는데, 만약 60세에 은퇴를 고려하고 있다면 자신의 출생연도에 60을 더하면 된다. 그러면 2035가 나오게 되고, 그에 따라 TDF 2035를 매수하면 된다. 즉 2035년부터는 은퇴 이후가 되므로 이때부터는 투자 비율을 상당히 보수적으로 운용되도록 세팅된 펀드를 선택한 것이라 생각하면 된다. 만약 65세에 은퇴를 생각한다면 어떻게 하면 될까? 쉽다. 계산상 [1975 + 65 = 2040]이 되므로 TDF 2040을 선택하면 된다.

TDF의 기대수익률은 약 5~8% 정도이다. 자산배분 투자를 하는 것이기 때문에 높은 수익률을 기대하기는 어렵다.

하지만 최소 10년 이상을 생각하고 투자한다면 안정적인 수익률을 통해 꾸준한 수익을 내줄 수 있는 상품이라 할 수 있다. 아무리 자산배분 투자라 할지라도 하락장에서는 손실이 날 수 있다는 것을 잊으면 안 된다.

다만 급격한 하락이 되지 않도록 자산배분을 해놓았기 때문에 주식이나 채권 등에 한꺼번에 투자한 경우보다는 손실률이 덜하다는 것이며, 그에 따라 일희일비하지 않고 오랜 기간 장기투자를 할 수 있다는 장점이 있다.

마지막으로 한 가지만 더 추가하자면, 2022년 6월부터 TDF 또한 ETF의 형태로 출시되었다. 기존에는 반드시 펀드의 형태로 매수했어야 하는데, 이제는 ETF의 형태로 주식시장에서 실시간으로 TDF를 매수할 수 있게 되었다는 것이다.

TDF ETF 출시(2022년 6월말 기준)

<신규 상장 종목 개요>

상품명	KODES 액티브			히어로즈 DEF 액티브			ARIRANG TDF 액티브			
	2030	2040	2050	2030	2040	2050	2030	2040	2050	2060
자산 운용서	삼성자산 운용			키움투자자산 운용			한화자산 운용			
비교지수	Samsung Kotea Target Date 2030/2040/2050			Dow Jones Target 2030/2040/2050			Morningstar korea Lifetime Allocation 2030/2040/2050/2060			
지수 산출기관	S&P Dow Jones Indices			S&P Dow Jones Indices			Morningstar			
신탁 원본액(E)*	135억 원	80억 원		75억 원			76억 원			
1좌당 가격(E)*	10,000			10,000			10,000			
총보수(%) (운용보수)	0.20 90.175)	0.25 (0.225)	0.30 (0.275)	0.30 (0.24)	0.34 (0.28)	0.38 (0.32)	0.14 (0.10)	0.16 (0.12)	0.18 (0.14)	0.20 (0.16)
APO/LP	DB, SK, 메리츠, 신한, 키움			메리츠, 신한, 키움 한국, SK(2050은 제외)			DB, 메리츠, 신한, 한국, 한화			

*신탁원본액 및 1좌당 가격은 상장일 전일 최종 확정

2022년 6월말에 3개 자산운용사에서 TDF ETF를 출시했고, 9월에는 KB자산운용에서도 TDF ETF를 출시함으로써 선택의 폭을 넓힐 수 있게 되었다. ETF는 거래의 편리성 외에도 일반 펀드와 비교해 보수도 저렴하다고 이야기했다. TDF ETF 또한 보수가 0.14~0.38% 수준으로 기존 TDF의 0.8~1%보다 훨씬 싸다. 그렇기 때문에 군이 일반 펀드형 TDF를 고집할 필요는 없다. 주식시장에서 ETF 거래하듯 TDF ETF도 매수하면 되고, 이를 보유하는 것만으로도 TDF를 가지고 가는 것과 같기 때문이다.

PART 4

'더 좋은 노후'를 위해
준비해야 할 것들

돈 벌어서 뭘 하실 건데요?

그토록 원하던 돈을 번다면

노후 준비를 하는 분들과 상담을 하다 보면 대부분 가장 신경이 쓰이는 것으로 '돈'을 꼽는다. 무시무시한 자본주의 사회에서 살다 보니 본능적으로 돈에 대해 더 마음이 쏠리는 것은 요즘 시대에는 어쩔 수 없는 현상인지도 모르겠다.

하지만 상담을 통해 이야기를 나누는 과정에서 중요한 무언가가 빠진 허전한 기분을 반복해서 느껴야 했던 것 역시 필연인지도 모른다. 돈이 중요한 건 알겠는데 도대체 무엇을 위해 그 돈을 버는지가 빠졌기 때문이다. 어느새 다수의 사람들에게 돈은 맹목적 추종의 대상이 됐을 뿐 정작 그 돈을 버는 목적은 애매한 '무엇'(행복하게 살겠다는 등)으로만 존재하게 된 셈이다.

모두가 돈을 갈망한다. 가난한 사람은 물론이고 돈이 많은 사람들도 예외는 아니다. 내가 만나 본 이들 중 누구 하나 돈의 압력에서 자유로운 사람은 없었던 것 같다. 그저 각자의 비교 기준이 다를 뿐 우리는 늘 어느 선에서 돈에 대한 결핍을 느끼며 살아가는 것이다. 그러다 보니 돈에 대한 '올인' 현상을 삶의 곳곳에서 만나곤 한다. 특히 노후 준비에 관한 한 '오로지 돈 벌기'가 최대 목적인 것처럼 보여진다는 것이다.

그런데 이상하지 않은가? 돈을 버는 것이 우리 삶의 전부라면 설마 우리가 '돈을 벌기' 위해 세상에 태어났다는 말일까? 돈은 물론 우리 삶을 풍족하게 만들고, 각자의 삶을 자신이 원하는 방향으로 만들어가기 위한 중요한 도구가 된다. 여기까지는 인정, 그런데 꽤 다수의 사람들이 '돈, 그다음'이 없다. 돈을 넉넉히 모아서 행복하게 살겠다는 어느 중장년과의 상담에서 이런 질문을 했던 적이 있다.

"그럼 얼마를 모아야 행복해지실까요?" 라는 나의 물음에 그는 "많으면 많을수록 좋지요." 라고 답했다. "그럼 돈 모아서 뭘 하실 거예요?" 라는 물음에는 "일 안 하고, 여행 다니고… 뭐 그렇게 살아야죠." 라고 답은 하셨지만 그다지 확신이 있어 보이지는 않았었다.

고개가 갸웃거려지지 않는가? 일 안 하고 여행만 다니면 정말 행복할까?

40대와 50대는 일에서 매우 지쳐 있기에 일시적으로 그렇게 생각할 수 있다. 아이러니하게도 대부분의 일하는 사람들은 퇴직을 꿈꾼다. 그것도 이른 퇴직을 말이다. 그런데 정작 일하지 않는 사람들의 대다수는 반대로 일하는 삶을 꿈꾸는 것이 현실이다. 놀랍게도 돈에 여유가 있는 사람도 이건 마찬가지다.

누군가는 퇴직 후 즐거운 여행을 꿈꾼다. 그럼 여행은 얼마나 다니면 행복한 걸까? 매일 여행을 다니는 사람들은 행복할까? 아무리 여행이 좋다고 매일은 힘들다고? 여행이 어쩌다 내가 내킬 때 가고 싶은 것이라면 그럼 왜 지금은 안 되는 걸까? 생각해 보면 미래로 미뤄두는 행복의 기준들은 사실 지금도 어느 정도는 채울 수 있는 것들이 대부분이다. 그런데 돈은 이게 없다. 미래의 기준은 있을지언정 정작 그 시점에서 만족하는 이들은 별로 보지 못했다.

그럼 우리가 진짜 찾아야 하는 해답은 무엇일까? 바로 '돈을 벌어 어떻게 살 것인가? 도대체 어떻게 살면 나는 내 삶이 더 만족스러울까?' 라는 질문에 답을 찾는 것이다. 도구를 넘어서 우리가 만들고 마주하고픈 삶의 모습을 자꾸 꿈꾸고 대답해가며 찾아가는 과정이 필요하다는 얘기다.

내가 죽으면서 가장 기억에 남는 만족스런 삶의 결과가 '돈 많이 벌었잖아'로 끝나기를 바라는 게 아니라면 지금이라도 스스로에게 질문해 보자.

"도대체 돈 벌어서 나는 뭘 하고, 어떻게 살고 싶은 건데?"

재미있게, 행복하게 살고 싶다구요?

40대 중반만 넘어가도 부쩍 늘어나는 생각 중의 하나는 '노후에 대한 고민'이다. 자연스럽게 내 노후 준비도 돌아보게 되고, 다른 사람들은 어떤 모습으로 살고 있는지에 대해서도 시선이 간다. 사실 노후를 바라볼 때 사람들은 대부분 '분명하고도 애매한 소망' 하나를 갖게 된다. 그건 '재미있게, 혹은 행복하게 살고 싶다'는 바람이다.

실제로 교육현장에서 적지 않은 참여자들이 노후에 재미있게, 행복하게 살고 싶다는 속내를 드러낸다. 그런데 늘 아쉬움을 느끼게 되는 부분은 이 바람의 실체를 구체적으로 아는 분이 그리 많지 않다는 것이다.

"어떻게 재미있게(혹은 행복하게) 사실 건가요?"라고 물어보면 역시나 답변이 시원스레 나오지 않는다. 어떤 이는 나와 마주 보다가 어색하게 웃으며 "그냥 잘…"이라며 웃고 넘기기도 한다. 나도 웃고 말지만 이래서야 대안이란 게 나올 수가 없다. 사람들은 직업이란 것에 환상을 갖고 있듯이 행복이라는 것에도 환상을 갖고 산다.

예를 들어, TV에 나오는 '행복한 은퇴'는 우아하게 해변에서 배우자와 함께(때론 멋진 반려견까지 데리고) 산책을 하거나 와인을 마시는 장면으로 미화되곤 한다. 그런데 정말 그럴까?

유감스럽게도 그런 은퇴는 흔하지도 않을 뿐더러 막상 그 장면으로 자신이 들어간다 해도 '아주 잠깐의' 즐거움일 뿐이다.

은퇴란 어쩌면 무서울 정도로 많아진 시간 속을 외로이 걸어야 하는 여정일지도 모른다. 그 속에서 자신만의 생활을 만들고 즐기려면 '놀고 쉬는 것'에도 적절한 준비가 필요함을 알게 된다. 왜냐고? 10대가 되기 전 정도를 빼면 사실상 우린 그런 여유 있는 시간을 처음 경험해 보기 때문이다. 인생의 묘미는 어쩌면 낯선 것들과의 조우일 수 있지만, 다수의 사람들은 익숙하지 않은 경험을 두려워하고 당황스러워 한다. 너무 오랜 시간을 익숙한 환경들로 채워왔으니 이해는 간다. 그런데 이건 어쨌든 우리가 만나야 하는 현실이다.

재미있게 살고자 하는 욕망이, 행복하게 살고자 하는 바람이 틀렸다는 것은 전혀 아니다. 그 소망을 제대로 실현하려면 도대체 무엇이 당신을 '재미있게, 혹은 행복하게' 만드는지 알아야 한다는 말이다. 조직과 상사의 통제에 익숙해질 수밖에 없는 직장생활이라는 시간을 통해 어느새 낯선 것이 돼버린 내 재미와 행복을 다시 찾아오려면 이런 생각이 첫 출발점이 돼야 한다는 얘기다.

놀랍게도 아이들이라면 훨씬 쉽게 답할 수 있는 이 질문을 성인들은 힘들어 한다. 50대만 넘어도 상당수의 사람들이 '별로 재미있을 게 없어 보이는' 삶을 살고 있기 때문이다. 누군가의 말처럼 우리는 "50대에 뜻대로 되는 것이 일밖에 없어서 일만 하고"

사는지도 모른다.

자, 이제 방향은 명확하다. 지금부터라도 내게 관심을 좀 기울여주자. 뭘 할 때 내가 즐거운지, 어떨 때 내가 행복해 하는지는 오직 나만이 답할 수 있다. 당신이 자녀에게, 혹은 배우자에게, 어쩌면 당신의 상사에게 가졌던 만큼의 관심만 자신에게 발휘해도 충분히 찾을 수 있다. 아직 살아야 할 시간이 많이 남았다.

50대 이후 삶의 격차는 다시 벌어진다

첫 사회 진출과 닮은 50대의 모습

꽤 오래전 기억이지만, 첫 직장에 입사하던 때를 떠올려 보자. 나는 그 시기 불안 반, 기대 반의 심정으로 첫 직장을 선택했고, 그 첫 직장의 여파는 한동안 내 삶을 규정하다시피 했다. 그때를 떠올려 보면 '뭐가 이렇게 인생이 확확 갈리지?' 라는 느낌이 들 정도로 급변하는 시간 속을 살았던 것 같다. 하필 법대 출신이라 취업이 늦어지는 친구들이 많았는데, 그런 친구들의 모습을 보며 나 역시 불안과 그래도 남은 기대 속에 속앓이를 했더랬다.

첫 직장 이후 어떤 식으로든 자신의 사회적 위치를 돌아보게 되는 것은 적어도 당시로서는 필연적 과정이었다. 좋은 직장을 다니는 이들과 그렇지 못한 상황의 친구들, 그 묘한 간극이 새삼스럽게 사회적 차이를 인식하게 했었다. 그 무렵 개인적으로 유난히 방황을 많이 했던 나 역시 잘나가는 친구들을 보며 불안해하기도 했고, 때때로 그런 감정을 외면하면서 살기도 했었다.

우리들의 삶을 보면 어떤 선택이 이후 삶의 행보를 결정하는 경우가 종종 있다. 아마도 초기 경력과 관련해서는 첫 직장의 선택이 그랬던 것 같다. 그것이 많은 시간 우리를 규정하고, 영향을 미쳤음을 부정하기 힘들다. 아예 첫 직장의 선택이 평생의 정체성이 되는 경우도 있는데, 그 첫 선택이 얼마나 애매했었는지를 고려하면 한 사람의 인생이 참 어이없이 결정된다 싶기도 하다.

그런데 이런 중요한 선택의 과정은 50대 시기를 전후해서 다시 한번 만나게 된다. 아쉽지만 50대 이후 삶에서도 우리는 여전히 '삶의 불안한 행보'를 이어간다. 대개는 노후의 삶에 대한 방향성을 제대로 구체화하지 못한 채 "어떻게든 되겠지."라며 손을 놓아 버린다. 차근차근 노후의 삶을 준비한 이들과 비교하면 삶의 격차가 다시 벌어질 수밖에 없다. 마치 신입사원 시절 사회에 처음 나왔을 때처럼 말이다.

50대 이후 삶의 격차는 경제력의 문제를 넘어선다

'잘산다'는 것이 어느새 '돈이 많다'와 동의어가 되어버렸지만 조금만 생각해도 다른 문제임을 우리는 알고 있다. 잘살기 위해서는 여러 가지 조건들을 필요로 한다.

50대, 어쩌면 40대부터, 필요조건들을 잘 만들어온 사람들은 삶의 전반적인 질이 그렇지 않은 사람에 비해 훨씬 나은 경우가 많다. 기본적인 경제 수준도 그렇지만 가족관계나 사회적 관계,

혹은 자신의 건강 등 여러 분야에서 준비된 시간을 맞이하게 되는 것이다. 그런 면에서 보면 좀 더 안정적이고 충만한 삶을 준비하기 위한 마지막 점검 시기가 바로 50대가 아닐까 싶다. 인생을 더 잘살기 위한 노력에 최종시점을 말하는 것은 어리석은 얘기지만 현실적으로 어느 정도의 준비 기간을 감안하면 60대 이후 취할 수 있는 노력들은 상대적으로 매우 한정적이기 때문이다. 알다시피 우리 삶을 구성하는 중요 부분들은 흔히 갑자기 개선될 수 있는 것들이 아니다. 건강도 관계도, 돈과 일도 모두 기본적인 시간의 투자를 요구하는 것들이라 봐야 한다.

한 방송에서 대기업 퇴직자로 정년을 앞둔 이의 모습을 방영한 영상을 본 적이 있다. 그는 꽤 오랜 시간 독재자처럼 집에서 군림해 왔다고 했는데, 50대 후반이 가까워지며 스스로 삶의 태도를 바꿨다고 한다. 자신이 고수해 왔던 삶의 방식이 더 이상 먹히지 않고 환영받지도 못함을 깨닫고 스스로 내려놓기로 한 것이다. 아내와의 관계에 신경을 쓰고, 그동안 등한시 했던 집안일까지 동참하기 시작했다. 과거의 방식들이 다가올 미래를 감당할 수 없음을 알고 새로운 삶의 방식을 만들어가는 그의 모습을 보며 현명한 노후란 어떠해야 하는지를 돌아볼 수 있었다.

어떤 면에서 50대 이후 벌어지는 삶의 질 격차는 첫 신입사원으로 사회에 진출해 만들어지는 사회적 격차와 비교해 더 무섭다. 젊은 시절은 이를 복구할 시간이라도 있지만, 나이 들어서 맞는 위기는 복구의 시간도 충분치 않고 그 개선의 노력은 젊은 날보다 훨씬 많은 에너지를 필요로 하기 때문이다.

지금이 잘못 탄 차선을 되돌릴 마지막 시간이라 생각하자. 흔한 말처럼 지금이야말로 남은 인생을 통틀어 무언가를 하기 가장 빠른 시간일 테니까.

은퇴교육의 핫이슈, 생애설계란 무엇인가?

요즘 은퇴교육의 핵심 이슈

처음 은퇴교육에 본격적으로 참여한 기억은 2015년이었던 것으로 기억한다. 그때부터 본격적으로 민간 대기업 퇴직자를 대상으로 한 생애설계 중심 은퇴교육을 진행한 셈이다.

내 기억이 맞는다면 생애설계가 퇴직자의 전직지원 현장에서 그 필요성이 언급되고 제대로 활성화되기 시작한 것은 내가 재취업 관련 공공기관에 몸담고 있던 2013년이었다. 아마도 그전부터 조금씩 언급은 있었던 것 같은데, 교육현장에서 프로그램을 짜고 이에 대한 다양한 아이디어나 실제 진행이 시행된 것은 2013년 무렵부터였다.

초기엔 재취업 교육에 일부 생애설계의 중심 이슈들을 얹어 진행하는 방식이었는데, 점점 더 핵심 이슈가 생애설계 전반으로 옮겨가며 직업과 관련된 재취업 등은 그중의 한 부분으로 격하된 셈이다.

그전에 '생애설계란 무엇일까?'란 개념부터 정리해볼 필요가 있을 것 같다. 생애설계란 '각 개인들이 보다 성숙한 삶을 살기 위해 삶의 방향을 정립하고, 그 삶의 중추를 이루는 다양한 영역들에 대한 세부적인 목표와 실천을 구체적으로 설계하는 것'을 의미한다.

네이버 지식백과 같은 곳에 보면 생애설계를 '성공'의 관점에서 초점에 맞추고 있는데, 개인적으로 은퇴가 가까울수록 '성공'보다는 '성숙'이란 초점을 맞추는 것이 더 옳은 방향이라 믿는다. 또한 행복한 삶을 위한 다양한 영역 역시 각 기관이나 개인들의 생각에 따라 여러 가지로 나뉠 수 있는데 빠지지 않고 나오는 영역은 다음의 6가지라고 볼 수 있다.

생애설계의 기본 6대 영역

6대 영역	주요 내용
변화관리영역	개인들에게 닥쳐 온 삶의 변화를 어떻게 잘 적응하고 활용해 갈 것인가?
건강영역	정신적, 육체적 건강과 관련된 이슈 관리하기
관계영역	가족 및 사회적 관계 살펴보기, 소통에 대한 이해
직업영역	은퇴 이후 직업시장과 직업의 의미, 재취업 노하우, 혹은 창업과 귀농귀촌 등
재무영역	은퇴 이후의 자산관리 노하우, 수입과 지출관리, 연금, 투자 등
여가영역	여가의 이해 및 여가시간의 활용과 관련된 아이디어, 다양한 여가 사례

거듭 말하지만 이러한 영역은 생애설계의 중요한 포인트를 바라보는 관점에 따라 훨씬 많은 영역과 다양한 방식으로 구분될

수 있다. 다만, 어디에서도 빼기 어려운 주요한 핵심요소들은 위의 6가지라고 봐도 무방할 것 같다. 그런데 왜 대부분의 은퇴교육들은 이러한 생애설계를 중심으로 진행하게 되는 것일까?

생애설계 = 삶의 균형 찾기

직장인들도 시대적 흐름에 따라 생각과 태도가 많이 바뀐다는 것은 굳이 토를 달 필요가 없는 사실일 것이다. 하지만, 대부분의 일과 직장은 개인들의 철저한 몰입을 요구한다.

나는 이런 현상을 자전거 타기에 비유하곤 한다. 자전거는 제자리걸음이란 것이 없다. 앞으로 나아가지 못하면 자전거는 쓰러지고 만다. 거기에 다른 생각을 하며 타다간 사고가 나기 십상이다. 일과 직장의 속성도 그렇다. 끊임없이 개인들에게 시간투자와 몰입, 그리고 성장을 요구한다. 어떻게 보면 '적당하게 일한다'는 개념은 일에서 악덕에 가깝게 비춰진다. 그러다 보면 개인의 일상을 잡아먹고 종래에는 개인의 삶마저 잡아먹는 모습을 보이기도 한다.

대부분의 직장인들은 이러한 '일과 직장의 요구'와 '개인의 삶의 질'이란 두 축 사이에서 줄타기를 하며 어떤 식으로든 조절을 하지만, 많은 경우 시간이 흐른 뒤 돌아보면 삶의 다른 축들이 일과 직장에 치여 무너져 있음을 확인하게 된다. 대개 그런 삶의 불균형을 깨닫는 시기는 50대를 전후한 주요 경력 이탈 시기나 정년 무렵이다. 문제는 이때 그런 상황을 되돌리고 싶어도 대개 타이밍이 늦어 돌이킬 수 없는 노후의 삶을 이어가야 한다는 것이다.

앞에서 생애설계의 6가지 기본 영역을 언급했으니 그것들을 전제로 이야기를 해보자.

만약, 한 사람이 나이가 들어가면서 점점 더 변화하는 세상에 적응하지 못한다는 것을 느끼면 어떻게 될까? 혹시 출세 가도를 달리다 갑자기 건강악화로 쓰러지게 되면서 다른 주변인들의 도움으로 살아가야 하는 처지가 된다면 어떻게 될까? 그도 아니면 보다 흔한 케이스로 죽어라고 일을 하며 노력해 재정적으로 안정감을 만들어 놨지만, 배우자나 자녀와의 관계가 악화되어 가족이란 단어만 떠올려도 스트레스가 유발된다면 어떻게 해야 할까? 거기에 경제적으로 최소한의 생활을 유지하기에도 수입이 턱없이 부족하다면, 혹은 삶에서 재미있는 것이 없어 '스스로도 왜 이렇게 사는지 모른 채' 살아가야 한다면 그 사람의 삶은 무슨 의미로 남게 될까?

생애설계란 결국 이런 삶의 불균형들을 빨리 확인하고 자신과 가족이 행복하게 살기 위해 더 늦기 전에 균형을 만들어가는 노력을 하자는 것이 핵심 주제가 된다.

아쉽게도 인생이 그림 같이 완벽하지 않기에 대부분은 어떤 식으로든 삶의 균형이 일부분은 무너진 채로 살게 된다. 그리고 이런 훼손이나 결핍의 복구에는 상당한 시간과 노력이 필요하다.

생각해 보면 그것을 확인한 시점이야말로 가장 늦었지만 가장 빨리 대응할 수 있는 시점이다.

결국 생애설계란 단순히 직업의 관점에서 다시 일하고 취업을 돕던 전직 지원을 넘어서 누군가의 인생이 풍요로워지고 성숙해질 수 있도록 전반적인 삶의 관점에서 중장년층을 지원하고자 만들어진 개념이라 보면 된다. 혹시 청년층에겐 필요가 없느냐고 물으시는 분들이 계실지도 모르겠다. 당연히 그건 아니다.

청년층도 이런 노력은 분명히 필요하다. 다만 현장에서 이런 부분이 간과되는 것처럼 보이는 이유는 청년층들은 아직 노후의 관점으로 삶의 전반을 바라볼 만큼 여유도 없고, 그런 것에 당장은 관심을 잘 가지지 않기에 사실상 현장에서는 잘 진행되지 않는다고 보면 된다.

그렇지만 어느 때가 되었건 대부분은 '더 나은 삶'에 대한 욕구를 가지게 되고, 한 번쯤 자신의 삶을 객관적 관점에서 바라봐야할 때가 온다. 그때 생애설계에 대한 개념은 우리를 좀 더 행복하고 나은 삶으로 안내하는 가이드가 될 수 있다는 점은 기억해 둬도 좋겠다.

행복한 노후에는 자신만의 기준이 필요하다

비교 혹은 끝 없는 갈망이 남기는 것

'행복한 가정은 모두 비슷한 이유로 행복하지만 불행한 가정은 저마다의 이유로 불행하다.' 이 문장은 톨스토이의 소설 안나 카레니나의 첫 문장으로 유명하다. 이런 비유가 어떨지는 모르지만 이를 인용해 나는 '행복한 사람은 저마다의 이유로 행복하지만, 불행한 사람은 모두 비슷한 이유로 불행하다.' 라고 얘기하고 싶다. 그 불행의 가장 크고 흔한 이유는 바로 '비교'다.

각자가 가지는 삶의 수준이 다르니 당연한 얘기겠지만, 어떤 이는 월 200만 원만 벌면 행복하겠다고 하고, 또 어떤 이는 그래도 100억 정도는 있어야 경제적으로 그나마 좀 나은 것이 아니냐고 얘기한다.

대체로 괜찮아 보이는 삶에도 불구하고 만족하지 못하는 이들은 비교의 눈높이가 달랐다. 그런데 이 비교가 무서운 점은 어쩌다 목표치에 도달해도 또 다른 비교 대상(자신보다 잘난)을 찾는다는 것이다. 그래서 늘 목마르고 힘들어 한다. 특히, 돈은 마치 바닷물과 같다. 돈이 많으면 좋아 보이지만 정작 행복을 구하는 사람들의 갈증은 풀어주지 못 한다. 오히려 소금물이 그러하듯 더 많은 갈증만 유발시킬 뿐이다.

사실 '비교'란 돈의 영역에서만 발휘되는 것도 아니다. 나보다 가족이 더 화목해 보이는 지인의 집을 보면 '우리 집의 부족한 부분'이 보이는 것 같아 우울해진다. 나보다 건강한 사람을 보면 내 저질 체력과 부실한 건강이 더 한심해 보이기도 한다. 비교는 마술처럼 누군가를 순식간에 불행의 구덩이로 쳐넣어 버린다.

행복하려면 꼭 필요한 것

'비교'로 불행해지지 않으려면 어떻게 해야 할까? 비교하지 않으면 된다고? 그건 너무 무책임한 말 같다. 나 역시 비교하지 않으려 하지만 본능처럼 어떤 상황에서 내 처지와 비교되는 다른 이의 상황이 떠오르는 것을 억제하긴 힘들다. 어쩌면 비교는 무의식적 본능과도 같다.

물론 잦은 비교는 의도적인 차단 노력이 필요하다. 나는 물론이고, 혹은 그 비교의 대상이 되는 다른 사람도 이런 상황을 달가워할 리 없다. 그런데 이런 의도적인 차단이 쉽지 않다면 좀 더 순리에 따르는 방법을 활용해 보는 것은 어떨까? 그건 바로 자신이 다다르고자 하는 '목표 기준'을 명확히 하는 것이다.

'기준'이 분명하면 어떤 장점이 있을까? 일단 비교를 덜 하게 되는 장점이 있다. 나는 내 기준만 하면 되니 굳이 더 많은 무언가에 빗대어 나를 불행하게 하지 않아도 된다. 적어도 이런 기준이 있으면 좀 더 내가 가야 할 길에만 집중하게 만들 수 있다.

나는 오랜 시간의 직업적 방황으로 내 나이에 필요하다는 정도의 충분한 자산을 모으지 못했다. 그럼에도 돈에 대해 아주 큰 스트레스는 받는 것 같지는 않다. 아, 솔직히 고백하자면 가장으로서 두 아이를 키워내야 할 정도의 수입에 대한 고민은 있다.

그렇지만 수십억 어쩌고 하는 고민은 애초에 없다. 내가 나를 잘 알기도 하거니와 그렇게 하다간 내 인생이 망가질 것을 알기에 나는 아이들을 교육할 수준의 돈과 최소한의 노후를 위한 자금만 있으면 된다고 생각하고 있다. 실제 그 금액을 얘기하면 대기업 직장인들은 웃을 수도 있는 금액이다.

그러나 그 정도면 된다. 더 많은 돈을 벌기 위해 악착을 떨 자신도, 그럴 이유도 발견하지 못 했기 때문이다. 그저 60대 이후, 혹은 65세 무렵, 70세 무렵에 이 정도 수입만 있으면 최소한의 생활은 유지하며 살 수 있을 것이라는 노후 수입과 지출에 대한 기준 계획 정도만 있는 셈이다. 처음엔 내 역량의 한계 때문이었는데, 살다 보니 이 정도만 쫓는 게 내 삶에 훨씬 유리하겠다는 생각도 들었다. 모든 영역이 그렇듯 필요 이상을 원할 때는 중요한 다른 대가를 치러야 하는데, 나는 그럴 마음이 없기 때문이다.

관계도 마찬가지다. 젊은 날 한때 '만인의 연인'처럼 모든 이에게 사랑받는 사람이 되고 싶기도 했지만 이제는 안다. 그것이 얼마나 힘들고 의미 없는 일인지 말이다. 대체로 너무 많은 관계에서 너무 많은 사랑을 기대할 때 자신이란 존재는 점점 지워질 가능성이 크다.

내가 사랑하는 가족 간의 화목, 기존의 좋은 사람들과의 인연, 가끔씩 새로 만나게 되는 가벼운 인연 정도만으로도 나는 충분하다. 건강 역시 그렇다. 예전처럼 활발하게 움직이지는 못 하지만 일을 할 수 있고, 일상생활과 무리하지 않는 선에서의 여가를 즐길 수 있는 정도의 기준치면 된다.

혹시 오해를 하실까 하여 변명을 하자면 나는 욕심이 없는 사람이 아니다. 아니 오히려 삶의 곳곳에서 포기하거나 버리지 못한 것들로 스스로를 힘들게 한 경우도 많다. 그런데 살아보니 내겐 과한 욕심이 나를 망치는 첫 번째 방아쇠임을 알게 됐을 뿐이다.

그러니 나를 건강하게 제어하기 위해서라도 기준점은 필요하다. 자신의 기준 역시 시간과 상황에 따라 바뀔 수 있지만, 습관적으로만 위를 바라보는 욕심이 아닌, 스스로 납득할 수 있는 합리적인 기준이라면 그 존재만으로도 충분히 좋은 삶의 기반이 되지 않을까 믿어본다.

나이 듦과 행복의 상관관계

노화老化는 처음이라

살면서 처음 만나는 것들이 너무 많다. 결혼도 처음이었고, 당연히 아이들의 아빠가 되는 것도 처음이었다. 아직 나도 철이 없는 것 같은데 자라나는 아이들을 보며 '뭘 어떻게 해야 할까?' 라는 고민을 하며 보낸 시간도 적지 않았다.

좀 더 나이가 들면서는 어느 순간 내가 '나이 들어가고 있구나.' 라는 자각을 하게 됐다. 개인적인 경험이지만 이런 노화의 경험은 남편이 되고, 아빠가 되는 경험보다 더 당혹스럽다는 생각을 했다. 그도 그럴 것이 나이가 들어도 여전히 나는 철이 없고 딱히 성숙해진 느낌이 없는데, 벌써 적지 않은 나이 때문에 원치 않는 어른 대접을 받을 때 어떻게 해야 할지 당황스럽다. 실은 주변의 반응만 그런 것이 아니다. 나 역시도 시시때때로 달라지는 몸과 마음의 상태에 '이게 노화인 걸까?'라며 자발적 고민을 하게 된다.

'이제 50대 중반인 사람이 웬 엄살'이냐고 할지도 모르겠다. 그러나 인간의 노화는 크게 느끼지 못할 뿐이지 생각보다 빨리 온다. 댄 벨스키 미국 듀크대 교수 연구팀이 1972년과 1973년에 태어난 뉴질랜드 성인 954명을 대상으로 12년간 조사를 진행한 바에 따르면, 노화는 26세부터 시작되고, 38세에 이르렀을 때 가장 빠르게 노화가 진행된다고 한다. 우리가 알고 있는, 40대나 50대는 이미 노화가 빠르게 진행되고 있는 시기라도 봐야 하는 것이다.

여기서 잠깐 노화의 정의를 다시 한번 살펴보자. 노화는 '나이가 들어가면서 신체의 구조와 기능이 점진적으로 저하되고 질병과 사망에 대한 감수성이 급격히 증가하면서 쇠약해지는 과정'(네이버, 삼성서울병원 건강칼럼)이라고 한다. 여기에는 신체에 대한 부분뿐 아니라 '질병과 사망에 대한 감수성 증가'라는 단어까지 나온다. 몸에 대해 걱정이 많아지는 것도 노화의 한 과정이라는 의미일 것이다.

노화에 대해 다양하게 정의가 내려질 수 있겠지만 나는 개인적으로 노화는 곧 '경직'이라는 생각을 갖고 있다. 몸이 경직되고, 마음이 경직되고, 사고마저 경직되어 가는 것. 그렇다면 이런 것에서 벗어나 몸과 마음, 사고를 유연하게 가져갈 수 있다면 노화는 늦게 온다고 해도 좋지 않을까 싶다. 그런데 여러 의미로 나이가 들면서 유연함 몸과 마음을 가지기란 쉽지 않음을 알게 됐다.

몸이 먼저 경직되어 가고, 아직은 괜찮다고 믿고 있지만 누군가의 눈에는 마음과 사고 역시 경직되어 가는 것처럼 보일 수도 있으리라. 한 가지 분명한 건 '나조차 나에 대해 자신할 수 없는 것이 많아진다'는 것이다.

생각과 환경이 타협되지 않으니 곳곳에서 사고가 발생한다. 젊은 줄 알고 설치다가 몸을 다치고, 어떤 생각을 고집했는데 뒤늦게 생각해 보니 나 자신이 꽤 고루한 생각을 가지고 있었음도 알게 된다. 문제는 이런 것에 대해 아무도 알려주지 않는다는 것이다. 우리 모두 이번 생에서는 처음 맞이하는 노화이니 어쩌면 당황스러운 것이 더 현실적인 반응인지도 모르겠다.

성공적 노화를 위하여

앞에서 일부 언급을 했지만 노화에 대한 정의는 다양하다. 그 중 학자들 사이에서도 많이 연구되고 논의되는 것이 '성공적 노화'다.

나이 드는 것에 '성공'이란 개념을 붙일 수 있을까? 아마 좀 더 현실적으로 풀어보자면 '성숙한 자세로 잘 대응해 나가는 노화의 과정'이란 말이 좀 더 명확한 의미 전달이 될 것 같지만 너무 기니 그냥 흔히 얘기하는 대로 '성공적 노화'로 정리를 해보자.

성공적 노화에 대해 대표적인 이론이 로우Rowe와 칸Kahn의 '성공적 노화 모델 이론'이다. 그들은 성공적인 노화를 위해 다음의 세 가지가 필요함을 제시한다. 첫 번째가 신체적인 장애와 질병, 그리고 장애와 질병의 위험요인까지 없을 것, 두 번째가 인지적이고 신체적인 차원에서 생활을 유지할 수 있을 정도의 기능을 유지할 것, 세 번째로 생산활동과 사회활동 등의 적극적인 사회 관여 활동을 할 것이다.

내가 생각하는 '성공적 노화' 역시 크게 다르지 않다. 좀 더 풀어서 쉽게 설명하자면, 첫 번째로는 신체적/정신적 건강을 늦은 나이까지 잘 유지해 이른바 '건강수명'을 늘리는 것이 중요하다. 여기에는 '생활기능의 유지'까지 포함한다.

두 번째로는 일과 여가생활의 변화, 가족관계, 사회적 관계의 변화를 잘 유지하며 적응하는 것이다. 앞에서 말한 적극적인 사회관여 활동도 이런 적응에 속한다.

그런데 이런 노화와 관련해 지속적인 궁금증이 하나 발생했다. '나이가 많이 들면 과연 행복해질 수 있을까?'란 고민이었다.

나이 들면 더 행복해질 수 있을까?

'나이가 들면 도대체 무슨 재미로 살게 될까? 지금보다 더 행복

해질까? 아니면 더 불행해질까?'

언젠가 이런 생각을 한 적이 있다. 젊은이들은 흔히 나이 든다는 것을 비관적으로 바라보곤 한다. 수많은 중장년들이 50대를 전후해 퇴직할 무렵이면 모두 입을 모아 '행복하게 살고 싶어요'를 부르짖는다. 젊은 시절엔 '재미있는 것이 없으니 더 절박하게 행복을 찾는 것이 아닐까?' 싶기도 했다. 그런데 뒤늦게 알았다. 60대 중반을 넘어선 이들의 상당수가 생각보다 행복하게 사는 이들이 많다는 것을 말이다.

긍정심리학의 영향 때문인지는 모르지만 행복에 관한 과학적 연구가 꽤 많이 이뤄졌다. 생각해 보면 고마운 일이다. 인간의 어리석음이 행복에 대해 엉뚱한 생각과 잘못된 지표를 양산해 왔는데, 이런 연구들 덕분에 새롭고 신선하기까지 한 삶의 지혜를 얻게 됐으니 말이다.

일단 '나이 들면 행복할까?' 라는 질문에 대한 가장 기본적이고 적절한 답변은 '사람마다 다르다'일 것이다. 그런데 전 세계적으로 나이와 행복 정도를 비교한 이론들을 쫓다 보면 'U자형 행복 곡선'에 대한 이론을 만나게 된다. 이와 관련해 가장 유명한 저작 중의 하나는 블랜치플라워와 오즈월드 두 사람이 2008년 학술지 〈사회과학과 의학〉에 게재한 〈인생 주기에서 안녕감은 U자 곡선을 그리는가? Is Wellbing U-shaped over the Life Cycle?〉이다. 그들은 유럽과 미국을 포함해 50만 명 이상을 대상으로 설문 조

사한 결과를 통해 행복과 나이에 관한 U자 곡선의 존재를 확인
했다.

이에 따르면 사람들은 평균적으로 40대 중반부터 50대 초반까
지 가장 불행한 시기(어쩌면 가장 스트레스가 많은 시기)를 보낸다. 이
곡선은 남녀를 불문하지만, 나라나 환경에 따라 최저점이 조금 더
늦어지는 경우도 있고, 조금 더 빨라지는 경향도 있는 것으로 보
인다. 이 곡선이 알려주는 사실은 우리들이 흔히 생각하는, 사람
이 나이 들면 행복도가 '줄어들 것'이란 믿음과 상반되는 결과다.

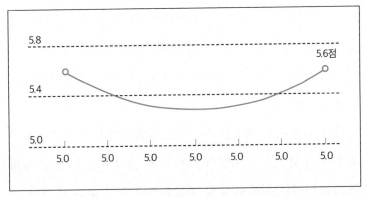

연령별 인생 만족도
행복도 10점 만점, 2010~2012

자료 : 갤럽월드폴 , 브루킹스 연구소
조선일보 2021년 8월 28일, <행복곡선은 'U'자형, 바닥 찍고 50세부터 올라간다> 중에서 재인용

그런데 이런 전 세계적인 연구결과에도 불구하고 우리나라의
경우는 오히려 역 U자 곡선이 더 많이 발견된다는 연구결과도
꽤 있다. 한국노동연구원의 2014년 노동패널 조사 결과, 2014년

서울서베이의 서울시민 행복도 조사 등이 그랬고, 가장 최근에는 국회미래연구원이 2022년 2월 8일 발표한 〈2021년 한국인의 행복조사 결과〉가 그랬다. 21년 자료에서는 한국인의 전반적인 행복감은 10점 만점에 6.56점을 기록했다고 한다. 연령별로 보면 30대가 평균 6.77점으로 가장 높고, 60대 이상은 6.27점으로 가장 낮았다. 전체 집단으로 보면 20~40대보다 10대, 50대가 불행했고, 가장 행복감이 떨어지는 것은 60대 이상으로 나타난 것이다.

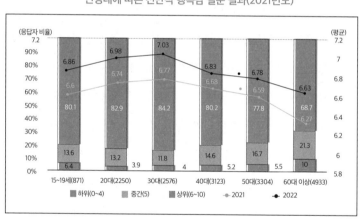

연령대에 따른 전반적 행복감 설문 결과(2021년도)

[2021년 한국인의 행복조사 주요 결과] 중에서 인용

어째서 한국은 흔치 않게 U자형 행복곡선의 예외적인 경향(역 U자 곡선)을 보이는 걸까?

브루킹스 연구소의 선임 연구원이자, 메릴랜드 대학의 대학원

교수인 캐럴 그레이엄은 "경제가 초고속으로 성장 중인 국가의 사람들이 경제 성장이 더딘 국가의 사람들보다 덜 행복해요. 급격한 변화는 사람들을 매우 불행하게 만들죠."(『인생은 왜 50부터 반등하는가』 조너선 라우시 지음) 라며 행복 관련 연구에서 얻은 통찰을 언급했다. 이를 보면 우리나라 역시도 아주 빠르게 고속성장을 한 나라다 보니 더욱 많은 상대적 박탈감과 비교 속에 스스로를 더 불행하게 몰아가는 것이 아닐까 추측해볼 수 있을 것 같다.

하지만 전 세계적으로 보면 나이가 들수록 사람들은 훨씬 여유로워지고(돈이 아니라 마음이), 이를 통해서 삶이 조금 더 행복해지는 쪽이 훨씬 주요한 경향이라고 한다.

결국 우리의 행복은 얼마나 많은 것을 내려놓을 수 있는가, 혹은 부정적인 것에 덜 매달릴 수 있는가, 지금 현재 시간과 사람에 더 집중할 수 있는가, 얼마나 더 감사할 수 있는가 등에 의해 결정된다. 우리 사회의 경향이 어떻든 간에 개인차가 존재함이 분명하다면, 그리고 그 개인차에서 위와 같은 요소들이 중요하다면 우리가 신경 써야 할 부분이 어떤 것인지도 명확해진다.

어쩌면 우리나라와 세계적인 경향의 행복 곡선 차이는 여전히 각자에게 주어진 삶의 방식이 얼마나 중요한지를 보여주는 좋은 예시가 아닐까 싶다.

건강, 오래 사는 것보다 더 중요한 것

육체가 먼저일까? 정신이 먼저일까?

50이 넘어가면서 가장 민감하게 느껴지는 변화의 징후는 몸에서 나타난다. 아픈 곳이 많아지는 직접적인 것에서부터 예전에는 별 것 아닌 동작조차 통증으로 다가오고 조심해야 할 것들이 점점 많아진다. '남은 시간 중 가장 좋은 몸 상태가 이 정도일 텐데….' 라는 마음이 들면 '이제 남은 시간들이 그리 호시절이 아닐지도 모른다.' 라는 부담감이 나를 짓누르기도 한다.

개인적으로는 관절과 관절이 만나는 부위에 탈이 많은 편이다. 그러다 보니 작은 수술도 몇 번 했고 일부 통증은 안고 산다. 그나마 다행스러운 것은 사람은 적응의 동물이라 이런 상황에서도 적응력이 발휘되어 익숙해진다는 것이 위안이지만, 몸이 편치 않을수록 일상에서의 의욕도 점점 더 떨어질 수밖에 없는 것이 보통 사람들의 삶일 것이다.

어린 시절 내가 가장 많이 들었던 구호 중 하나는 '건강한 정신에 건강한 몸'이라는 구호였다. 그런데 나이가 들면서 내가 더 믿고 신뢰하게 된 말은 '건강한 몸에 건강한 정신이 깃든다'는 것이다.

언제부턴가 나는 심신이 불편하고 뭔가 일이 안 풀리면 '몸부터 챙겨야 한다'는 생각을 하곤 한다. 살아보니 그게 보통 사람들에겐 더 효과적인 삶의 지혜라는 걸 깨달은 셈이다.

그런데, 문득 주변을 돌아보니 건강에 관한 이야기들은 단순히 '많다'고 표현할 수 없을 정도로 주변에 흘러넘친다. 들어보니 이 말도 옳고 저 말도 옳다. 해야 할 숙제가 점점 늘어나는 것 같은 마음마저 들고, 내 노력의 부족함은 끝이 보이지 않는 상황이다. 심지어 내 건강이 안 좋아 보이는 것은 당연하다는 자책감마저 든다. 이래서야 차라리 눈을 감고 듣지 않느니만 못하다 싶다.

그럼 우리는 도대체 어떤 것에 신경을 써야 할까? 생애설계 교육현장에서는 실제 다양한 건강 관련 전문가들이 참여해 교육을 하는데, 그들이 제시하는 핵심적인 내용들을 극단적으로 단순화하면 결국은 몸의 건강과 마음의 건강으로 나눠진다. 몸의 건강은 주로 건강수명의 연장을 위한 생활습관에 초점이 맞춰지고, 마음의 건강은 글자 그대로 마음의 편안함을 추구하는 노력과 스트레스 관리로 모여진다. 그리고 이 모든 것들은 '어렵고 힘든 것'이 아닌 '쉽고 안전한' 관리 쪽에 더 중점을 둔다.

기-승-전-요양원이라는 결말을 피하려면

주변의 지인들과 노후에 대해 이야기를 나눌 때가 있다. 그럴 때 주로 이야기는 것은 60세를 전후한 모습이다. 길어야 70세 정도까지? 그 이상은 잘 논의하지 않는다. 그러기에는 50대라는 나이가 아직 너무 젊기도 하거니와 본능적으로 그 이상의 미래는 아마도 거의 하나의 결론으로 귀착되리라는 것을 알기 때문인지도 모른다. 노후의 삶이 어떤 식으로 전개가 되든 최종 종착지는 결국 '유병기간을 거친 후 요양원'이라는 결론에 이르는 것이 우리 시대의 씁쓸한 현실이다.

부정하기 어려운 장수의 시대다. 통계청에 따르면, 한국인의 기대수명(2020년 기준)은 평균 83.5세다. 남자가 80.5세, 여자는 86.5세. 평균적으로는 여성이 남성보다 6년 정도 더 산다.

문제는 수명을 늘리는 기술은 정말로 많이 좋아진 것 같은데, 건강하게 삶의 마무리 단계를 지나는 사람들이 많은지는 고개가 갸웃거려진다. 넘쳐나는 패스트푸드와 나빠진 환경, 외로움 속에 고립되는 고령자 등을 감안하면 오히려 건강에 부정적인 요인들이 넘쳐나는 세상이기 때문이다.

이때 확인해야 할 것이 바로 건강수명이다. 건강수명이란 몸이나 정신에 아무 탈 없이 활동하며 살아가는 기간으로 평균 수명에서 질병으로 몸이 아픈 기간(유병기간)을 제외한 기간을 말한다. 국가지표체계에서 확인할 수 있는 가장 최근 조사가 2019년 자료인데, 전체 평균은 73.1년(남성 71.3년, 여성 74.7년)이다. 2000년과 비교하면 약 6년 가까이 늘어났는데 우리의 기대만큼 썩 만족스럽지는 않다. 우리가 건강을 유지하며 살 수 있는 시간은 법적 정년 이후를 기준으로 보면 그리 넉넉하지 않은 셈이다. 그런데도 사람들은 건강이란 부분을 '생계'나 '다른 어떤 이유(피곤함, 귀찮음, 일상의 핑계 등)'들로 쉽게 미루고 소홀히 한다. 당장은 사는 데 크게 지장이 없다는 이유인데 이 결과는 생각보다 무겁게 다가올 수 있다. 삶이 기-승-전-요양원으로 흐른다는 전제에서 보면 그 무심함이 요양원에 가는 시기를 앞당길 수 있다는 얘기기 때문이다.

그뿐만이 아니다. 건강에 대한 우려가 심한 이들도 그나마 잘 대응하면 좋을 텐데, 잘못된 통념이나 오판들로 오히려 건강을 챙기려다가 몸을 망치는 경우가 허다하다. 예를 들어, 정형외과 방문 환자의 상당수가 운동을 하다 다쳐서 더 몸을 망쳐서 오는 케이스라거나, 다이어트로 몸을 챙기려 했으나 오히려 더 몸을 위험하게 만드는 여성들의 경우가 그러하다. 실제 나 역시도 몸이 안 좋을 때 이런저런 내용을 참고했지만 잘못된 정보로 인해 몸에 더 나쁜 결과를 만들기도 했다.

결국 생애설계에서 건강의 핵심 이슈는 건강 수명을 효과적으로 늘리는 것이다. 그것도 부작용 없이 말이다. 그럼 도대체 어떤 것에 신경을 써야 할까?

당신의 생활습관은 어떤가요?

여기 A란 이름의 50대 초반 남성이 있다. 그는 회사에서 끝없는 격무에 시달린다. 그러다 보니 유일한 낙이 퇴근 후 저녁 늦게 밥과 함께 먹는 반주 한잔이다. 그 정도도 좋지 않은 신호인데, 업무 관련 술자리까지 포함하면 일주일에 5일 이상 술을 마신다. 덕분에 수면도 매우 불규칙하다. 요즘은 저녁에 먹은 술과 안주, 늦은 식사로 잠을 자다 위산이 역류되어 잠을 깨는 경우가 많고, 아침이면 늘 속이 더부룩하다. 운동을 해야 한다고 생각은 하지만 바쁘면 바빠서, 추우면 또 추워서 운동을 건너뛰다보니 배는 나오고 체중은 불고 있다. 거기다 회사 업무부담과 대인관계, 건강에 대한 염려 등이 더해져 자꾸 스트레스를 받다보니 몸도 안 좋은데 정신적인 시달림까지 극심해졌다. '이러다가 무슨 큰 탈이 나지는 않을지' 걱정만 자꾸 쌓인다. "무서워서 병원에 못 간다"는 동료의 농담이 단순히 농담처럼 들리지 않게 된 지는 꽤 오래전이다.

이 사람은 얼마나 건강하게 살 수 있을까? 누구라도 충분히 추측할 수 있는, 어쩌면 답이 뻔한 얘기를 한 셈이다. 신의 축복을 과도하게 건강으로 받은 사람이 아니라면 건강을 위한 노력을 바로 시작해야 한다. 그냥 두기에는 일상의 조건들이 그리 긍정적이지 않다는 얘기다. 그런데 이런 이야기들이 나와는 전혀 관계없는 이야기로만 들리지 않는 분들도 꽤 있을 것이다. 지속적이지는 않더라도 이야기 속의 일부 경험들을 수시로 겪는 것이 중장년의 일상이기 때문이다.

특히 신경 써야 할 것은 위의 사례에서 나타나는 내용들이 일시적이지 않은 것들이 많다는 사실이다. 나쁜 일상 역시 일종의 습관이 된다. 사실 우리는 한 개인의 생활습관만 봐도 그 사람의 건강상태를 들여다볼 수 있다.

생활습관으로 대표되는 3가지가 있다. 바로 '식습관', '운동습관', '수면습관'이다. 내가 이런 것들에 습관이란 이름을 붙이는 이유는 간단하다. 한번 고착되면 쉽게 바뀌지 않기 때문이다.

스트레스가 쌓이면 저녁에 술이나 음식에 대한 욕구가 커지는 경험을 대부분 해보셨을 것이다. 먹는 것으로 스트레스를 좀 줄여보려는(혹은 잊어보려는) 노력인데, 대개 문제는 전혀 해결되지 않은 채 불편한 컨디션으로 아침을 맞이하게 될 뿐이다. 경험해 보신 분은 아시겠지만 저녁의 과식은 실제 배가 고픈 것보다 심리적 허기가 더 많은 작용을 한다. 이런 과식 습관부터, 필요한 것을 덜 먹거나(물), 좋지 않은 것을 너무 자주 먹는(술) 것들도 습관이 되면 결국은 몸이 대가를 치르게 된다.

먹는 것만 그럴까? 운동도 마찬가지다. 하는 사람은 습관처럼 계속하고, 하지 않는 이들은 무슨 월간 행사처럼 몸을 움직인다. 억지로 하는 운동이 오래갈 리 없고, 갑자기 하는 운동은 긍정적 효과보다 위험한 노력이 되어 부정적 영향을 더 끼치곤 한다.

잠과 관련된 수면 습관도 마찬가지다. 불규칙한 수면시간, 잠들기 전 장시간의 스마트폰 시청 등은 생각보다 우리의 건강에 악영향을 미친다. 그런데 사람들은 흡연은 해로운 줄 알지만 질 나쁜 수면이 흡연보다 몸에 해롭다는 생각은 잘 하지 않는다.

나 역시 수시로 내 생활습관을 들여다보곤 한다. 컨디션이 나빠지면 어김없이 나쁜 습관이 들어선다. 아시다시피 좋은 습관은 만들기 어려워도 나쁜 습관은 참 쉽게 들어서기 마련이다.

제일 먼저 보인 것은 업무 후 심리적 허기를 늦은 저녁의 과식이나 술로 채우는 모습이었다. 그래서 먼저 손을 댄 것이 저녁 6시 이후 음식을 먹지 않는 습관을 만드는 것이었다.

운동은 쉬운 것을 중심으로 구성했다. 원래부터 좋아했던 걷기를 중심으로 가끔 자전거를 타거나 틈만 나면 스트레칭을 하려 한다. 수면 역시 아주 기본이지만 취침시간과 기상시간만이라도 일률적으로 지키려 노력하고 있다.

잘 되고 있느냐고? 그럴 리가 있는가? 나는 결심도 자주 하고, 실패도 자주 하는 사람이다. 그중에서도 건강을 위해 습관을 통제하는 것은 내게 가장 쉽지 않은 영역이다. 마음은 수시로 어긋나서 갑자기 음주에 폭식을 하기도 하고, 어느 날은 잠이 오지 않는다는 이유로 늦게까지 TV를 보기도 한다. 겨울철 날씨가 영하로만 내려가도 '추운 날은 밖에 나가는 것 아니'라며 간단한 걷기조차 곧잘 포기한다. 그럴 때마다 하루는 쉽게 망가진다.

그렇지만 이런 내게 한 가지 좋은 습관도 있다. 나는 '모로 가도 서울만 가면 된다'는 말의 신봉자다. 비록 오늘 실수로(?) 약속을 어겼다고 내일도 포기하지는 않는다. 내가 하루라도 좋은 습관을 더 유지하려 노력한다면 그 하루만큼 내 건강은 더 좋아지리라는 믿음을 갖고 산다. 그래서 시간은 걸리지만 어찌어찌 원하는 방향으로 조금씩 전진하는 셈이다. 어쩌면 이런 작은 노력들이 그동안 소홀한 마음으로 돌보지 못한 내 몸에 대해 속죄하는 길이 아닐까 싶기도 하다.

스트레스는 무조건 나쁘지 않습니다

대한민국이 사랑(?)한다고 알려진 영어 단어 스트레스, 성인으로 삶을 살다보면 이 단어의 사용이 너무도 자연스럽게 다가오는 순간이 있음을 인정하지 않을 수 없다. 그런데 스트레스와 관련해서 사람들에게 잘 알려지지 않은 중요한 사실이 몇 가지 있다.

먼저 스트레스는 좋은 스트레스(Eustress, 결혼, 승진 등의 긍정적 스트레스)도 있다는 사실이다. 이것은 때로 삶에 활력을 준다. 그에 비해 나쁜 스트레스(Distress, 이혼, 사별, 퇴직 등의 부정적 스트레스)도 분명히 있다. 사람들은 흔히 스트레스를 모두 나쁜 것으로 치부하는 경향이 있는데 결정적으로 스트레스의 심각한 문제는 바로 사람들의 부정적 관점에서 비롯된다.

왜냐하면 스트레스는 실제로 그 자체보다 스트레스를 받으면 자신에게 나쁜 결과가 생길 것이라는 가정을 믿는 개인들의 태도에 의해 건강에 더 악영향을 미치기 때문이다. (켈리 맥고니걸의 TED 강의, 〈스트레스를 친구로 만드는 법〉을 찾아서 검색해 보시면 더 상세한 정보를 얻을 수 있다.) 그러니 차라리 스트레스 자체는 중립적인데, 그것을 최종적으로 좋거나 나쁘게 만드는 것이 우리의 스트레스에 대한 태도 혹은 관점이라 믿는 것이 유리하다.

사실 우리는 건강하게 사는 방법을 대부분 알고 있다. 적게 먹고(적어도 밤늦게까지 과식하지는 말아야 한다), 나이가 들어도 규칙적으로 일정 시간 이상 운동하며, 규칙적인 수면을 유지한다면 건강을 유지하기는 훨씬 쉽다는 것을 알고 있다. 거기에 스트레스를 너무 받지 않도록 햇볕도 많이 쬐고, 좋은 사람들을 많이 만나고, 스트레스는 내 몸이 특정한 외부 상황에 잘 대처하기 위한 방편일 뿐이지 스트레스 자체는 그다지 나쁘지 않다는 것까지 믿어준다면 금상첨화일 것이다.

문제는 이런 것을 알고 있는데도 실천은 매우 어렵다는 것이다. 인생의 비극은 어쩌면 아는 것을 실행하지 못하는 데서 기인하는 것일지도 모른다.

그러나 그 실행이 요양원으로 가는 시간을 조금이라도 늦추거나 방지할 수 있다면 그 가치의 소중함은 굳이 더 언급할 필요조차 없을 것이다.

관계, 많은 것을 가졌지만 행복하지 않다면?

돈보다 중요한 것이 진짜 있을까

50대 후반 희망퇴직을 하게 된 B씨, 그는 퇴직을 하게 됐지만 사실 큰 걱정이 없었다. 왜냐하면 이미 충분한 돈을 모았고, 재테크도 잘돼서 적어도 돈에 관한 한 여유가 있었기 때문이다. 그는 또 '취미 부자'이기까지 해서 나름 지루할 틈 없는 다양한 활동들을 즐기고 있었다. 하지만, 웬일인지 이상하게 건조한 느낌을 주곤 했는데 상담이 좀 더 진행이 되며 그 이유를 알게 됐다.

돈도 심지어 퇴직 후 일도 별 문제가 안 되는 상황이었지만 가족관계가 원만하지 못했다. 특히 배우자와는 이름만 부부인 삶을 살고 있다 보니, 늘 시선을 다른 곳에 두고 있을 수밖에 없었던 것이다.

10여 년 동안 중장년 대상 생애설계 관련 교육을 할 때 가끔 하는 질문이 있다. "지금 이 순간 살아가면서 가장 고민되는 것을

3가지만 고른다면 무엇입니까?" 라는 질문이다. 지금 이 책을 읽는 독자분도 한번 메모를 해보셔도 좋겠다.

쪽지로 답변을 받으면 매번 가장 많은 빈도로 나오는 것은 가족과 건강 관련 이슈들이었다. 물론 돈 문제도 적지 않게 나오는데 재미있는 것은 돈 문제로 포장된 것 중 상당수는 실제로 가족관계나 건강과 엮여 있는 것이 많았다. 예를 들면 이런 식이다. "자식들 결혼할 때 집 문제 정도는 도와줘야죠.", "우리 애가 취업이 아직 안 돼서 더 벌어야 합니다.", "지금은 돈 문제에 어느 정도 여유가 있지만, 갑자기 아프거나 할 때 어떻게 될지 걱정이 됩니다." 같은 식이다. 어쩌면 이는 내가 교육을 들어갔던 곳들이 주로 대기업이나 공공기관이 많아 그렇기도 하겠지만, 중장년에게는 '가족이나 건강'에 대한 염려가 일상의 주요 부분이라고 봐도 틀린 말은 아닐 것이다.

통상 생애설계 교육에서는 이런 가족에 대한 문제를 '관계'의 영역에서 다룬다. 여성의 경우야 대부분 가족 걱정이 많을 것이라 이해가 되지만 '남성도 그럴까?' 라는 의문이 남는다.

그러나 가족에 대한 걱정은 중장년의 경우 남녀를 불문한다. 다만, 남성의 경우는 가족에 대한 걱정을 '돈을 벌어다 주는 것'으로 해결하려는 경향이 있다 보니 실제 마음과 달리 가족에 대한 걱정이 덜한 것처럼 보일 뿐이다.

사실 가족에 대한 집착이 이해가 되지 않는 것은 아니다. 논리적으로 봐도 인간은 행복을 추구하려는 경향이 강한데, 행복감은 사람 간의 관계 특히, 화목한 가족관계, 사랑으로 감싸는 가족관계가 없으면 현저히 떨어지기 때문이다.

나는 이때까지 2,700명이 넘는 사람들과 직접 얼굴을 맞대며 최소 1시간 이상의 상담을 해왔다. 어떤 경우는 한 사람을 상대로 30시간 이상을 진행하기도 한다. 그러다 보니 이런저런 말 못할 속내도 많이 접하게 되는데, 누구나 부러워할 만한 처지의 사람조차 결국 사랑하는 가족이 없으면 '도대체 뭘 위해 내가 이렇게 열심히 살아야 하는가?' 라며 좌절에 빠지는 모습을 보이기도 했다.

하버드 행복연구로 유명한 조지 베일런트 하버드 의대 정신과 교수는 75년 동안, 2천만 달러를 들여 추적해 얻은 행복연구의 결론을 "삶에서 가장 중요한 것은 인간관계이며, 행복은 결국 사랑"이라는 말로 정리를 했다. 어찌 보면 허탈하기까지 한 이 결론을 수많은 사람들은 이미 그들의 삶을 통해 이해하고 있었던 셈이다.

또 다른 차원의 관계, 사회적 관계

인간이 행복을 위해서건 단순히 생활을 위해서건 맺는 관계는 오직 가족관계만 있는 것이 아니다. 당연히 사회적인 활동을 위해 더 폭넓은 관계를 맺게 된다. 이것이 사회적 관계다. 특히나 요즘처럼 결혼을 통해 새로운 가족을 만들지 않는 사람들이 늘어나는 시대에는 어쩌면 가족관계 못지않게 중요한 것이 사회적 관계인 셈이다. 그도 그럴 것이 만약 단순히 '투입 시간'이라는 관점으로만 한정한다면, 어쩌면 성인들은 집에 있는 가족보다 회사에 있는 동료들과 더 많은 일상을 보내고 있는지도 모른다.

그런데 이 사회적 관계를 보면 남녀의 특성이 매우 극명하게 드러난다.

일단 남성의 경우를 살펴보자. 남성의 경우 사회적 관계는 '직장'이라는 공간과 '직업'이라는 영역을 중심으로 심하게 쏠려 있다. 흔히 중장년 남성의 경우는 목적 없이 새로운 관계를 만들어가는데 약점이 있다 보니 이런 현상은 어쩌면 당연한 것일 수도 있다. 문제는 회사를 떠남과 동시에 남성의 인간관계망이 대폭 날아가는 '바람직하지 않은 현상'이 만들어진다는 것이다. 이 때문에도 더욱 노후로 갈수록 가족에 대한 집착 혹은 의존이 늘어날 수밖에 없는 구조가 만들어진다.

반면에 여성의 경우는 이와 많이 다른 삶의 궤적을 보인다. 특히 인적관계망의 형성에 남성보다는 상대적으로 월등한 실력(?)을 보이는 여성들은 노년으로 가면서도 건강에 문제가 없는 한 인적 관계망은 잘 줄어들지 않는다. 오히려 일을 떠나서도 사회활동이나 개인들의 취미 생활, 혹은 친구 관계를 통해 여전히 활동적인 네트워크를 만들어 나간다. 어떤 면에서 이것은 아주 이상적인 노후 인간관계의 모델이라고 할 수 있다. 회사 중심의 인적관계망을 벗어날 때, 이유나 목적 없이 사람을 잘 만나지 못하고 새로운 친구도 잘 사귀지 못하는 남성이라면 여성의 이런 유연한 인간관계를 참고할 필요가 있다.

또 하나, 사회적 관계망의 형성과 관련해 주목해야 할 것이 있다. 바로 온라인을 통한 인간관계의 확장이다. 지금 중장년들의 인간관계를 살펴보자면 전통적인 오프라인 인간관계가 대부분이다. 물론 실제 우리가 중요하게 생각하는 관계는 직접 얼굴을 보고 이야기를 나누고 교감을 할 수 있는 오프라인 인간관계가 맞다. 그렇지만 시대의 흐름을 감안하고, 앞으로의 인적 교류 흐름을 가늠해 보면 점점 더 온라인에서 시작되거나 구축된 인간관계망이 오프라인으로 확장될 가능성이 커지고 있음을 부정하기 어렵다.

요즘 마음만 먹는다면 얼마든지 온라인을 기반으로 인연을 만들 수 있다. 그런 인간관계의 불확실성에 대해 우려가 있음을 알고 있으나 어차피 온라인에서 시작된 인간관계도 좋은 인연으로 고정되려면 온, 오프라인을 넘나들며 교류가 이어져야 한다. 그런데 확실히 중장년의 경우 이런 측면에서 약점이 있다. 회사 규정상 SNS 활동을 권장하지 않는 곳이 많다는 것도 이런 결과에 한몫하겠지만, 그럼에도 불구하고 앞으로의 세상은 이런 활동없이 오프라인에만 치중해 살기가 어려워졌음은 분명하다. 누군가는 '세상 쓸데없는 것이 SNS'라고 주장하지만 온라인을 통한 네트워킹이 시간낭비가 될지, 혹은 인생의 좋은 동력이 돼 줄지는 결국 당사자가 어떻게 이를 활용하느냐에 달려 있을 뿐이다.

온라인 관계망을 만드는 것은 당연히 위험의 요소도 많다. 익명성에 숨어서 나쁜 것을 퍼트리고, 때로 비난을 퍼붓거나 희생양이 되기도 한다. 누군지 알 수 없는 존재들에 내가 노출되는 위험을 감수해야 할지 망설여진다. 그러데 좀 극단적으로 표현하자면 나는 '구더기 무서워 장 못 담글까'란 생각을 한다.

살면서 어떤 행동을 해도 위험은 있다. 그것이 위험보다 더 매력적인 장점이 있다면 우리는 최대한 위험은 줄이고 그 장점을 활용하기 위해 노력해야 한다. 무엇보다 중장년 세대만 해도 '온라인 활동과 떨어져서 살기 어려운 세대'라고 봐야 한다.

필요 이상의 두려움으로 기피하기보다는 더 많이 배우고 더 잘 활용하는 것에 주력하는 것이 우선이다. 그러면 우리가 전혀 기대치 못했던 '놀라운 도구'를 하나쯤 손에 넣을 수 있을지도 모른다.

관계는 습관이고 훈련이다

얼마 전 모 대기업 임원 출신으로 현재는 대학교 겸임교수 활동을 하고 계신 분을 찾아뵌 일이 있었다. 고객과 전직 컨설턴트로 만났지만, 개인적으로 늘 배울 점이 많은 분이라 마음에 담고 있는 분이다.

그 교수님께서 '젊은이들과 함께 일하고 잘 지내는 방법'에 대해 얘기를 해 주셨다.

교수님은 "딱 두 가지만 지키면 됩니다. 첫 번째는 함께 일하거나 생활하면서 나이가 많다고 반말하지 않고 계속 존대를 해 주는 것이고, 두 번째는 같이 일할 때 방해가 되지 않도록 스스로 일을 할 수 있는 기본적인 능력(예를 들면 컴퓨터 활용능력 같은)을 갖추는 겁니다. 그거면 함께 일하는 데 위화감 없이 잘 지낼 수 있는 것 같아요."라고 말했다.

탁월한 혜안이다. 이 사소한 인식에도 그분이 만들어온 관계의 한 단면을 볼 수 있었다. 다만 이런 각론 앞에 기본적 관계형성 조건도 필요하다.

관계를 형성하는 조건은 무엇일까? 가족이건, 혹은 사회적 관계건 핵심은 좋아하고 배려하는 마음이고, 한편으로는 서로가 공들인 시간이다. 가족을 돌아보자. 지금 시대는 예전처럼 부모나 자식, 혹은 형제자매 같은 태생적 관계라고 무조건 모든 것을 포용하고 지지해 주는 시대는 아니다. 이제는 가족관계도 사회적 관계처럼 노력한 시간과 마음을 헤아려 볼 수밖에 없게 되었다. 열심히 돈을 벌고 가족을 챙겨왔다고 하는 아버지들이, 무뚝뚝하고 때로 공감력이 떨어지는 말들로 끊임없이 배우자나 자식들에게 점수를 잃다가 훗날 퇴직 후 외로움에 고생한다는 얘기는 더 이상 특별하거나 낯선 얘기도 아니다.

가끔 '내가 시간이 나면, 그때부터 가족에게 신경을 쓸 수 있을 것이다.' 라는 암묵적 믿음을 가진 분들이 종종 있는데, 이건 스스로가 자신을 속이는 대표적 착각이다. 어려운 중에도 시간을 낼 수 있는 사람이 나중에 시간이 나도 함께 잘 어울릴 수 있다. 반대로 지금 시간을 내지 못하면 설사 시간이 난다 해도 생각보다 가족에게 공을 들이기는 어렵다는 얘기다. 관계는 시간을 필요로 하고 개인의 꾸준한 노력이 동반되어야 하는 점에서 일종의 '생활습관'과 같다. 잠시는 모르나 지속적인 관계의 형성은 임기응변이나 잠깐의 노력으로 결정되는 것이 아니다. 내가 쌓아온 누적된 시간과 감정들이 결국 가족관계의 기초인 것이고, 이는 사회적 관계에서도 마찬가지다. 그러니 '시간이 날 때'를 기다리는 것은 앞으로도 가능성이 떨어진다. 왜냐하면 시간은 늘 잘 남지 않을 것이고, 한번 후순위는 시간이 나도 후순위가 될 뿐이다. 결국 지금 가족관계가 나빠졌다면 그 회복을 위한 가장 효율적인 대처는 '지금 당장' 시간과 애정을 쏟아붓는 것이다. 모든 것이 그렇지만 특히 인간관계에서 '나중'은 없다고 봐도 좋다.

관계의 형성은 철저히 습관이고 훈련이다. 그리고 습관과 훈련은 시간의 누적이기도 하다. 지금 관계가 나쁘다면 생각보다 이 문제는 심각할지도 모른다. '문제가 있다'고 느끼는 순간은 대체로 '많이 늦어버린' 경우이기 때문이다. '돈을 벌어오는 것'으로 관계를 땜질하던 시절이 가면 진정한 가족관계의 민낯을 보게 될 순간이 온다. '생계 책임 외의 가족 내 역할'이 아무것도 떠오르지 않는다면 지금부터 만들어 나가야 한다.

사회적 관계도 시간이 걸리기는 마찬가지다. 또한 회사를 걷어 냈을 때의 나라는 사람은 타인과의 관계에서 어떤 존재인지 고민해 봐야 한다. 중장년 시기 이후, 특히 일자리의 후광효과가 사라지면 그때부터는 오로지 한 인간으로서의 매력만이 남게 된다. 그때 직업의 특성상 비교적 높은 사회적 지위를 누렸던 다수의 사람들이 고전한다. 그중에서도 사회의 수직적 상하관계에 익숙한 이들은 오히려 그런 습관이나 과거의 기억이 미래의 대인관계에 걸림돌이 될 수 있다. 일이 없는 나는 어떤 모습의 인간인지 스스로 자문해 볼 일이다.

여가, 삶의 재충전 없이 좋은 삶은 없다

여가가 삶에 미치는 영향

[두 명의 나무꾼이 있었다. 둘은 함께 산에 나무를 하러 갔고, 같은 시간을 일했지만 일하는 방식은 달랐다. 한 사람은 일하는 시간 내내 열심히 일만 했는데, 그의 눈에 비친 다른 나무꾼은 설렁설렁 일하는 것으로 보였다. 그런데 일하는 시간이 끝나고 결과를 보니 자신보다 더 많은 나무를 벤 것이었다. 화가 난 그가 물었다. "나는 죽어라 열심히 일을 했는데 어떻게 설렁설렁 일한 자네가 나보다 더 많이 나무를 벤 거지? 무슨 짓을 했는지 모르지만 너무 불공평한 것 아닌가?."

그러자 상대 나무꾼이 웃으며 말했다. "나는 자네가 일하는 동안 쉬면서 도끼를 다시 갈았다네."]

(작자 미상의 이야기를 핵심주제로 기반 삼아 일부 각색한 것임.)

한 번쯤 들어본 이야기일 것이다. 나는 이 이야기가 여가의 본질을 잘 설명해 준다는 생각을 했었다. 여가란 일을 하는 와중에 더 나은 결과(일 혹은 삶에서)를 내기 위해 자신을 충전하고 도끼를 갈며 다음을 더 효과적으로 준비하는 것이다. 이런 과정이 없다면 어떻게 될까? 나무꾼은 지치고, 도끼는 무뎌질 것이다.

40대 중반 무렵이면 슬슬 머릿속을 휘젓는 생각이 있다. '일이 너무 많고 평생 일만 하다 그냥 죽는 거 아냐?' 라는 생각이다. 당연히 50대가 되면 더 심해진다. 그나마 한 박자 쉬어가는 (그것도 내가 최선을 다해 살아왔다는 나름의 훈장으로서의 기능까지 있는) '정년'을 바라볼 수 있다면 일종의 휴지기를 가질 수 있겠지만, 실제로는 많은 이들이 정년과는 관계없이 고단한 직업적 여정을 걸어야 한다. 이럴 때일수록 여가를 즐길 수 있는 사람과 그렇지 않은 사람의 삶은 차이가 벌어진다.

먼저 여가를 즐길 수 없는 사람을 보자. 그들은 보통 두 가지 이유로 여가를 누리지 못한다.

첫 번째는 여가를 즐길 시간적, 금전적 여유가 없는 경우고, 두 번째는 어쩌면 더 심각한 케이스로 여가를 즐기는 기능 혹은 감각을 잃어버린 케이스다. 일만 하며 살다 보니 정작 시간이 나도 여가를 어떻게 누려야 할지 모르는 것이다.

여가를 활용하지 못하는 삶에는 무슨 일이 벌어질까? 일단 삶에 활력이 떨어진다. 나는 내 일을 좋아하는데도 불구하고 일만 할 때 '지친다'는 느낌을 떨치기 힘들다. 하물며 자신의 일에 대한 애정이 크지 않거나, '먹고 살기 위해 어쩔 수 없이 하는 일'이라는 생각을 가진 이들이라면 훨씬 심하게, 빨리 '소진'될 것이다. 반면에 여가를 즐길 여유가 있고, 자신이 어떻게 쉬면 재충전이 되는지를 안다면, 그래서 여유시간을 잘 활용할 수 있다면, 일을 할 때나 삶을 살아갈 때의 에너지는 달라질 수밖에 없다.

그러니 여가는 사치스러운 휴식이 아니다. 오히려 삶의 필수적 요소에 가깝다. 심지어 나이가 들어갈수록 일이 지배하는 시간은 줄어들면서 여유시간은 늘어난다. 이때 늘어난 시간이 축복이 될지, 혹은 저주가 될지는 이 시간을 어떻게 활용할 수 있느냐에 달려 있다고 해도 과언이 아니다.

우리는 모두 재미있게 살고 싶다

재미있게 사는 것을 싫어하는 사람이 있을까? 다수의 중장년 직장인들의 꿈은 어쩌면 '퇴직'이다. 물론 '여유 있는 퇴직'이다. 이를 통해 재미있는 일, 하고 싶은 일, 혹은 '아무것도 하지 않는 삶'을 꿈꾼다. 뭐, 이런 생각들의 옳고 그름은 논외로 하자.

그런데 우리에겐 정말 '여유'라는 것이 없을까? 금전적 기준이야 천차만별이니 시간적 기준으로만 여유를 얘기해 보자. 실상 우리는 살면서 시간적 여유가 생기는 순간들을 자주 만난다. 당장 단순하게는 1주일에 이틀간의 휴일이 그렇고, 운이 좋으면 연휴를 만나기도 한다. 거기다 직장인에게는 정당한 연차휴가라는 제도도 있지 않은가. 가만히 생각해 보면 정작 우리들을 당혹하게 만드는 것은 어쩌다 시간이 나도 그 시간들을 어떻게 써야 할지 모른다는 것이다.

예를 들면, '나는 어떨 때 에너지를 잘 채울 수 있는가.' 라는 질문을 해보자. 생각보다 시원하게 '이럴 때 나는 재충전이 되는 사람이다.' 라는 아이디어가 잘 떠오르지 않는다.

여기에는 세 가지 정도의 문제가 존재하는 것 같다. 첫 번째는 정말로 놀거나 쉬어 본 경험이 적어 무엇이 잘 맞는지 모르는 것이고, 두 번째로 나이가 들면서 웬만한 것들은 모두 익숙해져 이젠 어떤 일도 그다지 흥미롭지 않게 된 것이다. 끝으로 세 번째는 흔히 일하는 사람들에게 나타나는 특성으로 쉬면서도 일 걱정이 머리를 떠나지 않아 제대로 즐기지 못하는 경우다. 어떤 이유든 재충전은 쉽지 않다.

이유가 이렇다면 문제도 비교적 간결해진다. 우선 자신이 무엇을 할 때 재충전이 되는지 알아야 한다. 그것은 단순히 아무것도 하지 않고 '쉬는' 방식이 될 수도 있고, 아니면 다른 즐거움을 적극적으로 찾는 방식이 될 수도 있다. 결국 이런저런 시도를 해보면서 스스로 적절한 방법을 찾는 노력이 수반되어야 한다는 의미다.

두 번째는 익숙한 것에 둔해진 마음을 움직이기 위해 새로운 여가를 찾아 개발하거나, 아니면 기존의 익숙한 것들이라도 몰입해 즐길 수 있는 지혜다. 예를 들어 영화를 많이 보면 흔히 식상해할 수 있지만, 모든 영화는 당연히 다르다. 익숙한 패턴에 주목하는 것보다 차이를 즐기는 지혜가 필요하다. 사실 같은 영화를 봐도 첫 번째와 두 번째 느낌의 차이란 것 역시 존재한다.

끝으로 세 번째는 눈앞의 것에 집중하는 지혜다. 실은 이것이야말로 여가를 위해 꼭 필요한 삶의 태도다. 여가는 그런 면에서 그냥 주어지는 것이 아니다. 그 시간을 함께하는 나의 온전한 마음이 더해질 때 여가는 그 본연의 기능을 만들어낸다. 어쩌면 중장년의 시기는 질문을 바꿔야 할 때일지도 모른다. '뭔가 신나는 일이 없을까?' 라고 묻는 것이 아니라 '어떻게 하면 신나는 시간을 만들 수 있을까?'란 질문으로 말이다.

여가를 위한 전제 조건

"어떤 여가를 바라는가?" 라는 질문에 직장인들이 가장 흔하게 답하는 것은 '여행'이다. 아무래도 직장에 '묶여' 살다 보니 여행의 달콤함은 실제 이상으로 판타지처럼 과장되는 부분이 있는 것 같다.

그런데 실제로 사람들이 시간이 날 때 제일 많이 시간을 많이 쓰는 주요한 여가 활동은 몇 년간 동일하다. 바로 'TV 시청'이다.

2020년 문화체육관광부에서 발간된 '2020 국민여가활동조사'는 2018년부터 2020년까지 여가활동을 기록에서 주 여가의 압도적인 1위가 TV 시청임을 보여준다.

바라는 여가와 실제로 보내는 여가의 차이가 이렇게 벌어지는 것은 아무래도 현실과 이상의 간극만큼 무언가 이를 가로막는 것이 있다는 얘기다. 그게 무얼까? 나는 이런 것들을 '여가의 전제 조건'이라 부른다. 이것이 맞춰져 있지 않으면 여가는 의미 없는 것이 될 가능성이 높다.

여가의 전제 조건은 크게 4가지를 들 수 있다.

첫 번째는 무엇보다 자신이 무엇을 하며 여가를 보낼 때 원하는 결과를 얻을 수 있는지를 아는 것이다. 어떨 때 휴식이 되고, 어떨 때 즐거움이 생기는지 알고 있다면 확실히 도움이 된다. 이 부분을 간과하면 어쩌다 시간이 나도 피곤한 여행을 떠나거나 술만 마시다가 오히려 스스로를 더 힘들게 만들 수 있다.

두 번째는 시간의 여유를 만들어야 한다는 것이다. 빌 게이츠의 휴가는 유명하다. 그는 수십 년간 태평양 북서부에 있는 2층짜리 외딴 오두막으로 매년 두 번 일주일 간의 휴가를 떠난다. 거기에 책과 자료를 챙겨가는데 이를 통해 새로운 아이디어를 낸다고 한다. 과연 이것이 정말로 휴식인지 아니면 일의 연장인지는 모르겠지만 자신이 이런 것들로 재충전이 된다고 믿는다면 당연히 적절한 여가라고 할 수 있을 것이다. 1년에 2번씩 일주일간 휴가면 실제로는 어지간한 직장인들도, 토, 일요일을 포함해 열흘이 넘는 기간의 여유 있는 휴가가 가능하다.

사실 대개의 직장인은 실제 시간의 여유가 없는 것이 아니라 마음의 여유가 없는 쪽에 가깝다. 그럴 수는 있지만, 그런 생각이 굳어지기 시작하면 우리가 무엇인가를 할 수 있는 시간은 영영 기대하기 어렵다. 똑같이 주어진 유한한 시간 속에서 여가 활용의 여부는 결국 '여가를 얼마나 필요한 것으로 인식하느냐'의 문제에 달려 있다. 만약 '그 여가시간 안 누리면 죽는다'고 믿으면 누가 여가를 소홀히 하겠는가.

세 번째는 당연하게도 금전적 여유다. 다만 돈에 관해 말할 때 언급하지 않을 수 없는 것이 '기준'이다. 평범한 사람들이라면 '금전적 여유'란 단어를 쉽게 얘기하기 어려운 것이 현실이다. 모 드라마의 제목처럼 '아무것도 하고 싶지 않아'를 외치며 시간을 보낼 거라면 모르지만 그렇지 않다면 적당한 여가에는 최소한의 금전적 소비가 필요하다. 그러므로 필요한 자신의 기준을 아는 것이 중요하다.

그 기준에 맞춰 우리가 말하는 가성비나 가심비 같은 것들을 여가에서도 적절히 응용할 수 있다면 좀 더 좋은 여가를 보낼 수 있을 것이다.

네 번째 전제조건은 바로 누구와 함께 여가를 보낼 것인가의 문제다. 앞의 세 가지만큼 절대적이지는 않지만, 누군가에게는 꽤 절실한 문제가 된다. 내가 '절대적이지 않다.' 라고 언급한 것은 실제로 우리나라 사람들의 경우 여가를 혼자서 보내는 비율이 가장 높기 때문이다.('2020 국민여가활동조사' 여가활동의 동반자 p.11 참고) 큰 문제가 안 된다면 혼자 하는 여가도 꽤 의미가 있다. 다만 사람에 따라서는 혼자 보내는 여가에서 별 재미를 느끼지 못 하는 이도 있는데 보통 이들의 경우 가족이나 친구가 함께 할 수 있다면 더 좋은 여가가 될 가능성이 높다.

좋은 여가를 위해서는 방향도, 시간도, 돈도, 때로 동반자도 필요하다. 그런데 이것들은 갑자기 되는 것도 아니고 역시나 마음을 들여 고민하고 조금씩 경험해 보지 않으면 갑자기 알아내긴 힘들다. 삶을 구성하는 다양한 영역들이 모두 이러하다. 이래서 중장년 이후에 잘산다는 것이 힘들다. 삶의 누적치와 관련된 문제는 갑작스런 결심만으로는 해결이 안 되니까. 이래서 또 세상이 공평하다. 돈이 모든 걸 해결해 주지 않는 반증이 아닐까 싶다.

변화관리, 노후 삶의 연착륙을 위한 소프트웨어

결국 모든 삶은 '변화' 속에 있다

'변화를 관리하라'는 말은 일견 낯설다. 아무리 생각해도 보이지도 않는 변화를 어떻게 관리하라는 건지 이해하기 어렵다. 실제로 교육현장에서도 많은 중장년들이 '한편으론 이해가 가지만, 또 한편으론 여전히 모호한 영역에 가깝다.' 라는 반응을 보이기도 한다.

변화를 '어떤 현상이나 사물이 다르게 바뀌는 것'이라는 우리의 상식으로 정의하면, 결국 변화관리란 이런 상황을 잘 관리하는 것을 말한다. 그럼 본질적인 질문 하나, 왜 이런 변화를 관리하려는 걸까?

이유는 '세상사는 그대로 지속되는 것이 없기 때문'이다. 달리 말하면 우리는 항상 변화 속에 살고 있고, 이런 변화들은 좋든 싫든 기업과 개인에게 영향을 미친다. 이미 기업에서는 이런 변화를 자신들이 이익을 위해 혹은 기업의 생존을 위해 활용하도록 변화관리에 주력해 왔고, 이제는 개인들도 이런 변화의 관리에 동참해야 하는 시대가 됐다. 변화에 잘 대응하지 못했을 때 기업과 마찬가지로 개인들도 삶의 위기에 직면할 수 있기 때문이다.

생각해 보면 너무나 당연한 일이지만, 우리는 삶의 모든 영역에서 변화의 시간 속을 지나고 있다. 몸도 예전의 내가 아니고, 심지어 세상을 보는 내 생각도 변한다. 그뿐일까? 직장도 변하고, 살다보면 직업을 바꿔야 할 때도 있다. 자의에 의한 것이야 준비할 시간이라도 있겠지만, 타의에 의해 이런 변화를 만날 경우, 특히 남들 다 일어날 가능성이 있는 퇴직이라는 변화를 보면서도 '나까지야 설마.' 라며 준비를 전혀 하지 못했던 이들은 훨씬 더 큰 충격을 맞이하게 된다.

재무적인 부분도 마찬가지다. 나이가 들며 수입도 달라지고 지출의 항목마저 바뀐다. 돈의 변화가 일어나면 소비도 이에 맞춰야 하겠지만 이미 언급했듯이 인간은 원래 변화를 따라가는 것에 시간이 걸리고 돈의 영역에서도 이는 마찬가지다. 숨이 목에 차야 움직인다는 얘기다. 여가시간은 늘어날 것이고, 가족 간의 관계나 사회에서의 자신의 위상도 시간이 지나며 바뀐다. 한마디로 삶을 구성하는 모든 요소는 날마다 조금씩 바뀌고 있는 것이다. 살아 있는 것, 존재하는 것의 필연적 운명이다. 그야말로 '바뀌지 않는 것은 아무것도 없다'는 말만 진심으로 다가올 만큼 세상과 사람, 심지어 나 자신조차 모두 빠르게 변해간다.

바뀐 환경은 게임의 룰을 바꿔 놓는다. 기존과 다른 게임의 방식을 요구하는데 이 부분에 대해 잘 적응하지 못하면 과거의 룰로 바뀐 게임에 임하는 웃지 못 할 사태가 생긴다. 말이 되느냐고? 과거의 사고방식에 사로잡혀 새로운 세상을 받아들이지 못하는 분들의 이야기는 우리 주변에도 널려 있다. 대기업 출신 퇴직자들이 중소기업에 들어가 그 환경과 문화에 잘 적응하지 못하는 사태를 떠올려 보면 될 것이다.

변화를 관리한다는 것은 시간이 많은 사람들의 한가하고 추상적인 이야기가 아니다. 당장 변화는 우리 앞에 다가오고, 그 영향은 좋든 싫든 내게 영향을 미칠 것이다. 우리 눈앞에 닥칠 변화를 외면한다면 세상에 잘 대응할 수 있는 여지는 그만큼 줄어든다는 의미고 그 폐해는 언제난 그렇듯 나의 몫으로 돌아온다.

결국 개인 변화관리의 핵심은 이것이다. '변화를 필요한 것으로 받아들일 수 있는가?', '어떤 변화가 우리 시대와 나를 바꾸고 있으며 나는 어떤 영향을 받을 것인가?', 그리고 '나는 어떻게 이에 대응할 것인가?'의 문제다.

변화관리가 어려운 이유

추상적으로 들리는 얘기에 익숙해지지 않는 사람들이 있다. 당연하다. 보이지 않는 것을 믿으라는데, 이게 무슨 종교도 아니고 쉽지 않고 불편할 수 있다. 하지만 달리 생각해 보면 잘 보이지도 않는 것을 그토록 많은 사람들이 주장하며 그 영향에 대해 우려한다면 그만큼 중요한 사안이라는 반증이기도 하다. 변화관리도 그렇다.

변화가 쉬울까? 세상이 빨리 변하면 나도 금방 따라붙으면 그만일 것 같지만, 사실 인간의 속성은 그리 간단하지 않다. 무엇보다 우리는 가능한 한 모든 영역에서 노력을 줄이는 쪽(에너지를 적게 쓰는 쪽)으로 진화해 왔다. 사실 인간의 삶에도 관성이란 것이 있어서 제일 쉬운 것은 '살던 대로 사는 것'이다. 예를 들어 직장을 수십 년 다닌 사람들은 나름대로 어렵게 그 회사와 조직에 '최적화'를 만들어 내며 살아남은 존재다. 누군가 그 어렵게 쌓은 것들이 '이제는 이 시대에 잘 맞지 않으니 바꾸시오.' 라고 얘기한다면 누가 그렇게 쉽게 수긍해 주겠는가?

'사람은 고쳐 쓰는 것이 아니다.', '사람은 변하면 죽는다.' 같은 이야기들이 우리의 일상 속에 난무하는 것도 실은 변화가 얼마나 어려운지를 보여주는 단적인 예일지도 모른다.

예전에 강의현장에서 겪었던 일이다. 나름 열심히 변화관리의 필요성에 대해 두 시간을 들여 강의를 했는데, 마지막 순간에 앞줄에 팔짱을 끼고 계시던 한 분이 "사람 변하면 죽어요." 라고 말씀을 했더랬다. 내 부족함이 우선적 원인이겠지만, 그래서 변하지 않으려 했던 그분은 하나도 바뀌지 않으셨을까? 혹은 안 변해서 행복했을까? 변화를 부담스러워 하는 마음은 십분 이해하지만 어쩌면 이 시대는 '변하지 않고 살아가는 것이 가장 위험한' 시대인지도 모른다.

변화를 받아들이는 사람들의 태도는 크게 보면 3가지 정도로 분류할 수 있다. '앞서가는 사람과 뒤따르는 사람, 그리고 저항하는 사람'이다.

누군가는 미리 변화를 창조하는 사람들이 있다. 이른바 천재의 영역에 있는 이들이거나 놀라운 혜안을 가진 사람들이다. 변화를 이끄는 사람들은 새로운 표준을 만들고 변화를 주도하는 입장이니 가장 유리하겠지만, 선각자의 운명이 그렇듯 그만큼 각자의 시련을 겪어야 한다. 나는 이런 사람들을 표준적인 모델로 삼으라고 권하고 싶지 않다. 그러기엔 대다수의 사람들은 너무 평범하다. 나 역시 그런 측면에서는 별로 앞서가 본 적이 없는 사람이다.

반대로 끝끝내 저항하는 사람도 심심치 않게 존재한다. 저항한다는 것은 결국 버티거나 회피하는 것인데 이것 역시 계속 그러고 살기엔 인생이 너무 피곤해지기에 권하고 싶지 않다. 예를 들면, 요즘 같은 시대에도 인터넷, 혹은 스마트폰을 쓰지 않는 사람, 또는 의식의 변화가 따라가지 못 해 여전히 가부장의 권위만을 고집하는 경우라면 삶의 여러 장면에서 충돌이 벌어질 것이다.

결국 대다수의 사람은 '뒤따르는' 사람이 된다. 다만, 나는 이런 '뒤따름'에도 큰 차이가 있다고 믿는다. 세상의 변화를 잘 받아들여 먼저 수용하는 사람과 버티고 버티다 마지막에서야 어쩔 수 없이 끌려가는 경우의 차이는 크다. 간단한 예로 스마트폰의 초창기에 이것의 가능성을 믿고 받아들인 사람들과 끝까지 버티다 어쩔 수 없이 뒤늦게 이것을 받아들인 사람에게는 기회의 차이라는 것이 분명하게 존재한다. 아마도 큰 돈을 벌었던 초창기 휴대폰 대리점 창업과 치열한 경쟁으로 어려워진 최근의 휴대폰 대리점 창업을 염두에 두고 비교해 보면 이해가 편할 것이다.

변화에 대해 재미있는 시도를 한 사람들이 있다. 이른바 변화 방정식을 만든 보스턴 경영대학원의 리처드 베카드Richard Beckhard 와 루벤 해리스Reuben T, Harris다. 그들은 다음의 공식을 활용해 변화를 설명했다.

$$변화\text{Change} = 불만\text{Dissatisfaction} \times 목표\text{Vision} \times 첫\ 실행\text{First step} > 저항\text{Resistence}$$

이에 따르면 모든 변화는 지금 현재에 대한 '불만'이 있어야 하며, 그를 뒷받침할 만한 '목표'가 눈에 들어와야 한다. 거기에 첫 실행이 따라야 하는데, 이 모든 것들의 값은 저항, 예를 들면 귀찮음, 불편함, 낯선 것에 대한 두려움, 삶의 관성 등의 값보다 커야 한다. 기억할 것은 중간에 있는 연산기호가 곱셈이라는 사실이다. 이는 앞의 세 가지 중 어느 하나만 결여가 돼도 결과값은 0이라는 의미다

혹 이 책을 보는 분 중에 나는 지금도 삶이 불만스러운데 왜 변화가 일어나지 않느냐고 묻는 분이 계실지도 모르겠다. 현재에 대한 불만이나 불안 등은 사실 누구나 조금씩은 갖고 있다. 모호한 비전을 갖고 있는 이들도 많다. 그러나 이런 것들로는 변화가 잘 일어나지 않는다. 불만, 목표 등은 보다 뚜렷하고 유혹적이어야 한다. 인간은 지금이 못 견딜 정도로 아주 불편하지 않으면 자신이 처한 상황을 잘 바꾸려 하지 않기 때문이다.

그래서 변화는 어렵다. 자발적인 변화에는 용기가 필요하다. 절실하거나 혹은 무모함에 가까운 용기, 곧잘 사람들은 이를 '어리석다.' 라고 폄하하기도 하지만, 삶은 모르는 것 아닌가. 시간이 지나면 결과가 혹은 그 선택을 보는 각자의 판단이 말해 줄 것이다. 어떤 것이 진짜 어리석은 선택이었는지 말이다.

변화 속에서도 안전해지는 방법

변화를 관리하는 방법은 구체적으로 어떤 것일까? 그냥 '변화에 발맞춰야 합니다.' 라고 말하기엔 너무 모호하다. 오랜 시간 실질적인 대안은 없을까를 고민하다 나름의 결론으로 얻은 것은 다음의 세 가지다.

첫 번째는 일단 변화가 우리의 일상이라는 사실에 대해 인정하고 수용하는 것이다. 변화에 대한 생각의 출발점이 '이건 예외적인 것'이라고 믿는 것이라면 이 문제는 인내심을 갖고 버티면 '지나가는 것'이란 결론을 내리기 쉽다. 과연 그럴까?

코로나 초기가 지나며 교육 분야 역시 변화의 바람을 맞이했다. 그 대표적인 것이 '온라인 강의'의 폭증이었다. 그러나 이에 대해 초기에 일부 강사들은 '온라인 강의'가 강의로서 적절한 전달에 어려움이 있을 것이라는 이유로, 혹은 다른 몇 가지 신념들로 동참하지 않았다. 아마도 그분들의 생각은 '온라인 강의'의 시기가 코로나 기간 동안 '짧게 지나갈 것'이란 기대를 하신 듯하다. 하지만 아시다시피 그 기간은 오래 갔고, 최근 3년간 내가 한 강의의 절반 이상이 온라인 강의였다. 코로나가 사실상 우리 일상이 돼도 이 현상은 쉽게 없앨 수 있을 것 같지 않다. 온라인 강의는 이제 하나의 명확한 분야로서 시장에 자리매김 하게 된 것이다.

변화가 일상이라는 인식과 수용은 '모든 것을 다 받아들이라'는 내용으로 귀결되는 것은 아니다. 그러기엔 우리의 능력이란 것이 너무 한정적이다. 그저 내가 일하는 분야나 내 삶과 연결되는 분야에서 의미 있는 변화가 일어나고 있다면 그만큼은 신경을 써보고 수용과 대응을 고민해 보자는 얘기다.

두 번째는 '평생학습'이라는 카드를 활용하는 것이다.

변화를 실질적으로 수용한다는 것은 무슨 의미일까? 그건 결국 우리 삶의 한 부분으로 받아들이고 적응하거나 대응하기 위한 노력을 한다는 것이다. 이때 가장 우선적으로 고려해야 할 사항이 바로 학습이다.

전기차나 자율주행차 이슈로 자동차 기술 쪽이 시끄럽다. 내연기관 자동차가 곧 없어지리라는 것은 이제 누구나 예상할 수 있는 결말이다. 그렇다면 새로운 분야의 기술을 배우고 익히는 것이 생존의 관건이 된다. 어쩌면 생존을 넘어 누군가에겐 기존의 판을 흔들고 새롭게 도약하는 좋은 기회가 될 수도 있을 것이다. 학습은 필요한 것이지만 '어쩔 수 없어서' 배우는 사람과 '기회라고 생각하고' 배우는 사람의 차이는 같은 시간을 들인다고 같은 결과로 이어지진 않을 것이다.

학습은 새로운 변화에 대한 아주 강력한 대응 전략이 될 수 있는데, 아마도 그래서 요즘 '평생학습'이란 키워드가 그만큼 더 주목받고 있는지도 모른다. 중장년으로 갈수록 새로운 무언가를 학습하는 일은 부담스럽다. 그 부담을 넘어설 수 있는 사람이 결국 변화의 시대에 살아남는 생존자가 될 것이다.

마지막 세 번째 변화를 관리하기 위한 대안은 '인적 네트워크'를 두텁게 하고, '평판'을 쌓는 것이다. 세상을 살아오며 배운 가장 강력한 지혜 중 하나는 '세상은 혼자 사는 것이 아니다.' 라는 것이다. 재취업, 창업, 혹은 하다못해 개인의 행복을 위해서라도 인적 네트워크는 굉장한 역할을 함을 앞에서도 언급했었다.

이건 변화에 대응하는 상황에서도 마찬가지다. 두터운 인간관계망을 가진 사람들은 어려운 상황에서도 기댈 곳이 많다는 것이고, 다양한 지원을 얻을 수 있다. 내가 보지 못한 것, 생각하지 못한 것에 대해 지혜를 빌릴 수도 있고 혼자서 감당하기 어려운 것에 도움의 손길을 받을 수도 있다. 오로지 독립적으로 자신만의 생각을 고집하며 살아간다는 것은 말처럼 쉬운 것도, 그다지 효율적인 인생도, 심지어 행복을 위한 좋은 전략도 아니다. 우리는 모두 어울려 함께 살아가고, 그 인간관계의 어울림을 적절하게 활용할 수 있는 것이야말로 삶의 지혜일 것이다. 다만, 인적 관계의 기본이 되는 신뢰는 꾸준히 쌓아가야 하고 그 신뢰의 합을 사람들은 '평판'이라는 이름으로 부른다. 당연히 많이 아는 것보다 좋은 이미지로 그들에게 기억되는 것이 핵심이다.

만인의 연인이 될 필요는 없지만 자신의 직업에서, 혹은 일을 떠난 인간관계에서 최선을 다한다면, 그 작은 순간들이 모여 당신에게 좋은 평판을 남겨줄 것이고 그건 사회적 자산이 되어 인생의 곳곳에서 난관에 처한 당신을 도울 것이다.

늘 자신에게 관계된 변화가 있으면 관심을 기울이고 '이게 나와 무슨 관련이 있을까'를 자문해 보자. 그리고 적절히 필요한 학습을 하고, 인적 네트워크를 단단히 할 수 있다면 우리는 어지간한 변화에도 쓰러지지 않고 오히려 그 변화를 적절히 활용하며 살아갈 수 있을 것이다.

나의 생애설계 이야기

뭐가 이렇게 허술하지?

본격적으로 우리나라에서 관심을 가지게 된 생애설계가 교육
현장에서 위력을 발휘하게 된 이후, 관련 강의를 할 때마다 나는
스스로를 돌아볼 수밖에 없었다.

생애설계 휠(Wheel)

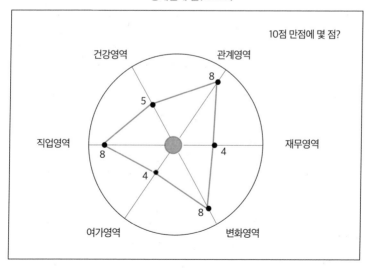

가장 간단하게 자신의 생애설계 영역별 상황을 체크할 수 있는 것이 생애설계 휠(Wheel, 바퀴)이다. 앞의 그림은 초창기 나의 생애설계 휠을 그린 그림이다.

아마도 내 기억으론 2014년 무렵이었던 것으로 기억한다. 그때 나는 이제 막 1인기업을 시작한 후 의욕은 넘쳤지만, 그 이상의 불안을 내 삶에 안고 있던 시기였다. 그 와중에도 내 직업적 만족도나 변화에 대한 적응력, 그리고 인간관계는 나쁘지 않았었다. 그런데 건강과 여가, 재무영역은 확실히 부족한 부분들이 눈에 띌 정도로 심각했다.

일단 건강은 나이가 40대 중반을 넘어서면서 운동을 게을리한 원인이 컸는데, 무엇보다 독립한 지 얼마 되지 않은 상황에서 일과 수입에 대한 염려(혹은 집중)로 신경을 쓰기 어려웠다. 잔병치레가 많은 몸의 특성도 한몫했고, 장거리 강의에 따르는 긴 운전시간도 은근히 복병이었다. 더군다나 조직에 속했을 때 강의를 하는 것과 프리랜서로 조직을 나와 강의를 하는 것 사이엔 극명한 심리적 차이가 있었다. 한 번만 평가가 나빠도 다음을 기약할 수 없기에 매번 마치 칼날 위를 걷는 것 같은 기분으로 강의를 하기도 했다. 당연히 스트레스는 컸고 일과 관련해 신경은 날이 서 있었다.

거기에 또 하나의 돈과 관련된 재무적인 부분에서도 나는 큰 스트레스를 받고 있었다. 오랜 시간의 직업적 방황으로 나는 충분한 자산의 축적은커녕 집에 걸린 대출금만 갚기도 버거운 상황이었다. 아이들은 이제 막 커나가면서 지출이 점점 늘기 시작했고, 한번 올라간 소비는 여간해서 줄이기 쉽지 않았다. 노후의 재무적인 부분에서 가장 기본인 연금에서조차 구멍이 숭숭 나 있는 상황이었다. 예전 어렵던 시절 국민연금의 상당액을 찾아 썼었고, 연금 기간 중 상당 기간을 납부유예로 미뤄놓은 적도 있어, 대략적인 추산 국민연금수급액은 30만 원대였을 정도로 형편이 없었다.

그나마 나아 보이는 직업적 부분에서도 이제 1인기업으로서 살아남아야 한다는 부담에 마음이 조급했고, 관계적인 부분에서도 한두 가지 신경 쓰이는 것들이 남아 있었다. 그 와중에도 머리에 들어온 생각은 '이렇게 준비가 안 되어 있는데 생애설계 강의를 하는 것이 맞나?' 라는 자책감이었다. 그래서 바꾸기로 했다. 쉬운 것부터 하나씩.

지금도 현재 진행중입니다 1

다행히도 이런 준비와 관련해 내겐 몇 가지 유리한 장점이 있었다.

첫 번째는 문제점이 무엇인지 자각하게 됐다는 것이었다. 의외로 다수의 사람들이 자신의 문제 상황 자체를 인지하지 못 하는 경우가 많다. 문제가 있는데 자각하지 못하면 개선의 필요를 느끼지 못 한다. 당연히 문제해결은 '나와 관계없는' 얘기가 돼 버린다. 그런 점에서 나는 내 상황의 심각성을 꽤 진지하게 인식하고 있었다.

두 번째는 각각의 어려움에 대한 해결책도 알고 있었다는 것이다. 내가 배운 것들이 절대적인 진리일 수는 없지만 일반적인 노후의 문제들에서 무엇을 중심으로 손을 대야 하는지 알고 있었던 것은 개선 작업을 하는 입장에서는 확실히 유리한 일이었다.

마지막으로 어쩌면 생각보다 고민스러운 문제일 수 있는, 삶의 지지대로서의 역할을 하는 직업이 꽤 만족스러웠다는 것이다. 이 부분까지 어려웠다면 아마 여기저기 새는 구멍을 막기는 쉽지 않았을 것이다.

흔히 40~50대 중장년이 그러하듯이 나 역시 가장 아프게 다가온 것이 재무적인 부분이었다. 그래서 제일 먼저 연금문제 개선을 목표로 잡았다. 그 시작은 국민연금 중 예전에 찾아 쓴 것들을 이자를 포함해 '반납'하는 것이었다. 여기서 '반납'이란 과거에 수령했던 국민연금 반환일시금이 있는 경우, 다시 납부해 가입기간을 되살릴 수 있는 제도다. 본인의 평균소득월액 대비 받는 연금액의 비율을 소득대체율이라 하는데, 예전의 소득대체율이 훨씬 높기에 예전에 찾아 쓴 것이 있다면 이 부분부터 손을 대는 것이 좋다.

그런 다음은 그동안 내지 못 했던 기간을 추가로 납부하는 '추납'을 진행했다. 목돈이 드는 일들이지만 다행히 조금씩 분납도 할 수 있었기에 몇 년에 걸쳐 이 작업을 진행했다. 덕분에 아주 많지는 않지만 국민연금을 70~80만 원 선까지 맞춰놓을 수 있었다. 여기에 아내의 국민연금도 함께 보완해 최종적으로 두 사람의 연금을 합쳐 120~130만 원 언저리까지 만들어 놓았다.

국민연금은 이 정도지만 이것만으로는 어림도 없는 일이다. 상대적으로 직업수명이 조금 더 긴 강의와 상담 일을 하지만, 일단 이 경력 역시 언젠가는 일이 줄어들 때가 올 것이다. 더군다나 내 경우는 자영업자라 퇴직연금도 기대할 수 없는 상황이다. 당연히 이에 대한 대비 차원에서도 추가적인 연금 수입을 만들어야 한다는 판단이 들었다. 그래서 개인연금으로 연금저축과 IRP를 들었고, 자영업자라는 특이성을 활용해 퇴직연금을 대신할 노란우산공제를 들었다. 이 세 가지를 합치면 60~64세 정도까지의 기간 (통상 직장인의 경우, 정년 이후 국민연금 수급 시까지의 이 기간을 소득 크레바스 구간이라 부르기도 한다) 국민연금에 준하는 소득을 맞출 수 있다.

나머지는 앞에서도 언급한 근로소득을 활용하는 것이었는데, 이 부분은 상대적으로 직업적 수명이 긴 관계로 60세 이후에도 최소한 150~200만 원 정도의 수입은 맞출 수 있으리란 생각이 들었다. 이 정도만 해도 목표한 월 300만 원에 가까운 돈이 나오는 셈이다.

그 외의 투자소득은 지금도 꾸준히 배워 나가고 있는 상황이다. 다만, 이 부분은 불확실성이 워낙 커 배당소득처럼 예상 가능한 수준(은행금리보다 조금 높은)을 특정해 투자하는 방식을 조금씩 익혀가고 있다. 불안정성이 큰 영역이다 보니 최소 수준의 안정적 투자에 대한 확신이 설 때까지는 아예 배제해도 상관이 없다는 마음으로 준비해 나가고 있다.

군이 내가 누군가의 관점에선 부족하기 그지없는 금액까지 일일이 고백(?)하며 이야기하는 이유가 있다. 이 책을 읽는 분들 중 어떤 분들은 "나 혼자 해도 그 금액은 맞추겠다"고 하시는 분들도 계시겠지만 실상 우리나라의 연금수급자 상황은 그리 좋지 않은 지표가 엿보인다.

2022년 8월 말 기준으로 국민연금 수급액 중 가장 많은 비율을 차지하는 구간은 '20~40만 원 미만'으로 2,663,653명, 그러니까 전체 수급자 중 약 43.4%를 차지한다.(개선작업을 시작할 때 내 금액이 딱 여기에 속했었다.) 두 번째로 많은 구간이 '40~60만 원 미만'으로 19.1%, 세 번째가 20만 원 미만으로 14.5% 정도가 된다. 즉 60만 원 미만의 이 세 구간에 있는 사람들의 비율만 77%라는 얘기다.('국민연금 공표통계' 2022년 8월 말 기준 참조)

사실 돈에 여유가 많은 사람이라면 이런 고민은 하지 않아도 된다. 반면에 돈이 부족한 사람은 이런 고민을 될수록 자주 해야 한다. 그런데 세상은 흔히 반대로 돌아간다. 돈이 꽤 있는 사람들은 연금에 대한 고민을 하는데, 돈이 부족한 사람들은 '돈이 없다'는 이유로 이 문제에 대해 더 알아볼 생각조차 않는 이들이 많았다. 그래서는 곤란하다. 없을수록 돈에 대해 더 고심해 자신만의 방안을 찾아야 한다. 이 분야에 대해 파고들다 보니 자산이 당장 많지 않아도 필요한 월수입을 맞출 수 있는 방법들이 조금씩 눈에 들어왔다. 나머지 방법들은 앞의 연금이나 투자 부분의 내용을 활용하시기 바란다.

지나놓고 보니 나 역시 '없다'는 이유로 필요한 것들을 많이 외면해 왔다. 그 사이 나는 꽤 많은 실수를 저질렀었는데 결국 그 대가를 감당해야 하는 것은 언제나 나의 몫이었다. 좀 무서운 얘기지만 때로 대비하지 못한 노후는 자신을 넘어 가족의 부담으로 이어지기도 한다. 지금 우리에게 필요한 것은 상황이 나쁘다고 외면하는 무심함이 아니라 부족하더라도 다가가 대안을 찾아보는 용기다.

지금도 현재 진행중입니다 2

이 책을 쓰는 시점을 기준으로 다시 생애설계 휠Wheel을 그려봤다. 현재의 그림은 2014년에 비해 좀 달라져 있었다.

생애설계 휠(Wheel)

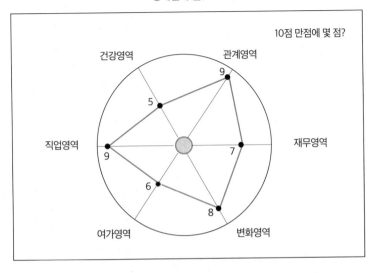

한 가지 두드러진 특징은 과거에 비해 모난 부분이 조금 완만
해 졌다는 것이다. 전체적으로 움푹 들어간 곳이 적을수록 좋다
는 의미인데, 여전히 힘든 영역도 있고, 개선된 영역도 보인다. 재
무적인 부분에 대해 앞에서 간단히 언급했지만 여전히 만족할 만
한 수준은 아니다. 그저 내 상황에 맞는 최선을 맞춰가고 있을 뿐
이다.

나머지를 보면 일단 일과 관련된 부분의 만족도는 확실히 계속
해서 높은 편이다. 이건 복 받은 케이스라 말해도 좋을 듯하다. 자
신의 직업이 '상당히 만족스럽다'고 말하는 이들은 있겠으나 그
렇다고 그렇게 흔한 케이스도 아닐 것이다.

만약 일이 나와 맞지 않는 사람이라면 어떤 선택을 할 수 있을까? 아마도 두 가지 경우가 있을 것이다.

첫 번째는 싫은 일이라도 오래 일을 하며 스스로를 그 일에 맞춰가는 경우다. '직업이 사람을 바꾸는 케이스'라고도 할 수 있는데 말은 쉽지만 생각보다 훨씬 큰 인내와 시간을 요구한다. '참고 꾸준히 노력했더니 천직이 되었다'는 경우도 전혀 없지는 않겠으나 개인적으로 요즘 같은 시대에 추천할 만한 미덕은 아니라고 생각한다.

두 번째 경우는 사람이 직업을 바꾸는 경우다. 간단하게는 이직을 하거나 직업을 바꾸는 것도 하나의 방법이다. 다만, 현실적인 이유 등으로 그럴 수 없다면 업무를 해나가며 '사람이 직업을 바꾸는' 작업을 한번 해보는 것도 권하고 싶다. 자신에게 잘 맞는 직무를 위주로 현재의 일을 자신의 권한 내에서 재구성해 보는 것이다. 어려운 말로 직무재설계라 할 수 있는데, 필요하다면 상사나 조직의 협조를 구해 보는 노력도 고려해 볼 수 있다. 공공기관에 있을 때 나 역시 이런 부분의 노력을 해본 적이 있다. 회사 분위기와 직무의 특성상 쉽지는 않지만 당장 직업을 바꾸는 것이 어렵다면 한번 참고해 보시기 바란다.

관계적인 측면에서도 약간의 진척이 있었다. 사소하지만 소홀히 하다 문제가 되는 경우가 있는데 내겐 아들과의 관계가 그랬다. 누구나 그렇겠지만 개인적으로 사춘기 아이들이 클수록 관계가 데면데면해지는 느낌이 신경이 쓰여 한동안 고민을 했고, 나를 바꾸는 것이 제일 나은 선택이라는 판단에 개선을 위해 나의 방식을 강요하려는 노력을 포기했었다.

아이들의 입장에서 물어보지 않아 모르겠지만, 지금은 얘기도 잘 나누며 함께 어울리고 있으니 조금이나마 나아진 것 같다는 판단을 스스로 내리고 있다. 물론 관계의 영역은 평생을 살면서 고민하는 문제다. 스스로 높은 점수를 주긴 했으나 여전히 내게도 해결이 까다로운 관계도 남아 있다. 다만 완전히 만족하진 못할지라도 이 정도면 충분히 감사할 만한 수준이라는 생각을 갖고 있기에 스스로 높은 평점을 준 셈이다.

변화관리라는 영역은 원래는 내가 누구보다 자신이 있던 영역이다. 스스로 변화를 찾아가는 스타일에 가까워 때로 변화를 기꺼워하기도 했다. 그럼에도 몇 해가 지났는데 더 나아지지 않고 제 자리 점수를 준 이유가 있다. 내가 변화관리에 대해 노하우가 늘어나는 만큼, 아니 그 이상으로 더 빠르게 변하는 세상을 살다 보니, 자신 있게 더 나아졌다는 말을 할 수는 없었다. 변화의 영역 역시 꾸준히 살아가면서 실랑이를 벌여야 할 문제인 듯싶다.

여가는 여전히 점수가 좀 낮다. 솔직히 말하면 일이 차라리 더 재미있지 않나 싶기도 한데, 이러다가는 일에도 나쁜 영향을 미치리라는 생각에 다양한 모색을 하고 있다. 예를 들어 내가 즐거워 하는 것들을 리스트로 만들어 두고 시간이 나거나 지치면 그런 활동들을 찾아서 한다. 다만, 아직은 일에 할당된 시간이 많아 절대적으로 시간이 부족해 의도적으로 시간을 배분하지 않으면 여가를 통한 재충전은 어려운 상황이다. 그나마, 나의 여가성향을 조금씩이나마 이해하게 된 부분은 나름의 도움이 되고 있다.

사실 내게 있어 가장 고민스러운 영역은 건강과 관련된 분야다. 내가 건강에 신경을 상당히 쓰는 것에 비해 시간을 걸맞게 들이고 있는지도 스스로 자신하기 힘들거니와 이미 성실히 관리하지 못 했던 이전 시간들의 대가를 몸으로 고스란히 치르는 상황이기 때문이다. '당신이 몸에 소홀히 한 만큼 언젠가 당신의 몸이 복수할 것이다.' 라는, 어디선가 들었던 섬뜩한 문구가 저절로 떠오를 만큼 힘든 경험을 하기도 한다.

신경을 쓰지 않는 것은 아니지만 이미 한번 나빠진 몸 상태를 되돌리는 것은 쉽지 않은 일인 것 같다. 그래서 지금의 관리 방향은 내가 그토록 싫어했던 의사 선생님의 말씀을 따르고 있다. 바로 '더 악화되는 것만 막아보자'는 것이다. 조금이라도 좋은 생활습관을 들이기 위해 노력하고 굳이 불필요한 저녁 과식을 줄이기 위해 몇 잔씩 하던 술도 어지간 하면 주 1회를 넘기지 않는다. 또한, 내가 받아들일 수 있는 것과 받아들이지 않아야 할 것을 구분하려 애쓰고 있다. 예를 들어 무리한 동작을 하거나 예전처럼 뛰어다니는 것은 자제하더라도, '당연히 나이가 들면 몸이 쇠약해진다' 같은 생각은 가능하면 받아들이지 않으려 한다. 왜냐하면 스스로 생각하는 자기 규정이 내 몸의 상태도 그에 맞추는 힘이 있음을 알기 때문이다.

그러나 노력에 비해 통제가 안 되는 부분도 많아져 생애설계 휠에서 더 좋은 점수를 줄 수는 없었다. 아마도 누군가에게 한 가지씩은 있다는 '삶의 숙제'가 될 것 같다.

여전히 나의 삶의 균형 찾기는 현재진행형이다. 그리고 다행스럽게도 아직은 이런 과정들이 풀어야 할 숙제라기보다는 나라는 사람을 더 나은 존재로 만들어가는 재미있는 과정 같기도 해서 이런 생각을 할 수 있다는 것에 고맙기도 하다.

나는 더 나아질 수 있을까? 나는 아직 포기하지 않았다. '반드시 어떤 삶을 살아야 한다. 반드시 더 행복해져야 한다' 같은 강박을 얘기하는 것이 아니다. 그저 살아 있는 동안 내가 더 나은 사람이 되고 싶은 바람이고, 이런 '더 나은 사람을 지향하는 과정이 곧 좋은 삶이 아닐까.' 라고 믿고 있기 때문이다.

이제 작은 등불을 켜자

노후는 '어떻게든 되겠지'가 안 됩니다

당신이 현재 40대에 있건, 혹은 50대에 있건 간에 우리는 언젠가 조직을 떠날 시기를 만나게 된다. 대개 50대를 전후해 일어나는 '주요 경력의 이탈'이라는 이 직업적 이벤트는 우리의 삶을 확연하게 바꿔놓는다. 누구라도 이 시기에 들어서면 조금씩의 고민을 안게 되는데 바로 '노후준비를 어떻게 할까?' 라는 고민이다. 그런데 이런 고민들이 아무 진전도 없이 시간만 흘려보내다 흐지부지되는 경우를 많이 본다.

퇴직이 실제 코앞으로 다가온 이들조차 제대로 된 대비를 하는 경우를 보기란 쉽지 않다. 그들이라고 고민이 없었을까. 실제로 1년 전부터 퇴직이 예정됐던 분을 정작 퇴직 이후 상담을 진행하게 되어 만났었다. 그때 생각보다 준비가 되어 있지 않기에 물어본 적이 있었다.

나 : 퇴직이 예정된 지난 1년 동안 준비를 할 시간이 있으셨을 텐데 어떤 준비를 하셨었어요?"

고객 : "고민은 많이 했는데 별 대안이 없더라구요."

나 : "어떤 고민을 어떻게 하셨는데요?"

고객 : "뭘 먹고 살까를, 같은 직장동료들과 고민했죠…. 주로 술집에서…."

이런 방식으로 진행되는 케이스를 종종 본다. 이러면 결론은 대부분 '어떻게든 되겠지.' 라는 일곱 글자로 종결된다. 아마도 '설마 산입에 거미줄 치겠어?' 같은 상투적인 문장이 뒤따를지도 모르겠다. 그렇지만 노후는 '어떻게든 되겠지'로 결말지을 문제가 아니다.

'어떻게든 되겠지.' 라는 말은 실상 '에라 모르겠으니 상황 가는 대로 가보자.' 라는 의미에 가깝다. 그 얘기는 다시 말해 내가 주도적이 되는 것을 포기한다는 것이고, 세상이 주는 대로 받겠다는 의미에 가깝다. 이래서는 선배들이 걸어갔던 노후의 열악한 상황을 답습할 가능성이 높은데, 기존에 경력이 좋았던 이들이나 단순 업무와 타협이 잘 안 되는 분들에겐 전혀 달갑지 않은 결과가 나올 뿐이다. 놀랍게도 평균적으로 잘 살아온 이들조차 막판에 이런 선택을 하곤 한다.

가끔 경제적 여유가 되는 분들은 "정 안 되면 쉬지 뭐." 라고 하지만, 쉬어보면 안다. 그리 간단한 문제가 아니라는 것을 말이다.

인생 후반부 골든타임을 위하여

생각해 보면 중장년이라 불리는 사람들은 꽤 오랜 시간을 '열심히만' 살아왔다. 나와 내 가족의 생계가 걸린 일이니 당연했고, 그때만 해도 다른 선택지라는 것은 가뭄에 콩 나듯 하는 드문 일이었으니 어쩌면 고민도 덜 했을 것이다. 그런데 세상이 달라졌다.

문득 이런 생각이 들 때가 있다. '나는 몇 살까지 일할 수 있을까?' 이 질문을 하면 아주 현실적으로 나의 노후가 다가온다. 나는 현재 만 54세의 삶을 살고 있다. 아마도 치열하게 일을 할 수 있는 시간은 6년쯤? 혹 내 분야가 좀 더 나이에 유연한 분야이니 그걸 감안해 주면 10년쯤은 가능할지도 모르겠다. 내가 늦게 결혼해 아이들이 아직 어리긴 하지만, 가족에 대한 책임도 조금씩 줄어들 것이다. 적어도 60세가 되면 '한 번쯤 내 마음대로' 세상을 살아볼 조건이 되는 것이다. 평균적인 건강 나이를 감안하면 결국 60세에서 70대 초반 정도까지가 세상의 책임으로부터 비교적 자유로워지는, 자기만의 시간을 가질 수 있는 연령대가 되는 것이다. 나는 이 시기를 '인생 후반의 골든타임'이라고 생각한다.

다만, 이러한 골든타임을 제대로 즐기기 위해서는 나름의 준비들이 필요하다. 건강이 무너지고, 대인관계가 엉망이 돼서 주변에 사람이 남아 있지 않다면 행복할 리 만무하다. 하루하루 생계를 염려해야 하는데 할 일도, 놀거리도 없다면 골든타임은 '나와 상관없는' 이야기로밖에 들리지 않을 것이다.

나는 늘 자신의 미래를 준비하는 과정들이 우리들의 골든타임을 찾아가는 설레고 즐거운 과정이 되었으면 좋겠다. 놀랍게도 어떤 이들은 회사의 미래발전 방안을 세우는 것은 당연하다고 믿으면서 자신의 노후를 준비하는 것에는 큰 관심을 보이지 않는다. 아마도 명확한 대안이 없다는 것에서 오는 스트레스를 피하고 싶은 마음도 있을 것이고, 노후의 상황을 단편적으로 파악한 오판일 수도 있다. 그러나 삶에 정답은 기대할 수 없을지 몰라도, 길을 떠나려는 이가 '지도'조차 살펴보지 않는 것은 위험하다. 인생은 이럴 때 어떤 낯선 곳의 아름다움을 알려줄 가능성보다, 원치 않는 곳을 방황해야 하는 현실을 던져 줄 가능성이 훨씬 크기 때문이다.

나는 생애설계를 통해 자신의 미래를 그려보고, 자신의 생애 균형을 찾는 이 작업들이 각자가 추구하는 '좋은 삶'의 지도가 되어줄 수 있으리라 믿는다. 어쩌면 부족하고 사소할지 모를 이 책의 내용들이 당신의 노후를 밝히는 작은 등불이 되어주길 기대해 본다. 자, 이제 등불을 켜고 길을 나설 시간이다.

_2023년 1월 정도영

최소한의 경제적 자유를 위한
노후대비 300 프로젝트

여유로운 퇴직을 위한 생애설계

지은이 양재우·정도영
발행일 2023년 2월 27일 1판 1쇄
　　　　 2023년 3월 20일 1판 2쇄
펴낸이 양근모
펴낸곳 도서출판 청년정신
출판등록 1997년 12월 26일 제 10-1531호
주　소 경기도 파주시 문발로 115 세종출판벤처타운 408호
전　화 031) 955-4923　팩스　031) 624-6928
이메일 pricker@empas.com